欧/洲/管/理/经/典

战略

应对复杂新世界的
导航仪

[奥] 弗雷德蒙德·马利克（Fredmund Malik）◎著
姜文波 ◎译

STRATEGIE

NAVIGIEREN IN DER KOMPLEXITÄT
DER NEUEN WELT

机械工业出版社
CHINA MACHINE PRESS

图书在版编目（CIP）数据

战略：应对复杂新世界的导航仪 /（奥）弗雷德蒙德·马利克（Fredmund Malik）著；姜文波译. —北京：机械工业出版社，2017.5（2025.10 重印）

（欧洲管理经典）

书名原文：Strategy: Navigating the Complexity of the New World

ISBN 978-7-111-56616-8

I. 战⋯ II. ① 弗⋯ ② 姜⋯ III. 企业管理 – 研究 IV. F272

中国版本图书馆 CIP 数据核字（2017）第 066690 号

北京市版权局著作权合同登记　图字：01-2011-5067 号。

Fredmund Malik. Strategy: Navigating the Complexity of the New World (Strategie: Navigieren in der Komplexität der Neuen Welt).

Copyright © 2016 Campus Verlag GmbH, Frankfurt-on-Main.

Simplified Chinese Translation Copyright © 2017 by China Machine Press.

Simplified Chinese translation rights arranged with Campus Verlag GmbH, Frankfurt-on-Main through Andrew Nurnberg Associates International Ltd. This edition is authorized for sale in the Chinese mainland (excluding Hong Kong SAR, Macao SAR and Taiwan).

No part of this book may be reproduced or transmitted in any form or by any means, electronic or mechanical, including photocopying, recording or any information storage and retrieval system, without permission, in writing, from the publisher.

All rights reserved.

本书中文简体字版由 Campus Verla GmbH, Frankfurt-on-Main 通过 Andrew Nurnberg Associates International Ltd. 授权机械工业出版社在在中大陆地区（不包括香港、澳门特别行政区及台湾地区）独家出版发行。未经出版者书面许可，不得以任何方式抄袭、复制或节录本书中的任何部分。

战略：应对复杂新世界的导航仪

出版发行：机械工业出版社（北京市西城区百万庄大街22号　邮政编码：100037）
责任编辑：岳小月
责任校对：殷　虹
印　　刷：河北虎彩印刷有限公司
版　　次：2025 年 10 月第 1 版第 4 次印刷
开　　本：147mm×210mm　1/32
印　　张：12.75
书　　号：ISBN 978-7-111-56616-8
定　　价：69.00 元（精装）

客服电话：（010）88361066　68326294

版权所有・侵权必究
封底无防伪标均为盗版

谨献给为21世纪巨变探索精确导航和可靠战略的早期思想家：阿洛伊斯·盖维勒（Aloys Gälweiler）、切萨雷·马尔凯蒂（Cesare Marchetti）和西德尼·舍夫勒（Sidney Schoeffler）。

FOREWORD
我的管理观

　　管理是驱动力——无论在何处，只有通过管理来实现工作分配和知识分享，群体才能达成共同追求的目标。

　　在任何社会机构中，不管是企业、大学、医院、政府，还是其他类型的组织，管理团队都是治理实体。

　　管理团队的职责是为被管理者指明方向，其中包括思考清楚组织的使命、确定组织的目标、分配组织的资源，以实现结果。

　　管理是让一切正常运转的社会功能。

序言

在我的定义中，正确和良好的管理是……让组织和系统正常运转的社会功能。

这还包括尽责的领导和治理。要想把社会资源转化为有意义的成果和价值，需要正确的管理。在这一广泛的概念下，管理还包括让成员能为组织的正常运转做出贡献。同样地，管理可以提供目标、方向、结构和绩效，从而履行政治和社会责任以及道德规范。

管理：驾驭复杂性

管理面临的一个最大挑战，来自如今全球互联的系统成指数级增长的复杂性和动态变化。这些深远的变化就是我所说的"21世纪巨变"。⊖

⊖ 自1997年以来，我一直在使用这个术语，至于原因，我在本书的术语表中做了解释。

在我看来，管理就是驾驭复杂性，这也是我为丛书"管理：驾驭复杂性"取这个名称的原因。站在这个视角上，我们就能最有效地理解和利用管理的方方面面，进而找到最佳解决方案。

就科学基础而言，我的管理系统基于三门复杂性科学：系统论（systemics）、控制论（cybernetics）和仿生学（bionics）。在我看来，系统论是连贯整体的理论，控制论是运转的理论，仿生学则使管理者能把自然进化的解决方案应用于组织，以求绩效最大化。

这正是我的管理理论与传统方法的极为不同之处：它可以提供清晰的认识，有助于消除当前存在的混乱、矛盾、武断以及对管理热潮不加区别的采纳。最重要的是，我对这一主题的探讨早就远远超越了商业理论和商业管理的学说，带来了根本性的管理创新，为很多管理问题提供了全新的解决方案。

管理：组织的操作系统

就重要性和影响力而言，组织中的管理相当于计算机中的操作系统。就像计算机的正常运行要靠操作系统来保证一样，组织的正常运转也要靠名为"管理"的"操作系统"来保证。在我看来，正确的管理是所有组织（不管其规模和类型如何）的操作系统——一个具备进化能力的系统。

管理：追求有效性的职业

管理者履行管理职能并将其作为一种职业，这包括做好对组织来说正确的事。正因如此，我才把管理看成复杂系统中"追求有效性的职业"。

对生活在21世纪的人们来说，掌握正确管理和自我管理的基本技能，就像18世纪以来学会读书和写字一样重要。如今，管理是让人们在组织中任职并发挥作用的关键能力。在任何一个组织中，工作成绩绝大部分要归功于我所说的"正确和良好的管理"。要想让经济资源以及才能、智慧、信息、知识、创造力和真知灼见等转化为成果，正确和良好的管理是先决条件。

面向人员的管理和面向组织的管理，是应用我的整体化管理系统的两个维度，可以帮助组织创造条件，促使组织成员把自身的优点转化为绩效，从而在工作中取得成功并找到人生的意义和成就感。

弗雷德蒙德·马利克

PREFACE
前言

面向革命进化的战略解决方案

本书介绍了我为新世界的革命进化提出的战略解决方案。那些革命进化已在进行之中,然而大多数人尚未看清它们的真容。正因如此,迄今为止所采取的措施大多是无效的,有些甚至对社会造成了破坏。

我所说的新世界,将是有史以来最大的一次全球性商业和社会转变的结果。我把这次转变称为"21世纪巨变"。

新挑战

这一转变伴随着社会瓦解的危险,同时也让我们有机会创造新的经济奇迹,建立更美好、更人道的社会秩序,使得组织能够可靠地运转。

此次转变会留下怎样的发展轨迹,这在很大程度上取决于面对这些挑战，全世界的领导精英们有哪些方法、工具和解决方案可选，他们要怎样鉴别出真正的解决方案，以及他们最终会做出怎样的选择。有一点可以确定：传统的方法将不足以驾驭这一转变的复杂性，因为正是它们在很大程度上造成了当前的全球危机。

这一转变有个强大的驱动力，它恰恰源自我在这里提出的战略解决方案本身。这些方案贡献着自己的力量，好让即将到来的革命快些发生，并且呈现为创新性突破，而不是像以往的革命那样，表现为剧烈的动荡。

这些方案可以帮我们摆脱早已过时的管理和组织形式，以及如今的社会和政治问题解决流程存在的荒谬局限性。

在 2011 年，我出版了《公司策略与公司治理》（*Corporate Policy and Governance*），并在书中发表了"公司革命宣言"。迄今为止，我在当时甚至更早些时候所概述的很多发展趋势都变成了现实，其中首要的一点就是金融系统的崩溃。此外，在科技以及人们（尤其是年轻一代）的社会价值观和世界观等领域，一些更为深远的变革已呈无法阻挡之势，所以我们应该顺势而为，加速它们的发展进程，并尽可能地把它们导向更具建设性的轨道。

因此，当时大多数人认为绝无可能的很多趋势预测，仅仅几年后就变成了现实。在 2008 年我曾指出，**知识的地位将**

超越金钱，信息的重要性将高过权力。如今，金融系统的自我毁灭证实了我的第一个预言，而社交媒体日益增强的全球影响力则证实了第二个预言。统治和领导再也不会是一回事。

不过，金融危机本身将不会成为本书的主要话题，因为在过去的 15 年里，这方面所有该说的我都说过了，现在就让事实来证明吧。我所描述的场景已经成真，其中有些我早在 20 世纪 90 年代就已指出。这一发展的基本模式是"通缩性萧条"（deflationary depression），同时伴随社会的贫穷和革命——除非经济学家和政治家彻底反思并改变他们的做法，否则这个问题将无法解决。正因如此，本书的主要内容不再是分析，而是解决方案以及落实方案所需的工具。

正确的知识

本书将重点讨论战略知识，对于各种组织的最高管理者来说，要想可靠、快速、有效地应对 21 世纪巨变带来的挑战，战略知识才是他们最需要掌握的。为此，本书提供了我的管理系统及其内含的导航、信息和控制系统，此外还有我的战略思想以及十几个显著改善的新方法和新工具。

那些最先试用了我的管理系统的高层管理者，很多都被其立竿见影的显著效果所震惊，尤其是协同整合的社会技术及其高绩效流程，可以极为有效地帮助管理者驾驭非常复杂的巨大挑战，效果之好前所未见。

就像在划时代转变的早期阶段一样，几乎一切都将发生根本的、彻底的改变。但是，以往的革命是靠机器驱动，而即将来临的这场革命，其驱动力将是新的运转方式：社会组织的运转方式，它们在各个层级上的管理，它们的战略和方法，其中包括控制论的自我组织和自我控制的工具。

我要衷心感谢玛格·塔玛拉·贝希特（Mag. Tamara Bechter）和索尼亚·布尼博士（Dr. Sonja Böni），他们对这套丛书的再版给予了非常专业的支持。没有他们的帮助，我简直无法完成这项任务。

弗雷德蒙德·马利克

目录

我的管理观

序言

前言

引言 应对21世纪巨变的正确战略 / 001
　　　21世纪巨变中的革命 / 002
　　　创新、智慧、正确的解决方案 / 003
　　　战略：有效地穿越21世纪巨变的复杂性 / 004

第一部分 01 应对21世纪巨变的战略

第1章 不可预知的未来需要怎样的战略 / 008

第2章 21世纪巨变 / 013
　　　　旧世界终结，新世界诞生 / 016
　　　　超大系统中的巨变 / 017
　　　　当前的危机是新世界诞生过程中的阵痛 / 018
　　　　理解全球经济危机需要的不仅仅是经济学 / 019

　　　　　盎格鲁-撒克逊式公司治理：毁灭机器 / 020

　　　　　复杂性与管理危机：神经系统的缺失 / 023

　　　　　危机的第三幕：通货紧缩 / 025

　　　　　新的运转方式：驾驭复杂性 / 027

　　第 3 章　当你缺乏必需的知识时：战略错误的雷区 / 029

　　　　　运营数据造成的战略错觉 / 029

　　　　　运营管理与战略管理 / 035

　　　　　战略思维陷阱 / 042

第二部分 02　战略：整体化管理系统中的主控

　　第 4 章　让公司运转顺畅 / 052

　　　　　通过管理支持系统来强化管理效果 / 053

　　　　　正确和良好的管理：放之四海而皆准 / 053

　　　　　管理、金融市场与登山 / 057

　　　　　给熟悉内情的读者一个提示 / 058

　　　　　什么是主控 / 059

　　　　　基础管理模型及其基本概念 / 060

　　　　　机构的管理：通用管理模型 / 062

　　　　　人员的管理：管理有效性模型或"管理之轮" / 065

　　　　　综合管理系统 / 066

　　　　　一体化战略：首要跨部门职能 / 069

　　第 5 章　通过公司政策和业务使命来指明方向 / 072

　　　　　正确的目标 / 072

　　　　　正确的使命 / 077

　　　　　正确的绩效 / 085

| 第三部分 03 | 在任何情况下，通过可靠的导航驾驭复杂性 |

第 6 章　战略导航的革命 / 090

　　马利克–盖维勒导航系统 / 091

　　面向不明未来的正确战略 / 094

　　终结战略制定中的武断 / 095

　　更深入地探查未来：不做预测 / 097

　　时间常数与系统锁定时间 / 097

　　市场经济的局限性：为什么经济学家看得不够远 / 099

　　必须监控的变量：控制与定向 / 100

　　利用控制论控制系统实现可靠运转 / 100

第 7 章　通过控制论导航实现可靠的控制 / 103

　　第一个系统层面：流动性 / 103

　　第二个系统层面：利润 / 109

　　第三个系统层面：当前利润潜力 / 111

　　第四个系统层面：未来利润潜力 / 118

第 8 章　不管经济形势如何，制定正确的战略：战略地图 / 127

　　不随解决方案改变的客户问题 / 132

　　解决方案技术 / 140

　　社会经济趋势 / 145

　　市场地位 / 146

　　投资与成本降低的潜力 / 155

　　研发目标 / 157

　　财务与资产负债表的变量 / 158

第四部分 跟随变革：当前业务的成功因素

第 9 章 不再盲目飞行：PIMS——战略制定的高级艺术 / 164

战略领导 / 166

PIMS 革命 / 167

业务单元层面上的战略 / 169

"市场法则"的发现 / 170

一个绝妙的研究理念：驱动利润的是结构而非行业 / 171

基于生物模式的新基准评价 / 173

PIMS 数据库套件 / 174

普遍有效的因素决定着 75% 的利润 / 176

回答关键的战略问题 / 178

8 个关键的成功因素 / 179

第 10 章 战略核心知识：真知灼见的宝库 / 181

市场地位 / 181

研究成果的时间稳定性 / 182

看似反常的现象揭示了一个新因素 / 183

创新是好事吗 / 184

很多业务会在何处丧失盈利能力而毫无察觉 / 185

市场增长有多重要 / 186

PIMS 因素的系统互联 / 188

PIMS 与 6 个中央绩效控制变量 / 190

PIMS 战略制定的控制论 / 191

综述：PIMS 的研究成果带给最高管理层的好处 / 191

对 PIMS 计划的批评 / 193

万变之时，仍然有效的是什么 / 194

第 11 章 打破战略障碍：来自 PIMS 的三个开创性模型 / 196

确定业务的潜力：PIMS 标准模型 / 196

向成功者学习：PIMS 相似者模型 / 200

客户价值地图：把客户价值和竞争力作为可靠的指路明灯 / 204

第五部分 05 领先变革：新业务的成功因素

第 12 章 变革潮流中的不变量 / 216

模式的魔力 / 218

我们也会被取代：创造性破坏 / 220

S 形曲线的交响曲：看清未来 / 222

简单增长过程 / 223

从增长到替代 / 227

相互竞争的几个系统 / 229

发现划时代变革的神秘驱动力 / 231

百年周期：发明—创新—替代—开发 / 233

康德拉季耶夫正确吗？长期经济周期的节奏 / 236

自我毁灭与自我创造的系统 / 238

第 13 章 面向 21 世纪巨变的创新：怎样预设成功 / 241

创新：从艺术到技艺 / 242

有关创新的误解 / 245

第 14 章 驾驭未知：PIMS 创业战略 / 252

创业是几门艺术的结合：创新成功的秘诀 / 253

孕育初创业务的正确环境 / 263

在正确的环境中选择正确的战略：知晓而不是猜测 / 265

第 15 章 实施创业战略：有效创新的基本原则 / 271

设定远大目标：市场领导地位和不同寻常的变革 / 272

为新事物腾出空间 / 273

新旧要分开 / 273

在问题中寻找机会 / 276

让财务主管提供第二张"首页" / 277

写下你的期望 / 278

确定止损点 / 278

确保你有最优秀的人才 / 279

进行测试 / 279

精力一定要集中 / 280

第六部分 彻底改变管理方法：不受时空限制的战略方法

第 16 章 直攀法：直奔正确的战略 / 282

第 17 章 利用协同整合方法实现彻底变革 / 291

新型领导的时代：组织运转的社会技术的飞跃 / 291

变革和创新：立竿见影 / 292

什么是协同整合方法？它能做什么 / 293

第 18 章　控制论工具 / 310

　　　　　　敏感度模型：组织的全球定位系统 / 311

　　　　　　最小因素聚焦战略：动态专业化 / 319

　　　　　　管理系统审计：运转和执行的新方法 / 327

　　　　　　作战指挥室：实时控制的执行 / 332

第 19 章　巨人如何学跳舞：超高级协同整合 / 342

附录 A　马利克管理系统及其使用者 / 349

附录 B　想读懂这套丛书，读者需要知道些什么 / 361

术语表 / 371

商标和版权保护 / 384

参考文献 / 386

作者简介 / 389

引言

应对 21 世纪巨变的正确战略

如我所说，21 世纪巨变是从旧世界到新世界的转变，其规模将超过人类历史上任何其他的社会转变，因为它将覆盖全球。我对它所具有的影响力和爆炸力研究得越深切，我能用来形容它的语言就显得越贫乏。找到恰当的词语来描述全球互联系统的复杂性及其变化动态的同步性，这项任务就像用语言来描述贝多芬的交响曲一样艰巨。直到最后，我都感到自己很难找到恰当的措辞来描述这场巨变，描述它的众多形式和维度，还有最重要的是，它那惊人的变化速度以及伴随而来的不可知。

所有常用的最高级形容词，比如"超级"和"巨大"等，即使听起来不平庸乏味，也绝对不足以准确描述这场巨变的规模。除此之外，这些词语都源于旧世界，所以它们只能传达旧世界有限的想象力，难以逾越。尽管如此，我偶尔还是得使用这些词语，因为至少目前来说没有更好的选择。

假如采用本书中提出的新方法之后，做出和落实最复杂决策的速度会提高 100 倍，团队的效率会提高 80 倍，找到基于最大共识的解决方案只需要三天时间，而过去哪怕是最小的让步也会被社会差距所阻碍；再假如这种解决能力的数百次应用无一例外都取得了成功，那么要想描述有效性的这些新维度，同时还要避免夸张和广告之嫌，你认为有哪些词语能够胜任呢？

历史上，尤其是在科技领域，以往类似的转变每次都催生了新的语言，因为新变化无法用旧词语来描述。然而，在社会和政治领域，新词语往往会随着变革本身的进展而渐渐被人们所接受，有时甚至比这更晚。例如，在文艺复兴时期，人们并不知道自己在经历"文艺复兴"——这个词语直到 19 世纪才出现。同样，哥伦布在 1492 年就登上了他以为的"印度"，过了 10 多年之后，有人才意识到他其实是发现了一个"新大陆"，而发现者哥伦布本人到死也没意识到这个事实。亚美利哥·韦斯普奇（Amerigo Vespucci）从未踏足名为"美洲"（America）的大陆，然而它却是以他的名字命名的，因为是他最终确认了它的身份。

21 世纪巨变中的革命

从旧世界到新世界的这场巨变，将从根本上而且几乎是彻底地改变一切：我们做什么，为什么做，怎么做，我们是什么人，有怎样的世界观，统统都将改变。

它将彻底变革社会及其组织的运转方式。只花一半的钱，运转效率还得翻倍，这只是大多数人认为不可能解决的众多挑战之一，尽管其解决方案已在实践。

过不了几年时间，我们就会怀着不解和遗憾反思今天的各种问题：缓慢的政治决策过程、自我阻碍的同盟、自我瘫痪的公司管理层、慢慢腐朽的变革流程、死气沉沉和自暴自弃的组织、规模庞大但毫无效果的会议、国际组织的无知和无能。

我们当前面临着很多看似突然出现的挑战，比如彻底改变的能源政策、腐朽的金融系统、堆积如山的全球债务、日益衰退的社会结构等。对于这些挑战，我们现有的问题解决方法已经力不从心，其局限性变得比以往任何时候都更加明显。

这些组织的领导者会得到同情，同时也会赢得敬意，因为尽管环境如此残酷，尽管努力一再失败，他们还是竭尽全力地履行了自己的职责——毕竟，**就算你是最出色的赛车手，也不可能开着一辆老掉牙的汽车赢得比赛。**

创新、智慧、正确的解决方案

当然人们也会发出疑问：为什么那些领导者没能尽早用上这些新的解决方案？要知道，这些方案早就公布了，而且已在数百个案例中取得了成功。任何知道这些解决方案的人都会立刻明白，它们为终结危机提供了新的方法，有了它们，你甚至可以利用这些危机来进入新世界。

对我而言，由此产生的道德使命就是我要尽自己最大的力量，确保这些可以拯救社会的新方案及其相关的必要信息能在全球传播。

在现有的陈旧结构和流程中，有大量的资金被束之高阁，新的解决方案会把它们解放出来，用于促进新世界的创新，而不是继续给 20 世纪遗留的过时方法输血。

例如，一个关键任务将是建立新型的高绩效教育机构，让新一代的学生踏进校门就开始学习那些至关重要的领导技能，从而具备防止当前这种灾难重演的潜力。这种重建最好是在现有的教育体制之外，因为这样速度最快。对于这些潜在的领导者来说，应该掌握的关键技能包括：具备整体化和网络化的思维，通晓作为实体科学的系统论，能够实际应用作为运转科学的控制论，能够利用仿生学以及进化式的最佳解决方案来改革社会组织。

这将让我们解决社会问题的智慧提升几个数量级，因为与过去相比，上述的一切只用不到一半的时间，就能在一个全兼容、一体化的学习过程中完成。

就像"管理：驾驭复杂性"丛书中的其他几部一样，本书的宗旨也是提供必需的知识和方法，帮助领导者和管理者阻止迫在眉睫的社会灾难，超越当前左翼和右翼的政治划分，建立运转良好的社会秩序，创造新的繁荣。

战略：有效地穿越 21 世纪巨变的复杂性

在本书的 6 个部分中，首先，我们将探讨 21 世纪巨变的动态，其内在的危机风险和机遇，以及新世界诞生过程中的阵痛。

其次，我们将讨论对战略导航极为有效的控制论系统，所需的战略地图，对现有和新生业务的经验量化，以及由此展开的对创新领域的探索。

最后，我会展示巨变的潮流中不变的模式，以及因此产生的经济动态和应对战略。

在本书的最后一部分，我将描述迄今为止最具革命性的社会变革应对工具：协同整合的社会方法。与传统方法相比，协同整合技术能让我们以极高的精度和极快的速度驾驭突破性的战略变革，帮助我们轻松地管理公司的增长和规模，甚至能把增长和规模变成优势，尤其是在传统方法已经证明无效甚至适得其反的情况下。

这些方法近乎神奇的效力是基于控制论的沟通流程——它们可以提升集体智慧，激发社会活力，效果之显著在以前是不敢想象的。同步使用创新性的系统设计工具，这可以建立高效的智慧和动力中心，帮助我们成功地管控超复杂的系统，应对它们带来的挑战。因此，事实将会证明，"超大系统的超高速巨变"绝不仅仅是夸大其词的广告语，而是描述了一个在新世界中开启光明未来的计划。

贯穿整套丛书的主题是怎样驾驭21世纪巨变及其空前的复杂性。在下面的图I-1中，这种复杂性被描述为双S形曲线，暗示着新世界取代旧世界。

这种取代导致了社会政治和经济的严重扭曲，以及我们今天面临的巨大危机，代表着新世界诞生过程中的阵痛。

作为"管理：驾驭复杂性"丛书的第三部，本书描述了正确的战略怎样促成有效的解决方案。

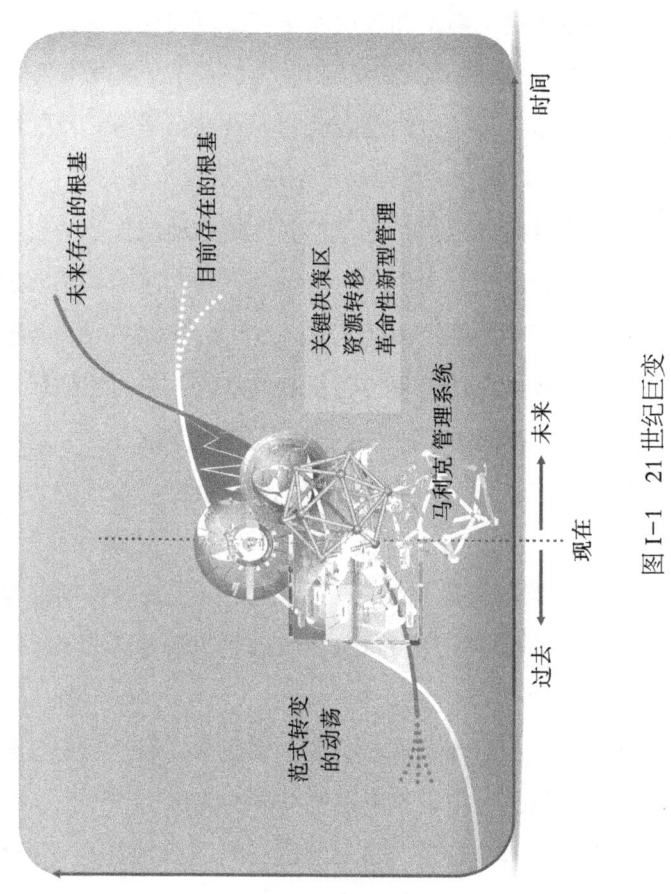

图 I-1　21 世纪巨变

STRATEGY

第一部分

应对 21 世纪
巨变的战略

"你们都知道,自信是人类最大的仇敌。"
——威廉·莎士比亚(William Shakespeare),
出自《麦克白》(Macbeth)

第一部分将探讨"为什么",准确来说就是我在本书中提出的战略管理。

第二至五部分将描述"是什么"和"凭什么"。

第六部分将探讨"怎么做"。

CHAPTER 1

第 1 章

不可预知的未来需要怎样的战略

所谓战略就是，我们不知道未来会怎样，却又必须有所行动，并且还得做出正确的选择。在这种语境下，"什么都不做"也被认为是众多可能的选项之一。

战略的意思就是，甚至在你开始行动之前，你的行动方式就预告了长远的成功。

战略关心的不是未来的决策，而是今天的决策（或者不做决策）对未来的影响。

* * *

第一句代表我的立场，第二句是阿洛伊斯·盖维勒（Aloys Gälweiler）的看法，第三句则是彼得·德鲁克的观点。这三句话都从各自的角度描述了战略跨越时空的普适核心；不管决策者是否意识到了，这一核心促使他们制定了错误或正确的战略。

战略要应对不可补救的知识匮乏。如果我们知道做出长远决策需要知道的一切，那我们将不再需要战略，只要根据现有的数据和信息得出结论，然后平平常常地制订计划就够了。然而问题是，我们永远也无法知道需要知道的一切，因为作为高管，我们工作在全球互联的庞大系统中，面对着超高的复杂性和加速变化的动态。我们掌握的信息和知识始终不足，因为这些系统天生就是神秘莫测的，其变化速度之快也往往令我们的决策难以企及。

在后面的章节中我们将会看到，战略的这三个"定义"对"21世纪巨变"来说特别重要，其意义堪称史无前例，因为持续不断的深远变革正在建立一个充满未知变量的新世界。

不过，上述三种观点都没说我们对未来一无所知。在多数情况下，**我们所能知道的远远超出我们的想象，但是要想达到那种程度，我们必须抛弃过时的方法和思维方式，专注于新的方法**，比如我在本书中提出的那些。

很多时候，管理者甚至不知道自己的公司中有哪些知识，因为知识分布于整个组织；他们也不知道如何调用这些知识。正因如此，关键知识往往被闲置。这主要还是由于方法不当，而本书为你提供了新的选择。

不过更多时候，管理者自以为知道一些他们其实不可能知道的事情，比如危机是否真的已经结束。这会导致虚幻的安全感，促使他们抓住老旧的系统不放。

然而，无知最危险的地方在于，我们往往并不知道制定正确的战略到底需要知道什么。这是经济危机的祸根之一，因为战略的制定是基于那些对战略决策完全无用甚至误导的信息，也就是说，是基于运营数据而非战略数据。对这种特殊情况，我在本书中也提出了解决方案。

对于无知的上述情形以及与之相关的严重错误，解决之道就是开头提出的三种观点。其中有些错误已经系统性地扩散为虚假的信条，正在毒害战略的理论和实践，它们也是公司倒闭一再发生的原因。

如果早就知道这些错误，金融业的崩溃可能就不会发生了，因为它在很大程度上就是由这样的错误导致的——在金融领域，这样的错误往往披着特殊技巧和完美的外衣。因此，用沉重的语气说这次危机完全无法预知，看似很懂，其实是一派胡言。危机的种子早就播撒在众多组织的战略里了，其中包括大多数的金融机构和监管机构。与它们一样，其他很多有影响力且思想先进的组织，比如评级机构、咨询公司、传媒公司以及商业学院，也都被推上了自我毁灭的道路。

多年来它们一直在庆祝巨大的成功，有些甚至在倒闭的前几天还在欢庆，然而实际上，这些所谓的成功早就有不祥之兆。甚至危机到来的时间也是相对容易确定的，只要你用对了工具，就不受这些错误影响。美国汽车行业的死亡就是一个典型实例：其结局是由错误的战略导致的，这并非事后诸葛亮的总结，而是早在20世纪70年代中期就已是显而易见的事实了。

另一方面，也有许多公司没犯这些错误，卓越的经营持续了数十年，比如20世纪80年代早期至今的雀巢（Nestle）、90年代早期至今的大众汽车（VW），以及同IBM合作之后的微软（Microsoft）；宝马公司（BMW）和沃伦·巴菲特（Warren Buffett）的伯克希尔-哈撒韦集团（Berkshire Hathaway Group）则是更为优秀的典范。许多家族企业（我称为"创业者领导的公司")也在很大程度上躲过了这些刺眼的错误及其导致的全球经济危机,因为它们不用承受来自金融市场的压力。尽管如此,创业者领导的公司也需要新的导航系统、信息系统和控制系统,这样才能应对21世纪巨变带来的挑战。

我的观点可以消除很多错误观念,其中包括明明不懂却自称很懂的错误。因此,战略必须处理如今超大系统的复杂性和动态互联导致的结构性无知。把这种结构性无知纳入考虑,可以为战略设计的质量评价打开全新的维度,使得传统战略思维未能实现的优雅解决方案成为可能。

盖维勒的观点可以终结那种由不正确数据导致的错误,以及设定时间期限(短期、中期、长期)所导致的完全不必要的人为限制。我们所说的未来在时间上是开放的,所以人为设定期限只会模糊我们的观点和视野。运用这种观点以及新的导航方法,我们就有可能为复杂的挑战找到效果近乎神奇的应对方案,使得我们的思考可以从终点到起点,而不是反过来。

德鲁克的观点可以肃清"未来已经注定,而我们只需做出预测"的错误信念。他的观点,尤其是我经常与他一起探讨的这个方面,包含着格外充满希望的思想:我们可以积极主动地塑造未来,而不是消极被动地忍受。对最高层的领导精英来说,由此产生的道德使命就是要一往无前去践行,因为只有他们掌握着必需的手段和权力,以及本书中描述的那些非常有效的方法。

在本书中,我把这些解决方案与更深层的要素结合起来,提出了公司战略管理的一种新方法。你将会了解到,为了在甚至最复杂的情况下寻找正确的知识,为了制定和实施正确精准、快速灵活、实时可控的战略,你都需要知道哪些东西。

不过在那之前,我们需要先来更深入地认识一下21世纪的巨变及其驱动因素。

CHAPTER 2
第 2 章

21 世纪巨变

　　商业界以及整个社会都在经历一场前所未有的根本性转变。对于这一转变，最准确的描述就是从旧世界向新世界的过渡。我们所看到的经济危机只是表面，其实质则是新世界诞生过程中的阵痛。在这个新世界里，一切都将变得不同以往。

　　在 1997 年我出版的《正确的公司治理》（*Effective Top Management*）的那本书中，我把这种已露端倪的根本性转变命名为"巨变"。其实，那个时候就很容易看出，大多数的组织都将面对彻底的改变，其中的弄潮儿将顺势而为，从根本上调整自身的管理系统和运转方式。管理系统的所有组成要素，如战略、结构、流程、文化、管理者的能力、政策和使命，还有导航系统、决策和问题解决流程以及沟通系统，这些都必须做出调整和改变，而且大多将是彻底的、革命性的改变。自那以后，这种趋势一直在全力展开，而在几乎所有相关的领域中，接连不断加速涌现的创新更在进一步加快它的发展。

　　这个转变过程还远没有结束。只要再过几年时间，很多今天的全球《财富》500强企业将不复存在,至少不会以现在的形态存在。例如,在2007年,美国《财富》500强中有11家为住宅建筑企业,如今它们全都退出了榜单。还有那些"金融领域的主导者",包括最著名的那些,也都在一夜之间销声匿迹了。前仆后继,新兴的企业将会崛起,但它们会和以前的企业大不相同。为了保持自身在全球的领先地位,微软将必须做出巨大的改变。同样,制药行业目前也在经历有史以来最大的重组阶段。

这些仅仅是其中几个例子,几乎没有哪个行业能置身其外。对公共部门来说,转变带来的挑战甚至更为巨大。卫生保健、教育、公共交通、能源、工会、公共管理部门和政府,这些都无法靠现有的结构、流程和决策过程继续生存下去。最后,我们的民主制度也将面临最为深远、关乎存亡的转变。

这种从20世纪到21世纪的转变,可以和工业社会取代农业社会或者民主与法制取代封建制度相提并论。但是,从我们目前已经看到的这些变革来判断,21世纪巨变的规模之大和影响之深将会超越以往任何一次社会转型。与以往的转变相比,这场巨变有一些最重要的不同之处,其中包括**前所未见的全球规模、全球系统互联程度,以及转变速度**。目前所用的这些最高级形容词,比如"最巨大"和"最深远"等,尚不足以准确刻画它的所有新维度。

在历史上,这种转变每隔200～300年就发生一次。其中有一次发生在13世纪,其标志是哥特时期开始,现代城市诞生,作为知识生活中心的首批大学建立,作为主导社会结构的公会形成。

另一次同样深远的转变发生在 1455～1517 年，其开端是印刷术的发明，后来被宗教改革所影响，期间发生的其他里程碑事件包括文艺复兴、美洲的发现、科学的发展、医学的复兴，以及阿拉伯数字的传播。

最近一次这种量级的转变始于 18 世纪中期，期间发生的重大事件包括：美国宪法；詹姆斯·瓦特（James Watt）改良了蒸汽机，标志着工业时代的开始；法国革命；拿破仑战争。这次转变不仅改变了欧洲的政治结构，而且还催生了现代大学、政党及其意识形态、欧洲全新的社会结构。

这些大转变的共同点在于，社会乃至整个世界在每 50 年左右的时间里就发生彻底的改变——如此彻底，以至于后来的一代人真的无法想象父辈或祖辈的世界是什么样子。

由于当前的这次社会转变，我们将在方方面面见证根本性的改变。我们做什么、为什么做、怎么做，这些都会改变。在某种程度上，甚至"我们是什么人"也会改变。我们将以新的方式生产、消费、运输、分配和提供资金。我们还将改变沟通和教学的方式，以及几乎所有其他的人类活动。迎接新时代的科学洞见和技术创新已经就位，其中有些早已得到了利用，早到足以让我们认识到了它们的巨大影响力：互联网和智能手机已在改变人们的生活，如工作、消费和沟通的方式，并且创造出新的价值观和需求。还有更多新的研发成果正在到来，它们将越来越多且越来越迅速地占据我们的生活。

要应对甚至推动和驾驭这样的改变，我们的管理系统、组织结构和战略以及思维需要做出同样深刻的变革。在先进的知识型企业里，新世界的影响已经开始显现，比如它们怎样对待作为新的资源、工具和产品的知识，怎样处理知识工人和知识工作的细节，以及知识型组织怎样以新的方式运转。

旧世界终结，新世界诞生

由于上述原因，当前"外面"正在发生的一切绝不仅仅是一场普通的金融和经济危机。到目前为止，我们的世界已经回天乏术，无法简单地"解决"它，然后回归先前的状态。

时至今日，改变的进程已经无法阻挡或逆转，想走回头路既不可能也不可取。就像毛毛虫经过蜕变破蛹成蝶一样，从旧世界到新世界，没有多少东西会保持不变。例如，毛毛虫要服从地球动力学的法则，而蝴蝶则必须适应完全不同的空气动力学的世界。要做到这一点，蝴蝶需要一个与毛毛虫不同的机能系统：不同的感觉能力、不同的神经回路、不同的生物导航系统。尽管地球动力学的法则仍然会对蝴蝶有影响，但是它们的相关性已经彻底改变。

相应地，旧世界主要受金钱和经济的法则支配，而新世界将由信息、知识、洞见、高度互联系统的动态以及复杂性的法则支配。

要意识到这一点不需要任何预测，因为它已经体现在各种新要素中了。至少从苏联解体以来，这些新要素就一直在挺进全球社会，日益加速地改变着社会的运转规则。当时的新现实开始产生影响。当然，经济系统本身的确失灵了，但管控和通信的控制论因素产生的影响要大得多。正如我在《公司策略与公司治理》

一书中所说,"知识打败金钱,信息战胜权力"。

这让我们直达新世界的核心。呈指数增长的复杂性,将是新世界最显著的特征之一,也是贯穿本书的主题。

超大系统中的巨变

对于21世纪巨变的关键要素,我的分类将围绕五个复杂的驱动因素:第一个是人口统计;第二个是知识和技术;第三个是生态;第四个是有史以来规模最大且侵蚀了各个领域的债务,它是经济状况的关键因素之一;第五个是复杂性,它是前四个领域相互作用的结果。

这五个因素相互强化和驱动,导致越来越大的复杂性,让越来越多的组织遭受越来越多的突然袭击。事件和骚乱正在变成新常态。政治领域也难独善其身——由于迅速增大的复杂性以及固守过时的方法,政治活动正在变成问题而不是解决方案。不过,因为现在有了新的方法可以采用,这种局面会马上改观。

这些驱动因素裹挟着巨大的风险,尤其是在经济方面,很可能会引发有史以来最严重的通货紧缩,以及因全球债务高企而造成资产价值的暴跌。这是一个严峻的经济现实,是经济生活至关重要的一个方面,所以我才反复强调。与此同时,这些因素也蕴含着缓解和驾驭危机、创建正常运转的新社会和新秩序所需的知识和力量。

新解决方案的一个关键部分是整体化和模块化的管理系统,比如我们在进行了最精妙的操控之后建立起来的那些系统,以及我们在自然界中发现的并整合了自然界运转法则的控制系统。之所以必须在这里寻找解决方案，一个原因在于传统的管理思维越来越不适应新世界快速变化的环境。新的管理系统从根本上不同于传统的管理体系，区别之大几乎就像人类的大脑和神经系统完全不同于低等生物的简单神经回路。

当前的危机是新世界诞生过程中的阵痛

新世界的诞生将是顺产还是难产，这在很大程度上取决于我们，取决于我们怎样应对这些新挑战，以及我们选择哪些概念、知识、工具和方法作为解决方案。我们需要对社会组织的网络有新的理解，需要以新的方式管理这些组织，把它们当成复杂多变、动态互联、无法预测的系统。传统的管理思维注重经济类别、短期利润以及一般的财务因素，这与新的管理思想有着天壤之别。

复杂系统有自己的自然规律，这一点我已反复指出。例如，在《复杂系统的管理战略》（*Strategy of the Management of Complex Systems*）一书中我曾说过，一个能适应复杂性的战略，其逻辑必须具有进化性，就像战略本身一样。一旦你掌握了复杂系统的规律及其相关的必要知识，你就可以在元层次上或从从更高的视角去理解、掌控、影响和引导它们。不过，这需要新型的知识，它是面向全新管理的整体化系统的基础。在《公司策略与公司治理》一书中，我就为公司的最高管理层描述过这种全新的管理，而在讨论战略的本书中我还会反复提及。

理解全球经济危机需要的不仅仅是经济学

对于21世纪巨变最紧迫的财务和经济维度，怎么强调和重视都不过分。其影响将会持续很多年，而且更为糟糕的是，并不像大多数人想象和媒体宣称的那样，危机最困难的阶段并没有过去，相反，最剧烈的动荡尚未到来。

不过，与普遍看法相左的是，这些动荡不会导致通货膨胀，而会造成有史以来最严重的通货紧缩——假如我们继续依赖传统经济手段的话。甚至连政府的财政紧缩计划（其中有些相当严厉）也产生了通货紧缩效果，因为它们在扼杀经济活力。

此外，这些紧缩措施会进一步抑制公共部门组织的正常运转，加剧资金短缺所造成的不利影响。紧缩措施根本无助于改善旧系统，只能让它们变得更糟糕。不幸的是，传统思维只会这个。相比之下，新的方法能让组织事半功倍。所以，如果我们承认，尽管表面上看起来这是一次经济危机，但实质上绝不仅仅是经济的危机，而是组织运转失常的危机，那么我们关注的焦点就会转向完全不同且极为有效的解决方案。

几乎所有经济学家都未能预见到2008年9月的系统崩溃，尽管早在至少一年前美国股市就已显露出这样的苗头。这一点同样也表明，此次危机很大程度上不是一次经济的危机。有了恰当的工具，我们就能尽早发现逼近的危险，其中有些甚至可以追溯到20世纪90年代。在我1997年出版的德文版《正确的公司治理》以及我的其他书籍中，在我的每月管理函件和无数次主题演讲中，我都曾反复地指出过这一点。

直到2008年夏天，也就是距离雷曼兄弟公司（Lehman Brothers）垮台只剩3个月的时候，美国98%的经济学家以及德语区的经济研究机构，都还在众口一词地预报2008年有2.5%～3.5%的经济增长，几乎没有人提及这场蓄势已久且即将袭来的暴风雨。㊀

人们常常把对这场惊世大崩溃的普遍失明归罪于经济学家，这其实很不公平。更准确地说，这预示着某种完全不同的新事物正在发生，用传统的经济学方法根本检测不到。

盎格鲁－撒克逊式公司治理：毁灭机器

要想准确评估那场迫近的灾难，你必须换一个完全不同的着眼点：从20世纪90年代早期开始，越来越多的企业出现了系统性的管理不善，同时强调股东价值的教条也日益盛行。这种问题源于金融领域，随后以惊人的速度蔓延至实体经济。除了低廉的贷款，造成当前危机的另一个罪魁祸首就是金钱至上、完全财务导向的公司战略，因为它们导致了历史上规模最大的资源错配和全球债务。

有两个主要因素致使管理者误以为他们处在正确的轨道上：首先，表面上看来，美国经济仍然是世界第一强，因为只有极少数人知道官方数字是错误的，而且由于1994年统计方法的改变，

㊀ 只有极少数人及时地发出了警告，其中包括罗伯特·普莱克特（Robert Prechter）、保罗·马丁（Paul Martin）、古纳尔·海因索恩（Gunnar Heinsohn）和奥托·斯泰格尔（Otto Steiger）。

虚假繁荣掩盖了事实。然而，只有真正的专家注意到了这一点，媒体却从未予以关注。其次，世界各地数以千计的商学院不加批判地接受了价值创造和股东价值的战略，并奉之为终极真理，把股东价值的教条传遍了全球。因此，在数百万受过MBA教育的高管当中，只有那些抓住一切机会反思过去的错误并从中学习的人，才能得心应手地驾驭即将到来的挑战。解决方案是存在的，并且人人可取而用之。

还有一个误导因素，是史上最长的牛市以及看似恒久持续的经济增长。然而，这种增长大多发生在金融领域，不属于实体经济，而且其真实的资金来源是没有收益、抵押物渐趋贬值的贷款。除此之外，其他误导因素还包括：评级机构、咨询公司、投资银行、私募股权和对冲基金的影响；媒体的喝彩；名副其实的"涡轮增压器"——奖金制度。

变量A~H表明了公司治理系统的系统动态（见图2-1）。这些变量形成了总共79个相互交织的反馈循环，并且在这些小范围的正反馈循环中相互强化。系统中只有两个负反馈控制循环，来自工会这个变量。

根据国家的公司治理法规，这些变量全都具有合法地位。然而，这些法规把最佳实践作为关键标准，忽视了最佳实践可能与正确的实践完全不同甚至截然相反的事实。所谓最佳实践就是"因为别人都在这样做，所以人人都该这样做"——这显然为错误的群体心理感知和旅鼠效应提供了温床。

在20世纪90年代，我用控制论网络模型（最早是手动，后来借助电脑）捕捉到了整个公司治理系统中不断增长的不稳定因素，它们在公司的资产负债表中是看不到的（见图 2-1）。由此我得出了一个可靠的结论：公司治理系统已经失控，因为在 81 个相互关联的控制循环中，只有 2 个在稳定系统，其余的 79 个都在破坏它的稳定。一个经济史上最丑恶的自毁机器已悄然诞生，然而大多数公众都毫无察觉，还普遍相信它是有史以来最好的经济系统。

系统动态——公司治理

变量 A ~ H 表明了公司治理系统的系统动态。这些变量形成了总共 79 个相互交织的反馈循环，并且在这些小范围的正反馈循环中相互强化。系统中只有两个负反馈控制循环，来自工会这个变量

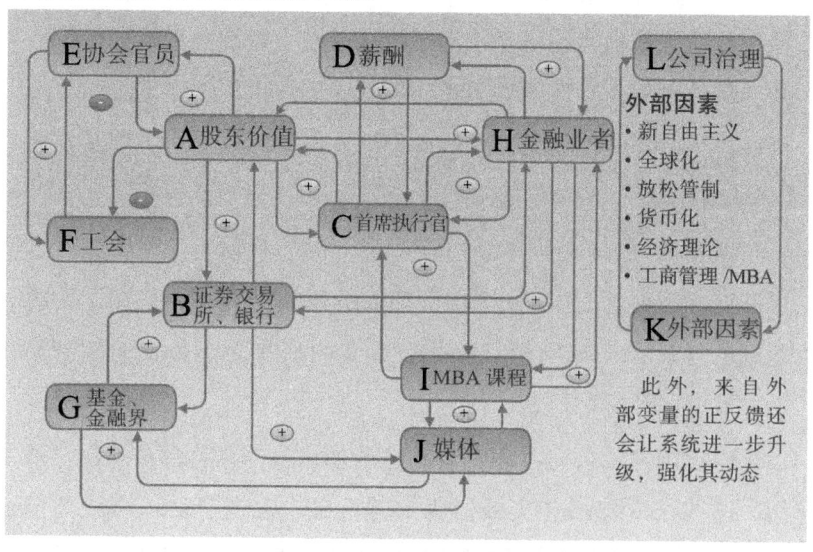

图 2-1　公司治理模型

一旦系统内形成的不稳定因素达到了一定水平，系统就很可能瞬间崩溃，要么爆炸，要么内爆（见图 2-2）。那些熟悉生态系统的人，还有医生和很多有自然科学背景的管理者，他们都熟

知这种系统行为。与大多数商学院毕业生不同，他们已经在学业课程中对系统的稳定行为有所了解，而相同的系统规律也适用于经济系统。然而，尽管现代的系统研究取得了很大进展，对无限线性增长的迷信却仍在持续。

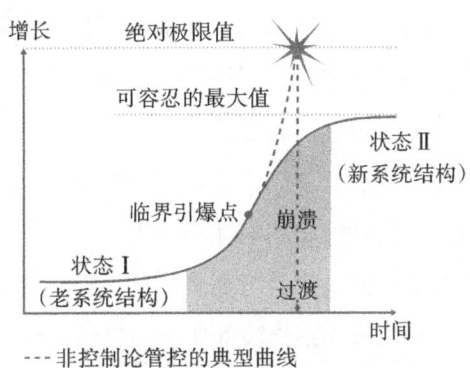

图2-2　增长陷阱

复杂性与管理危机：神经系统的缺失

到目前为止，这些系统法则已经超出了纯粹的经济维度。传统的管理系统已无力应对它们所造成的复杂性。作为社会的"有机体"，公共和私有领域的组织缺少感觉器官，也就是应对深刻变革带来的新挑战所需的引导和控制系统。沟通和决策系统运转过于缓慢，严重滞后，导致组织没有能力做出正确的决定和快速的调整。另外，很多组织还缺少落实决定所必需的牵引系统。

或者打个医学上的比方，运用传统的管理观念，我们能搞定组织的"解剖结构"及其流程的"生理机能",但是作为传统思维的"神经生理"部分,管理系统却一直没跟上。然而,在21世纪巨变及其危机征兆愈演愈烈的困境中,有效的管理系统恰恰是组织正常运转所必需的。

从组织管控这一更高的系统层次来看,我们所面对的问题绝不仅仅包含纯粹的经济维度:它是传统社会运转的危机,是社会越来越无力掌控其组织机构的危机。

传统的组织形式及其规划、决策和实施的流程,往往会被如今全球互联系统的复杂性和动态性彻底击溃。在超级复杂的组织网络中产生的很多政治决策甚至更多的犹豫不决,都充分体现了这一点。组织运转的操作系统没能跟上复杂性的增长。没有必要的系统支持,即使是最优秀的管理者也会无计可施,这根本不足为奇。

因此,问题并不是仅仅出在相当于"血液循环"的货币流通。雷曼兄弟的垮台的确引发了货币流通的崩溃,但真正严重的问题在于即将发生的社会"神经系统"的崩溃,以及由此引发的社会运转能力的崩溃。

这会以不同的方式同时波及私有和公共部门的组织:毕竟,如果没有政府的直接干预,银行业就会内爆,进而把实体经济也拉下水。然而,政府的救助计划只能暂时稳定局面,帮助组织赢得喘息的机会。这些计划在紧急情况下可能确实很重要,但它们不是永久性的解决方案,因为它们并没有消除导致危机的任何一个主要原因。相反,它们还造成了新的危机诱因,其中包括巨额的公共债务——正如每个专家都知道的,这也是一个在表象之下酝酿已久的问题，一旦猛烈爆发，很可能连那些相对还算健康的国家也会被拖入债务的泥潭。

发起政府救助计划几乎就相当于拿烈酒安抚耍酒疯的醉鬼，而政府恰恰这样做了。然而，烈酒当然不可能治愈酗酒的顽疾，数十亿美元的追加救助资金也没能让金融界有多大改观。相反，由于这些资金的注入，过时的结构尤其是过时的行为模式又卷土重来，变得更加根深蒂固。商业实践仍然没什么改变，奖励计划也尚未重新设计。

危机的第三幕：通货紧缩

这种自我毁灭的美式公司治理在全世界的传播，导致了错误的战略、低劣的管理以及如今危机的爆发。我们需要在足够多的社会机构中全面迅速地引入正确的管理系统，进而纠正当前令我们头疼的发展趋势，这在技术上和组织上都是完全可行的。如果我们未能做到这一点，后果基本上就是危机的破坏性经济因素将完全决定事态进一步的走向，不会受到任何管理上的抵抗。没有成千上万的组织用恰当的管理提供支持，单靠政治无法阻止这一进程。我们必须做到这一点，否则 20 世纪 30 年代的危机很可能就会重演，而且波及的范围要大得多。

当前的全球经济危机并不仅仅是又一次重复发生的经济扰动，也不属于通胀型危机的范畴，它是一次通货紧缩危机。通缩型危机远不如通胀型危机频繁，正因如此，几乎没有多少人熟悉这种局面。在美国历史上只发生过两次通货紧缩：一次是从

1835年持续到1842年，另一次是从1929年持续到1932年。

通货紧缩是资产价格的崩溃，从公司股票、房地产、贵金属、大宗商品到艺术品。造成通货紧缩的原因是几乎所有的社会领域都过度负债。从联邦政府到州政府和市政府，再到私有部门的组织和企业，几乎每一个实体都筑起了高高的债台，指望着经济会无限地增长，所谓的"价值"会持续上升，从而把价格推到了前所未有的高度。我们已经过了这个阶段：股票、房地产和商品的价格疯涨已经过去了。这些资产价格的上涨不是因为公司业绩优秀，也不是因为某些资产就有那样的内在价值，而是因为有越来越多的人借了越来越多的贷款来购买这些资产，他们盲目地相信价格会一直上涨，越来越多的债务并不是严重的风险。

在危机接下来的阶段，这些债务将必须偿还。由于资产价值的破坏，抵押物跟着贬值，因此不足以提供原来要求的抵押，于是会在债务清算时被债权人收走。换句话说，之前高高筑起的债台现在必须被铲平。

以当前的负债率来说，这将导致股价的暴跌。根据道琼斯指数，1929~1932年，美国的股价下跌了89%。把当前的股价走势图与那一时期的对比，两者的相似度已经不容忽视。我在那种最火爆的金融市场里打拼了40多年，由此积累的经验恐怕要比今天大多数的银行家都更丰富。这些经验告诉我，要留心那些看似微弱的迹象，要经常从不同的角度去解读它们，而不是随波逐流，要提早察觉不稳定的系统区域逐渐累积的风险。

在这种情况下，抗危机计划的初衷再美好，积极性再高，其经济手段也难免会不堪重负。即使利率降到最低水平，大家也还是会避免杠杆投资，消费者看似唯一合理的选择也还是存钱而非消费。更何况对大多数人来说，消费已经达到了一定的饱和，即使放弃购买也不会让他们感到难以忍受。在未来难以预料的情况下，人们当然会为自己和家人未雨绸缪。

经济学家必须要认识到，大多数人都不算是最大利益或效用的追逐者；实际上，他们甚至根本就不是经济主体。他们是人，其中大多数恰恰具有计量经济学模型无法描述的那些特征。不仅传统的商业模型和管理观念是错误的，经济管理模型的设计在很大程度上也一直是不正确的。

新的运转方式：驾驭复杂性

为了阻止这场危机继续滑向深渊，我们需要新的解决方案。21世纪巨变的一个重大挑战在于，要想驾驭复杂性，要想适应前所未有的新环境，组织需要新的运转方式。解决方案在于整体化控制论的管理系统，即我们在马利克管理中心开发了30多年的管理系统。这些系统之于组织，就相当于神经系统之于有机体：前者确保后者的可靠运转。

适应复杂性的战略有一个潜在的进化逻辑，并且会模仿进化的战略。每当未来不确定而你又必须采取行动时，这样的战略就必不可少。目前，我们还只能粗略地勾画21世纪巨变的发展进程。但是，很多容易忽视的模式以及往往相当微弱的迹象和信号已经显现。如果我们多加注意，这些模式的确可以指明一些方向。因此，在适应复杂性的战略中，所采用的复杂导航系统对于企业和社会的意义，就相当于卫星导航对航运和航空的意义，或者全球定位系统（GPS）对大多数驾车者的意义。正确地导航，随时获知自身的位置，保持正确的航向，在多变的环境中找到最佳航线，及早察觉潜在的危险，迅速做出必要的反应——所有这些能力的养成和保持都离不开适应复杂性的战略。

德国生物学家卡斯滕·布拉什（Carsten Bresch）在 1977 年就已指出："只有更高的复杂性才能促成更优秀的技能。"[1]那些研究复杂系统控制论的先驱们，更是在很早以前就形成了这样的认识。[2]没有控制论的、反馈驱动的引导和控制系统，现代的汽车就跑不起来，航空或航运、医学或计算机等系统也都无法运转。在未来的现实下，只有遵循控制论的管理才能让社会的组织按需运转。只要事物在运转，其运转就是出于控制论的原因、基于控制论的法则；只要事物无法运转，那就是因为缺少控制论的操纵、控制和引导。有关新运转方式的知识是存在的，已经完全包含在我的整体化管理系统中。

一些领先的组织已在应用这些系统。要想制定正确的战略，引领组织穿过 21 世纪巨变的迷宫，这些系统至关重要，因为它们可以提供正确的定位，帮助组织选择正确的方向。后面的章节会告诉你，什么样的战略和战略管理能完成这项任务。

---

[1] Bresch, Carsten: *Zwischenstufe Leben—Evolution ohne Ziel?*, Munich, 1977.

[2] Dörner, Dietrich: *The Logic of Failure. Recognizing and Avoiding Error in Complex Situations*. New York, 1989, 1997.

CHAPTER 3

第 3 章

当你缺乏必需的知识时：战略错误的雷区

运营数据造成的战略错觉

接下来，让我们来看看前面提到的那些错误。为什么一些看似健康的企业会突然间陷入严重的困境，甚至滑向破产呢？

在 2008 年，发生这种情况的公司包括美国的雷曼兄弟、全球最大的保险提供商之一美国国际集团（AIG）、德国的海波不动产（Hypo Real Estate）。2000～2002 年，瑞士有几家当时最好的企业也发生了类似情况，比如全球领先的保险企业苏黎世集团（Zurich Group）、著名的寿险企业瑞士人寿（Swiss Life），以及发展势头强劲的全球瞩目的 CS 集团（CS Group）。这些公司需要数十亿美元的救助资金才能生存，有些已根本无可救药。

同样的情况也发生在了不同年代、不同地区的其他行业，比如 20 世纪 60 年代欧洲的办公设备行业、70 年代瑞士的钟表制造业、80 年代的电话服务业，以及 90 年代的影像业。从 1990

年开始,像美国的汽车工业一样,看似不可战胜的日本工业大部分也都受到了影响。所有这些企业本该是璀璨的商海明珠,结果却一夜之间变成了等待救助的可怜虫,而且在每个案例中,大多数人都不明白为什么会这样。在这些大溃败事例中,企业经济学和工商管理的拥护者遭遇了滑铁卢,尽管他们绝大多数人从未意识到这一点。甚至是在公司倒闭之后,他们也没有意识到运营数据对战略管理来说没有价值。

缺少正确的信息

在大多数情况下,发生这样的**商业灾难是由于同一个原因:公司制定战略是基于对战略决策完全无用甚至误导的数据,也就是纯粹的运营数据**。因此,这些公司基于运营数据来评价自身的成功,因为它们缺少战略发展相关的信息,甚至不知道去哪里寻找。结果,它们经常被不利的战略形势打得猝不及防,难以及时地做出充分的应对。

作为股东价值思维的一个后果,很多公司的高层管理者完全依赖于财务和会计数据。然而不幸的是,这些数据丝毫不包含明确的、实现战略意图需要的那种信息,因为那种信息不可能记录在账簿中。

评级机构对企业的褒贬也主要是基于运营方面。年度财务报告、审计报告甚至是企业自己的媒体,这些东西很少会包含任何真正有战略意义的信息。财务稽核报告也一样。如今,很多监事会使用的运营数据甚至比过去还要多。诚然,你在这些组织中会十分频繁地听到"战略"这个词,但是可以相当肯定地说,这个词用得越频繁,他们真正掌握的战略认识就越贫乏。

传统的战略智慧是错误的

面对21世纪巨变带来的新挑战,传统的战略观念和方法越来越显得无能为力,甚至更糟糕的是,它们会助推、加重和延长危机。例如,当前组织执行的大多数增长战略都非常危险,有可能导致系统崩溃。增长仍将很重要,但是在通缩条件下其方向和意义都会改变。例如,超过60%的并购战略都失败了,戴姆勒-克莱斯勒只是其中之一;所有那些破产的银行,它们的战略也几乎不可能是正确的;还有很多私募股权的计划和行动,最终也证明在战略上考虑不周。

总而言之,以前那些关键的商业概念和控制变量仍将用于新的战略思维方式,但是在新的导航系统内,它们将扮演不同的角色,发挥不同的作用。例如,利润所包含的信息内容将在几个方面彻底改变。旧思维方式中的积极因素,到了新思维方式中可能就会变成消极因素,反之亦然。

接下来我会指出传统思维的错误,以澄清为什么商学院的传统战略概念不可再用——实际上很长时间以来,这些概念一直在把我们引入歧途。

过于强调财务数字

自20世纪90年代早期以来,很多管理者的注意力集中到了企业经营的财务方面,这是股东价值思维以及相伴而生的财务指标构成的复杂系统的直接后果。这些系统变得越复杂,就会越发偏离战略的信息内容。

在这个过程中,运营管理与战略管理之间的区别几乎完全被抹杀了。"战略"这个词频繁出现,但它们越来越多地指向单纯的运营事实,而且过一段时间后就只剩财务交易了。由此,对真正的公司战略和战略管理的普遍认识每况愈下。

纵观历史,每当企业眼里只有财务数字或者企业评价只基于财务结果时,通常就标志着经济衰退甚至是严重的经济危机即将到来。

所以,当我注意到基于财务的公司管理出现了这种趋势时,我意识到一个系统性管理不当的体系正在形成,尽管它披着现代公司管理的外衣。假以时日,这种不利的发展趋势可以得到纠正。但是,由于大学里的企业经济学课程、美国的商学院、全球的审计事务所和评级机构以及整个咨询行业等,大多都宣称这种迷失就是恰当的公司管理,所以这个错误过了好几年才浮出水面。

财务当然很重要,因为财务结果是公司成功的基础,但是它们不是成功的原因。因此,为财务管理设定最高标准并不意味着要格外重视财务数字;相反,这意味着要探寻其根源。

误导的时间期限

每个战略决策的生效都需要时间。正因如此,战略绝不能事先就用时间来限定。所谓的"五年战略"通常是错误的,"三年中期计划"亦然。要想提供有效的引导,战略或规划的时间期限必须基于公司的本质和内在逻辑,这意味着时间期限是战略决策的结果而非前提。

常用的"短期""中期"和"长期"的期限划分是危险的,因为它否定了战略计划与运营计划之间远比这更加重要的区别。要想合理地确定时间期限,必须首先明确计划的内容,因为它决定着哪些部分是与运营相关的、哪些是与战略相关的,只有知道了这些,讨论时间期限才有意义。

迄今为止,想要一般性地定义"长期"究竟有多长是不可能的。定义只能针对个别案例,根本不可能具有普遍意义。工商管理学者和经济学家都没能给出答案,因为很显然这个问题就没有标准答案。作为摆脱这些问题的一个出路,有关利润最大化的讨论通常围绕"长期"利润或"可持续"利润展开,但这两个也都是无法定义的。

"短期"通常是指当前的财年,因为那是法律明确规定的;这个事实一般不会损害管理实践。但是,至少从对管理有帮助的角度来说,"中期"和"长期"就只能用我后面将要介绍的控制论导航系统来定义,就像"运营"和"战略"要根据任务的性质而不是它们暂时的范围来定义一样。运营决策和战略决策不同的时间跨度,是由它们各自不同的性质决定的。

利润、健康、生存能力

毫无疑问,企业必须盈利。然而,这并不意味着创造利润和利润最大化就一定得是公司的终极目标。事实上我发现,恰恰是那些不追逐具体利润目标的公司往往实现了最高利润;确切地说,利润是定义明确的战略目标的结果。

很多人似乎并不知道，赚钱的公司不一定是健康的。那些破产的企业，大多数在不久之前还获利颇丰，这也正是没有人对它们的战略提出质疑的原因。

利润只能是运营管理的最高目标。相比之下，战略管理专注于组织想盈利必须满足的条件。换句话说，战略关心的是创造利润源泉，而运营管理关心的是利用这些源泉。因此，为正确的管理行动提供指导的战略，将专注于企业无限期的生存能力和运转能力。

利润本身仅仅是企业导航的几个因素之一。把公司管理简化到仅剩利润，这必然会束缚管理的决策系统和控制系统，致使它们局限于管理的运营维度，让管理陷入短视和短期思维。对运营管理的盲目依赖会导致对战略管理的忽视，最终让公司丢掉自己的未来。

运营与战略

有的任务是运营任务，有的则是战略任务。这两类任务的性质决定着计划的时限，而不是反过来。大多数所谓的长期计划是纯粹的运营计划，不提供任何战略引导。它们假装具有战略的属性，其实并没有；恰恰相反，它们必然会导致事与愿违的发展。

"战略"一词的习惯用法太模糊，即使是在所谓的专家中间。结果，它几乎已经丧失了最初的含义。它很可能会变成一个没有价值、有误导性的词语，尽管它对正确的管理方法来说至关重要。只要诸如"战略营销与运营营销之间的区别是什么"或"战略营销的反面是什么"这样的问题仍然没有搞清楚，"战略"这个词就没有价值。这同样适用于战略核算、战略人力资源管理、战略资产管理等。

正如我将在下一节中说明的，对"战略"这个词不加思考地滥用，正在冲淡对可靠公司管理的内在逻辑的一点真知灼见产生的积极影响。更糟糕的是，股东价值仍然是绩效评估和目标设定的首选变量，不仅在时代潮流和金融市场中，在公众辩论当中也是如此。股东价值是纯粹的运营参数，战略绝不能以它为基础；如果你希望确保股东得到丰厚的回报，那就更不应该这样做。

下面的七个论点将清晰地阐释这些问题，描述我们应该从以往的错误和虚假学说中汲取的教训。要知道，正是这些错误和教条导致很多公司破产，并且引发了当前的全球经济危机。

运营管理与战略管理

运营数据在公司管理中造成系统性的误导

仅仅基于运营数据，你无法做出战略决策，你甚至无法确认是否有做出战略决策的必要。

运营数据会造成系统性的误导——我说的不是即使有出色的战略，企业通常也会犯的那些错误。普通错误与系统性错误有个巨大的差别，那就是后者是系统性的误导造成的，不可避免。在这个意义上，运营数据具有系统的误导性。那到底什么是运营数据呢？

企业经济学（尤其是财务和会计）所用的控制系统和信息系统只提供运营数据

运营数据包括营业额、成本、利润、边际贡献、流动性、现金流、现金流量以及从中衍生出来的任何数据。这些数字是短期还是长期、是否贴现，这都无关紧要。即使它是 10 年现金流分析，也还是纯粹的运营信息。即使它是长期的推算，这也丝毫不会改变其运营性质。

请注意，我不是在质疑会计系统本身。正如第 4 章将会谈到的，我这里说的是违背其本意的误用。它为运营管理提供可靠的运营数据，仅此而已，因为那就是它存在的用意。

从本质上来说，战略管理完全不同于运营管理。战略管理必须服务于其他目的，解决其他问题，促成其他决策。战略管理需要使用不同的参考变量，知道不同的规律和规则，满足不同的标准。

这并不意味着战略管理可以取代运营管理，反过来当然也不可能。两种管理缺一不可。它们在很大程度上是相互独立的，但也必须是相互补充的。这两者哪个都不能舍弃。

它们各自的任务可以清楚地定义：运营管理必须实现公司的成功，战略管理必须为之创造条件，也就是说，它必须为公司的成功提供潜力。即使当前的成功再怎么显著，如果没有潜力，再好的运营管理也无法保证成功的长期持续。

运营数据描绘的图景越美，犯下战略错误的风险就越大

有利的运营数据，比如高利润、高收益、营业额的增长等，它们的作用就像镇静剂。当公司的年报、资产负债表和利润表中的这些数字看起来很健康时，人们会感到很安全，觉得没有什么好担心的。监事会的成员恐怕也不敢提出尖锐的问题，即使他们问了，管理层也会拿华丽的数字轻描淡写地敷衍过去。对美好的运营数字发出质疑，这需要一个非常强大的监督机构鼓起勇气。

无数的例子证明，企业犯下最严重错误的时候，从来不是运营不如人意的时候，而是运营成果令人满意的时候。令人满意的成果让企业放松了警惕。戴姆勒-克莱斯勒、通用汽车、从前的IBM、钢铁行业以及很多银行和金融机构都有这样的经历。在那些不怎么有名的中小企业中，这样的例子也不胜枚举。

在运营绩效不好的时候，所有感官都很警觉，天线竖起，一切都可以质疑。此时，变革的意愿强烈，尽管有时会缺乏变革的能力，但整个管理团队的智慧和经验都集中在解决手头的问题上。

在本书的第三部分，我将介绍导航系统，并证明它能多么有效地帮助我们避免这些错误。在第四部分，我将探讨市场战略对利润的影响（profit impact of market strategy，PIMS）方法，解释PIMS研究给我们带来了哪些至关重要的成就，以及它怎样帮助我们打造那种居安思危的领导力。

战略错误无法挽回

针对我上面的第三个论点，有人可能会不屑一顾地指出，犯错误是企业经营不可避免的一部分。然而，这种看法太没有远见了。更糟糕的是，它暗示着企业的命运已经注定，必然会功亏一篑。

战略错误有一个非常危险的属性：发现之时就已无法纠正，或者更准确地说，已无法再用普通的手段纠正。纠正它们总是需要特殊的、极端的措施，比如残酷地削减成本、大规模地裁员、关闭整个业务单元或分支机构、放弃独立性、被迫结成联盟。

因此，清晰地区分普通错误与战略错误至关重要。普通错误是企业经营和创业活动不可避免的一部分，其中包含挫折、牺牲和沮丧，但它们不会危及企业的生计；战略错误则总是危及企业的生存。为什么呢？

战略错误无法纠正，因为时间在跟你作对

战略错误的后果终将体现在公司的财务数字上，但其原因几乎不可能在那里找到。更确切地说，战略错误的影响和后果必然会在财务数字上显现。

接近75%的破产案例是基于财务分析指标才被发现，高达55%的破产案例是基于流动性比率才被发现。大约25%的破产案例在实际崩溃之前的6～12个月中被发现，大约40%的破产案例直到最后6个月才被发现。仅仅这一个事实就表明，企业严重缺乏有效的预警导航系统，传统的管理工具显然出现了系统性的失灵。

尽管如此，在大多数案例中，问题的核心并不是资金本身，而是等企业察觉到了即将来临的灾难时，它们已经没有足够的时

间去纠正所犯的错误了。任何一个经历过所谓"转机"的人都知道我在说什么：要是还有足够的时间……让我们进一步谈判，让我们采取必要的对策，让我们解决债务等，那该多好啊。

这充分显示了运营与战略之间的区别是多么重要：一旦战略错误体现到了运营数字上，再想采取真正有效的对策已经太晚了。

因此，公司战略的一个重要作用就是赢得时间。问题发现得越早，你就有越多的时间去解决它。然而，赢得的时间从来不会出现在资产负债表上，更不用说管理者钟爱的盈亏数字上了。另外，我也从来没听说有任何评级机构或金融分析师意识到了这个参数的重要性——这恰恰可以证明，他们对公司管理的短视和盲目做出了多么巨大的贡献。

当一个问题显现在盈亏数字上时，公司就已经病入膏肓了。这和癌症是一个道理：通常来说，一旦患者开始感到疼痛，再想治疗就已经晚了；或者，就算能治疗，也往往需要通过手术或化疗对患者的机体进行严重的介入。

运营数据在战略上无足轻重，因为它们不能用来支持或反驳战略

有一个普遍的错误说法是："可我们在盈利啊，所以我们的战略不可能是错误的。"即使一家公司已经身患绝症，无药可救，它们仍然有可能正在创造巨大的利润，并且满足金融分析师的所有标准。基于同样的理由，说"我们正在亏损，所以需要改变战略"也是错误的。在很多时候，最佳战略会让企业连续几年陷于亏损状态，尤其是在战略的制定者意图实现重大革新的情况下。

就我们所知的那些伟大革新来说，如果它们的领导者只专注于财会数字，恐怕其中就没有多少革新能得以实施。如果公司的首席财务官只用财会的逻辑考虑问题，重大革新恐怕一定会被他否决。卡尔·本茨（Carl Benz）和彼得·冯·西门子（Peter von Siemens）、亨利·内斯特莱（Henri Nestle）和老托马斯·沃森（Thomas Watson Sr.），假如他们都用财务总监的逻辑来思考，他们肯定很快就半途而废了。

运营数字只能证明运营措施是否得当，而战略措施只能用战略的论据和信息来证实。

在运营上看似合理的举措，在战略上却有可能是完全错误的，反之亦然

眼中只有运营数据和数字，这几乎一定会导致战略上有害的举措。当前的利润不一定是执行正确的战略带来的结果。在很多情况下，利润尤其是非常高的利润，恰恰是战略潜力被过度开发进而遭到破坏的结果。例如，通过削减研发、人力资源发展或市场营销等方面的开支，运营数字就很容易得到改善。从运营的角度来说这可能是合理的，在有些情况下甚至是不可避免的。但是这样一来，企业的战略潜力往往就危险了。

在另一方面，正如前文已经指出的，即使一项战略是绝对正确、得当的，它也未必就能带来高利润、现金流或收益，往往还会造成相反的结果——至少最初是这样。因此，从运营的角度来看，相关的行动似乎是错误的，即使在战略上它们是正确的，甚

至是企业的生存所必需的。

这正是公司管理的原始困境。一家处境艰难的公司，可能不得不放弃那些潜力巨大但需要多年投入的业务，也就是说，它们不得不牺牲自己的未来。反过来说，一家决心要打造未来潜力并坚持到底的公司，可能就得准备接受运营数字连续几年不断恶化的现实，简而言之，它们得牺牲自己的现在。

后面这家公司的管理团队几乎不可能得到金融分析师和股东的赞扬，因为他们能承诺给人家的只有未来的业绩，而经过贴现之后，这些业绩往往会显得很可悲。相比之下，如果管理者削减未来的潜力，努力保持和优化当前的经营业绩，那么他们就能享受此刻的风光，只不过付出的代价是公司的未来。这可能并不会让他们感到很不安：他们可能正打算退休，或者和公司签的聘用合同就要到期了，又或者最高管理职位的任期短暂碰巧是常态，就像股市繁荣时期的情况一样。再者，就像绝大多数情况一样，他们的奖金是和运营数字挂钩的，所以尽管存在完全不同的战略性的解决方案，他们也不会采用。所有这些都是系统设计拙劣的标志，是传统战略思维尤其是股东价值理论的直接后果。

对任何一个管理者来说，如果只关心公司管理的一个维度，那么任务必然会相对轻松。如果不必考虑未来，实现当前利润的最大化就几乎不是什么难事；同样，如果不必担心当前的业绩，那么对大多数管理者来说专注于未来都将不成问题。

公司管理的艺术首先就要求两者同时兼顾：既要实现良好的当前业绩，又要给未来做好准备；既要取得今天的成果，又要保护好未来。把这种艺术变成可以学会的职业，这正是可靠的管理理论应有的宗旨,而本书提出的导航系统会让它成为可能。

经营企业并不容易,但永续经营才是企业家真正的使命,也是更加困难的战略任务。

在大变革时期,拥有公司战略就显得格外重要。公司的未来不会自然而然地发生,它需要用战略管理来创建和塑造。

因此,财务数字或许是很重要,但同样重要的是,永远不要忘记它们的运营本质。如果一家公司仅仅依据财务方面来管理,那么它就只有运营管理。这样的话,即使运营管理做得再漂亮,忽视战略管理的威胁也会始终存在。

换成其他的说法或措辞也不会改变其实质。狗始终还是狗,即使你说它是猫。战略不会从改了名字的运营管理和运营事实中产生,而只能从战略管理和控制变量的正确运用中产生。战略不是语言的问题,而是公司管理的逻辑和原则的问题。

第4章将会解释战略原则到底是什么。

战略思维陷阱

不加批判的MBA课程和不称职的媒体等造成的集体误导越严重,经济形势越艰难,我们就越是需要了解正确的战略管理的逻辑,避免传统战略中固有的那些错误。仅此一点就能让战略工作的质量迈上新台阶。此外,我在第六部分会给出超级协同整合的新方法,它们可以为增长、规模和多元化等关键问题的解决创造全新的可能性。对于这些关键问题,一旦复杂性超过了一定程度,传统的方法就无能为力了。

为什么说增长不是目标而是结果

与流行的看法相反，增长尽管很重要，但是绝对不能作为公司的终极目标，尤其是在增长等同于销售额增加的情况下。因此，增长指标绝不能用作战略的输入信息：它们是正确战略的结果，是输出。

如果把传统方法这样颠倒一下，你最后通常会得到更高的增长指标，高到你原来想都不敢想。此外，作为战略的结果而产生的增长指标有一个更坚实的基础，因为要想确定一家公司是否必须增长、可以增长或不得再有任何增长（是的，这也是可能的），唯一的途径是通过战略信息。除了其他来源，战略信息还可以来自第四部分将要介绍的 PIMS 计划。

在某些情况下，公司可能出于战略原因而迫切需要一个强劲的增长阶段，比如为了抢在竞争对手之前建立相对稳固的市场地位，这对初创业务来说可能尤其重要。但是，也有一些情况下，进一步的增长会让公司陷入不可持续的境地，因此等同于自寻死路。

保持增长并没有那么重要，持续改善则重要得多。即使是由于市场限制无法再增长的企业，也仍然可以持续提高质量和效率。另一个非常重要的问题是怎样实现增长——如果它是一个明确的目标。通过在一个不断扩大的市场中增加销量来实现，还是在一个饱和的市场中扩大市场份额？通过收购，通过创新，还是通过多元化？后者非常困难，这已被无数的案例所证实，其中最引人注目的是戴姆勒 – 克莱斯勒。或者，公司将同时通过多元化和创新来增长？这显然更加困难。多元化和收购会让公司变得更大，这在很多人看来就是越来越成功了。但是事实上，这会让公司变得越来越虚弱，直到筋疲力尽。

另一个看似容易但影响深远的增长方式是扩大公司的产品范围。看看那些快速增长的公司，你经常会发现其销售数字的增长是通过迅速扩大产品范围来实现的，也就是说，产品种类或品类激增。这样做的结果几乎永远是激增的复杂性、急降的透明性以及受到侵蚀的边际贡献、盈利能力和流动性。

规模有两面性

"一家公司可以有多大规模？"我经常被问及这个问题。答案曾经很简单，但是如今我发现这个问题有很大的迷惑性，因为在新世界里，规模是个有两面性的战略变量。一方面，公司将有能力做成比以前大得多的规模，因为新的管理系统会提供必要的工具。看完第六部分你就会明白这一点。拥有上百万甚至更多员工，没有太多繁文缛节，生产力水平一流，对我来说，这样的公司不难想象。感到自身的规模目前受到了限制，觉得自身还有更广阔的市场机会，这样的公司一定会非常高兴地利用这些新工具。

另一方面，在新世界里没有哪家公司必须得做大规模，因为小公司也有新的办法来满足甚至统治大市场。

真正重要的不是规模而是实力，不是销量而是速度、质量、适应性以及易管理性。驾驭复杂性将变得至关重要，因为过去规模的每次增长都导致了复杂性更大的增长。但是，本书给出的那些工具能让你轻松地驾驭复杂性。

有些公司按通常的标准来看很庞大，但其在各个业务领域的实力却都很薄弱，高度多元化的集团和控股公司往往就是这种情况。也有些公司按通常标准来看是小型的，或者最多是中型的，但在各自的领域却几乎不可战胜。在第四部分我们将会看到，成功的独立战略在很大程度上与规模无关。

多元化要求巧妙的复杂性管理

100年的经济史教会我们，多元化几乎从未奏效。成功的实例凤毛麟角，因此很显然这种方式并不可取，尤其是对中小规模的公司来说，因为它们通常缺少两大必备条件：财务资源和管理。

大公司往往有钱搞多元化（其实也不一定就有足够的资金负担其后续成本），但是它们往往也缺乏能干的管理者，甚至更常见的情况是，它们没有相应的管理系统来应对多元化的复杂性。

就传统方法而言，我的建议仍然不变：这种方式不可取。但对于能够适应复杂性的新管理系统和新方法来说则不然：它们在这个领域中也将引发变革，因为它们能帮助公司克服以往多元化管理方面的障碍。

消除弱点不太可能成为战略目标

消除自身弱点会让公司变得平庸，而不是杰出。当然，每个战略都必须处理特定组织的弱点，有些情况下消除弱点甚至是成功的关键。然而，真正的企业成就永远是充分利用自身优势的结果。很多时候，那是唯一的一项**优势，是企业已经拥有的，而不是需要企业再花 5 年时间去建立的，因为在商业领域你很少会有那么长的准备时间。**

正因如此，在制定公司战略时，你的首要任务就是集中精力确定公司的优势。另外，绝对不应该花钱请顾问来告诉你公司有哪些弱点，找弱点通常很容易，因为它们往往很显眼。确定一个组织的优势则要难得多。顺便说一句，同样的道理也适用于你自己的员工：通常，很多员工都可以告诉你哪些事情办不到以及为什么办不到。在某种程度上，他们也有贡献，但是相比之下，知道组织具备哪些能力以及应该怎样加以利用，这样的员工显然更重要。

如果一个人能帮公司确定真正的优势，那你给他多少顾问费都值得。作为一个没什么经验的年轻顾问，我曾经常常感到很自豪，因为我们通过细致的分析发现了很多不足之处，并把它们提交给了管理团队。以此为基础，我们还能制定出一系列绝妙的补救措施。公司因此增加了大量的工作，这似乎也证明了它们花钱请我们是明智的，毕竟，我已经替它们做了那么多。但是后来，我最重要的任务变成了帮助企业清晰、精准地确定它们的优势，并确保这些优势得到利用。弱点不消除或许会妨碍公司的成功，但是消除弱点很少会成为成功的来源或驱动因素。

正确的战略可以抵抗不精确的数据

谈到数据的完整性和精确性，人们有时会提出根本无法满足的要求。诸如市场潜力、市场容量、市场份额、替代效应等数据，其测定到底能够做到多精确？有些行业，比如保险业，拥有非常精确的市场数据，因为它们是由协会精心组织起来的。其他一些行业，比如零售业，则拥有通过数十年广泛的市场调查积累起来的丰富经验。

但是在大多数情况下，尤其是技术、产品和市场方面的新成果和新动向需要得到评价时，认为所有相关因素都能精确测定是不切实际的幻想。这一点尤其适用于中小型公司，因为它们负担不起那样做所需的人力资源。

合理的战略规划流程一定要保证战略不会依赖于数据的精确性，这是一条关键的方法论原则，尤其适用于处理巨大的复杂性。任何依赖于精确数据的战略都一定会包含大量的风险，因为它几乎无力抵抗必然会出现的波动和误差。

最好的战略不依赖于预测

预测有很多大不相同的种类，然而最有用的那些几乎不为人所熟知。本书将论及其中的某些预测。最普遍的预测是线性外推，几乎没什么用，而且肯定会造成误导。因此，我的导航系统在设计上就保证了公司不用依赖于预测。

好的战略离不开这些要素：从已经发生的事件中得出结果；利用假定和边界条件；探索典型模式（比如后面将会谈到的S形曲线）以及PIMS研究的结论（后面会详细讨论）。

另外，对奇异事件保持开放也很重要。奇异事件几乎无法预测，但往往包含绝佳的机会或者极大的风险。在变成现实之前，每天发生的大多数事件都没人能预测得到，有些甚至在专家看来就不可能发生,简单查阅一下当前的预测文献就能很快证明我的观点。即使是那些著名智库做出的预测,命中率也低得令人汗颜。

对于所有想要预测未来的尝试,人们往往未能充分地理解现在和过去。彼得·德鲁克用一些显著的例子证明,真正关键的不是那些尚未发生的事件,而是那些已经发生的:很多人未能看出或推断出那些变化的后果,尽管它们已经成为过去。

一个典型的例子是人口结构的变化,这些变化提前几十年就能预见到,但很多公司都没有给予足够的重视。即使在大多数情况下我们无法预测这些变化会造成什么影响,我们通常也可以假定后果会很严重,还可以详细说明变化的类型。

我们对现在和过去了解得越透彻,我们就越不需要依赖预测;更重要的是,我们就会越发清醒地意识到,很多预测是多么空洞、无用和误导。金融市场中普遍存在的天真就是一个例证。仅仅是熟悉20世纪的历史就足以引起严肃的怀疑并要求谦虚,更何况这还有助于获得更深刻的理解和认识。如果对金融危机的历史一无所知,那就几乎不可能理解当前金融系统中正在发生什么以及风险在哪里。

最后,德鲁克的另一个观点在这里也适用:预测未来的最佳方法就是创造未来。这就是自由经济中的企业家要素,不管企业家是不是所有者。

时髦词汇和空洞措辞会妨碍得当的战略

错误的思想和非常具体的错误起因于毫无意义的时髦词汇和

空洞措辞的使用，首先是在战略的制定中，然后是在战略的表述中。在文献和公司的规划文档中，通常都能找到毫无意义的词语和表述。

例如，战略要点的描述经常包含"扩大市场份额""增加销量""前进战略""保持地位""力求增长"等类似的表达。就算可以用，这种模糊的词语也只能用在特殊情况下。从战略的角度来说，公司及其业务单元需要的是方向，而这些词语几乎不可能满足它们。

例如，"扩大市场份额"在几乎任何情况下都是一个可能的战略。真正的关键在于，要详细说明如何、用什么、在哪里、从谁手里争、通过什么行动来扩大公司的市场份额，然后要根据所有已知和给定的因素评价这个目标是否合理，公司是否真的有能力执行这个战略，或者是否会因此陷入严重的困境。

管理需要愿景的观念造成了严重的破坏，因为愿景成了每一个战略的核心。这很容易导致有用战略的对立面：毫无意义的空话。使命是另外一回事。使命当然是必需的，这一点我后面会简短地论及。使命往往源于一个非常宽泛且深远的理念，也可以称为愿景或梦想。然而，梦想首先得转化为可行的使命，这是区分愿景有用与否的唯一方法。

"空洞的措辞"或无谓的重复格外有诱惑力。它们能让那些巧言善辩、虚张声势的管理者长期占据管理职位。所谓"空洞的措辞"或"无谓的重复"，是指那些语言和语法上正确、表面上看起来有意义的表述，然而实际上，它们完全没有意义。空洞的措辞在预测中尤其常用。一个看一眼就能识破的例子是一句古老的德国谚语，大概的意思是"如果小公鸡在它最喜欢的地方打鸣，天气有可能会变，也可能不变"。这样的预测当然会永远正确，正因如此它们也毫无意义，不能传达任何信息。

如今，经济和管理预测一般不会那样使用措辞，因为那样一来它们的空洞就太明显了。相反，它们会表述得迂回婉转，点缀以华丽的辞藻，再用上几页纸的篇幅，这样你想看穿它们的空洞本质就得花些工夫了。

战略中空洞措辞的典型例子包括："需要采取针对性措施""做好充分的准备""创造最适合的条件""做出恰当的决策""制定有竞争力的价格"等。

要想检验一个语法正确的句子是否言之有物，最简单、最有效的方法是检查其逻辑否定是否也可以作为一个可能的选项。于是我们立刻就发现，"采取盲目的措施"或"做出不恰当的决策"绝对不会成为可能的选项。它们显然毫无意义，而这进一步证明那些原始表述只是表面上看起来传达了信息。

这样的表述随处看见，不仅仅在商业领域——事实上，在政治领域它们甚至更常见，而且更无耻。这就难怪有很多计划从未执行，还有很多则执行得随心所欲。

认真负责的战略规划需要透彻慎重地思考，往往还需要近乎痴迷地探讨那些决定公司生计的关键问题。很多失败的战略正是基于此处讨论的这种错误。如果它们从一开始就避免了这些错误，合并与收购、增长战略等就不会如此一败涂地了。

STRATEGY

第二部分

战略：整体化管理系统中的主控

"对于复杂性显著且不容忽视的系统，控制论可以提供一个科学的处理方法。"

——罗斯 W. 阿什比（Ross W. Ashby），
复杂系统控制论的先驱

在第一部分解决了"为什么"的问题之后，第二至五部分将处理战略"是什么"和"凭什么"，其中的重要主题将包括马利克管理系统、所需的导航工具，以及必要的战略知识、战略地图和战略智慧模型。

第六部分将探讨"怎么做"。

CHAPTER 4

第 4 章

让公司运转顺畅

我的整体化管理系统的逻辑、架构和内容,其设计宗旨就是帮助管理者应对 21 世纪巨变带来的挑战:高度的复杂性、互联性和动态变化、未来的不确定性、复杂系统的神秘性及其行为的不可预测性。

面对复杂性的这些条件,我们的管理系统需要充当普遍适用的管理支持工具,使得各个层次的管理者都能以协同的方式充分发挥各自的本领,并把他们的管理效率提高几个数量级。之所以能做到这些,是因为我们的管理系统是模块化和可扩展的,并以准全息的方式在整个组织中呈现其效果。因此,任何规模的组织都可以变得彻底适应复杂性,几乎就像现代的计算机网络一样。正如我在《公司策略与公司治理》中已经指出的,其意义不亚于一次"公司的革命进化"。

通过管理支持系统来强化管理效果

在一定限度内，我们的系统可以与现代汽车中的驾驶辅助系统相比较。防抱死制动系统（ABS）、速度和距离控制系统、牵引控制、智能引擎管理，这些使得驾驶员可以从技术更擅长的任务中解放出来，从而集中精力更好地去完成那些人类永远比任何技术都更擅长的任务。这不仅有助于应对现代交通不断增长的复杂性，而且还能让驾驶变得更加经济和环保，甚至能给那些没有驾驶天赋的人增添驾驶乐趣。但是，这种类比是有限的，因为管理系统必须处理更高的复杂性，远远高于上述的任何技术系统。

尽管如此，我们的管理系统能够完成这个任务，因为它们已经具备了系统控制论的特质——对于人类和其他生命来说，正是因为有了漫长的进化所赋予的这些特质，他们才能保持机体的正常运转，即使生存环境极其复杂并且不断变化。

其中的关键是多级反馈控制以及自我调节和自我组织等能力。本书的第六部分将介绍我们开发的这些完全不同的新方法，特别是战略管理的协同整合方法，之后这一切就会变得非常清晰了。

正确和良好的管理：放之四海而皆准

有了我们的方法，即使是非常庞大、非常复杂的组织也能轻松迅捷地前行。以前因规模、多样性和复杂性造成的管理困难，现在已经可以解决了。更重要的是，这些特征可以转化为竞争优势。与 20 世纪相对平庸的方法相比，甚至连"公司的革命进化"这个名称也略显保守。

这些新的成就之所以有实现的可能，是因为我们的视野已经超越企业管理和经济学，专注于系统论、控制论和仿生学等复杂性科学，探索和揭示了系统运转的奥秘。系统论是实体的科学，控制论是运转的科学，仿生学则研究怎样利用进化的解决方案来解决人类及其组织面临的问题。

这些学科单独哪一个都不足以创造出具备上述能力的管理系统，只有在这三个领域的交叉地带，我们才能获得所需的全部知识，从而建立这些在高度复杂的环境中适用的管理系统。只有具备了这些系统，高管才能弥补复杂系统相关知识的缺乏，才能在甚至最困难的情况下巧妙地实施管理。此外，这些管理系统还能帮助管理者避免战略错误和逻辑陷阱，甚至永久地清除它们。

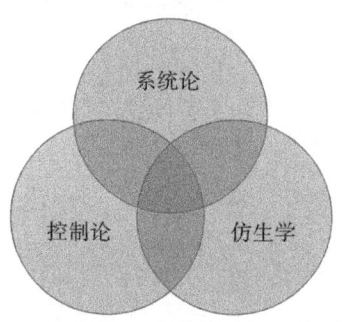

图 4-1　相关的管理知识存在于三个复杂性学科的交叉地带

作为成果之一，我们的管理系统给"正确和良好的管理"定义了放之四海而皆准的专业标准。因此，就像在我之前发表的文章或出版的书籍中一样，"正确"和"良好"这两个词也会频繁地出现在本书中，因为它们代表着管理和管理系统最基本的品质。这也给20世纪的组织和管理中盛行的主观方法及其武断性画上了句号，甚至连反复重现的热潮也不会再造成任何损害。最后，本书讨论的不是"一般的战略"，而是我自己的战略方法，它完全不同于任何的其他方法。

我的正确管理观能够形成，这首先要归功于我对管理数十年的科学研究，以及汉斯·乌尔里克（Hans Ulrich）、沃尔特·克里格（Walter Krieg）、阿洛伊斯·盖维勒、弗雷德里克·韦斯特、斯坦福德·比尔（Stafford Beer）、彼得·德鲁克等杰出导师和同行的帮助。还有一点也很关键，那就是在我进入大学之前，我在一家中等规模的公司里干了大约六年的管理工作，积累了不少实践经验。因此，作为一个学生，我就能够相当清晰地分辨学校教的企业经济学哪些说得有道理，哪些完全是无用。我还能看出企业经济学与管理在什么地方存在关联，又在什么地方缺乏关联。

对我的管理观产生影响的另一个关键因素是我30多年的培训和咨询经历。这些培训和咨询的服务对象包括企业家、管理者和领导者，他们来自各种各样的组织，有着不同的年龄和职位级别。在这个过程中，我可以亲自观察什么有效、什么无效。很多人可能会认为中国是最不同的地方，但即便在那里，我们的管理系统也已经证明是有效的，我的管理观也在那里经受住了最严苛的考验。

实践经验的另一个领域是创建和发展我们自己的组织——这样一来，我们就能先用自我实验的方式检验我们的管理创新，然

战略 • STRATEGY

后再把它们作为有效的解决方案推荐给别人。

最后,我的管理系统能发展到今天,另一个关键的推动因素是我在那些"权力中心"任职的实践经验。在过去20多年的时间里,我在很多公司和组织的董事会、理事会或监事会中担任过成员或主席。说到底,在学术界,任何由外而内的分析都是基于相对贫乏的信息来源,比如调查问卷或访谈,因此对于复杂的管理现实只能管中窥豹,难以捕捉到全貌。

参与高风险的决策,甚至要为这样的决策负责,这种直接的体验促成了完全不同的管理思维,任何学术活动都无法做到。后者当然也有自己的优点,但遗憾的是,它被迫使用有限的资源和往往非常迟钝的工具。

通过以这种方式把科学与实践结合,我就能够亲身体验是什么让某些公司运转。一些公司已经具备了先进的、动态的、适应复杂性的管理和控制系统,而另一些公司虽然也有明确的发展需求,但传统管理工具严重限制了管理者能力的发挥,致使它们陷于挣扎的境地。如果没有高绩效的管理系统,即使是最优秀、最有天赋的管理者也无法实现最高绩效。

另一方面,我见证了仅仅引入几个新工具(比如稍后会讨论的"中央绩效控制")就能达到的惊人效果,其中之一是管理者对股东价值的态度几乎立刻出现了180度的大转弯:在经济目标和决策的清单上,股东价值从第一行滑落到了最后一行。

管理、金融市场与登山

最后，基于本书的语境，有两种经验我应该提及，因为它们给了我极大的助力，让我得以理解复杂的动态系统，开发出了我的管理系统，形成了我的战略观念。首先就是我在国际金融市场打拼了 40 多年，尤其是在最火热的美国期货市场；其次是我酷爱各种极限登山运的，包括岩石山和冰川。

在我进入大学之前，我就已经有了股票交易的经验。从那时开始，我就对各种金融问题产生了强烈的兴趣，尤其是金融危机和股市崩溃的历史，更是让我一丝不苟、近乎痴迷地一直研究到今天。

来自金融市场的经验加上控制论的知识，让我能够比大多数人更早看清一场"完美风暴"怎样在金融系统中酝酿。我比大多数银行家更熟悉这些市场，而且很早以前就是这样。银行家活跃时只能体验牛市阶段，而我则熟悉整个股市的全景，包括牛市和熊市中的过剩；在期货交易所，这种情况每年都会发生三四次。因此，不管是谁，只要你活跃在其中，你就有大把的机会渐渐地习惯它们。

也正因如此，我还熟悉杠杆效应的动态，包括其积极和消极的方面以及相关的风险。这让我能够根据来自不同领域的很多指标，察觉到即将来临的灾难，并把一块块拼图拼在一起。

登山是另一项教会我如何应对高风险局面的活动。我并不是说，要了解管理、要成为优秀的管理者甚至领导者，也必须是一个活跃的登山者。不过，当你在山上面对身体不适等困难情况时，会让你对很多问题的感觉变得格外敏锐，比如好团队和差团队的区别、专业素养的重要性、队友准备任务的周密性等。这还能让你更好地应对意外事件，妥善处理落石、雷雨或雪崩等真实的危险，以及那些深藏在你内心、决定如何对待自身局限的或虚或实的危险。

随着时间的推移，利用所有这些不同的要素，我渐渐完成了我的管理系统的"菜单"，并就"什么是正确和良好的管理、什么是错误失当的管理"形成了我自己的观点。

给熟悉内情的读者一个提示

至此，对于所有已经熟悉这些管理系统的读者，尤其是早就读过了《公司策略与公司治理》的那些人，我建议你们直接跳到第三部分。对于其他读者来说，这一部分总结了我的管理系统和模型，所以能让你了解战略的切入点，其中包括战略的上游输入系统、公司的宗旨和使命，以及允许组织向战略导航系统过渡的中央绩效控制。

由于内在和外在的互联性，一般的系统以及管理系统很难用语言描述，这也是很多人感到系统难以理解的原因之一。图表会很有帮助，所以我在本书中使用了大量的图表。

但是，书中的图表也不过是二维的、静态的，而系统的现实却是多维的、动态的。网络有几乎无限的可能手段，能让动态、复杂的相互关系可视化，所以利用最新的网络技术肯定能让你更容易、更快速地进入我的管理系统。因此，我建议你同时使用本书和网络,以便互为补充。你可以访问 www.malik-management.com,以交互的方式探索我的管理系统(更多信息请参见附录)。为了方便大家浏览,我会一直用最重要的图表做网站的导航图标。

什么是主控

为了解决复杂性的问题,我首先要解释一下战略怎样发挥主控作用。我所谓的"主控"是指最高层次的基本原则,它们把组织的各个要素直至毛细血管结合成一个整体。这些原则决定着组织在各个维度上的运转。它们是设计、控制和管理的通用方法;在我的系统中,它们的首要目标是让组织能够做到自我组织和自我调控。

核心的隐含规则是:设计一个系统,确保它能组织和调控自身。这对应于作为运转科学的控制论的一条法则。只有通过持续不断的自我组织和自我调控,企业才能让自身在不断变化的陌生环境中可靠地运转、发展、适应和灵活地响应。

由于方法平庸,企业经济学和美式工商管理都越来越无能为力,没办法准确描述管理的关键挑战,更不用说有效地应对了;相反,它们正在背道而驰。这个挑战就在于驾驭复杂性。

我的通用管理系统几乎就相当于计算机的操作系统:它确保正确的任务得以由正确的人员以正确的方式执行,以便整个公司能顺畅运转。它需要本书图表中显示的那些子系统、功能和相互关系。

请注意，在我的所有系统中，组成要素之间的相互联系就像要素本身一样重要，有时甚至更重要。从要素到要素之间的联系，这一步是理解系统及其属性的一个关键。很多人感到很难跨出这一步，因为这些联系通常就像自然的力量一样是看不见的，只能通过要素的行为来推断。

正是这些相互联系把所有单个要素变成了一个系统，确切地说，正是调节联系让系统具有了连贯性、动态和行动能力。这就是控制论中所谓的控制。要想让联系具有调节作用，我们还需要通信。因此，控制论也常常被定义为"动物和机器中的控制与通信"。⊖

基础管理模型及其基本概念

图4-2a的基础模型给出了公司管理层需要管理的"对象"。⊖这个"对象"就是处于自身环境中的组织，以及组织与环境之间的相互作用——实际上，这本身就是一个自有其规律的高度复杂的动态系统。

要想成功，公司必须在其特定环境中一次又一次地证明自己。这个环境包括市场、客户、竞争对手、供应商、投资者、媒体和政府，还有很多其他机构也是管理层决策时必须考虑在内的。

⊖ 诺伯特·维纳（Norbert Wiener）所著的《控制论》的副标题。
⊖ 想更好地理解这些模型，请到 www.malik-management.com 察看动态图解。

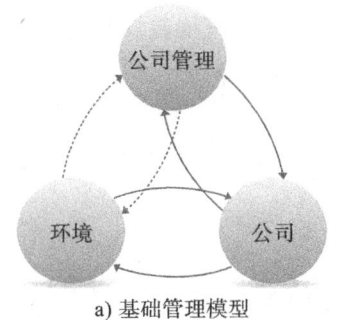 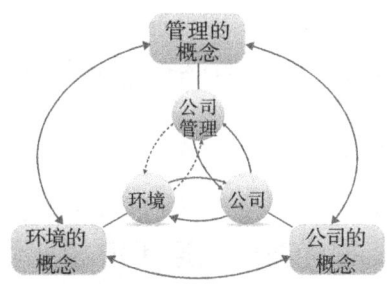

a) 基础管理模型　　　　b) 基础管理模型及其基本概念

图　4-2

因此，就是在这种情况下，公司面对着 21 世纪巨变带来的巨大变革，以及自身结构和动态复杂性不断改变的超大系统。

处于图 4-2a 顶端的公司管理与公司直接相连，与公司的环境间接相连，因此整个系统始终处在它的监控之下。后面我会用导航系统和战略地图来说明这在实践中是怎样运转的。

在图 4-2b，基础管理模型移到了中间，每个子系统都增加了一个特定的概念：公司的概念、环境的概念、管理的概念。除了这些静态的图表，我们的网站还给出了模型架构的动态图解，能让你看到它如何以完美的系统和流程逻辑一步步搭建起来。

这三个概念包含着完成管理任务所需的知识。在该丛书的第二部《公司策略与公司治理》中，我已经描述了把相关信息组织成知识所需的几个工具，也就是所谓的"知识组织器"。它们包括环境和公司的概念，以及作为操纵杆的敏感度模型——这是捕捉互联性和复杂性最有效的工具之一。这些概念更深层的要素是导航系统和战略地图，我将在第三部分加以详述。到那时，读者将会理解为什么有那么多高管都急着想知道，有哪些简单易用的工具可以帮助他们厘清战略问题的复杂性，掌控好公司前进的方向。

机构的管理：通用管理模型

现在让我们把视线对准公司管理和管理的概念，一步步探讨它们的内容。

在整个机构层面上，我的通用管理模型（General Management Model®，GMM）起着管理辅助的作用，它包含总体管理所必需的那些子系统，适用于任何种类和规模的机构（见图4-3）。我所谓的"机构"是指各种类型的组织。

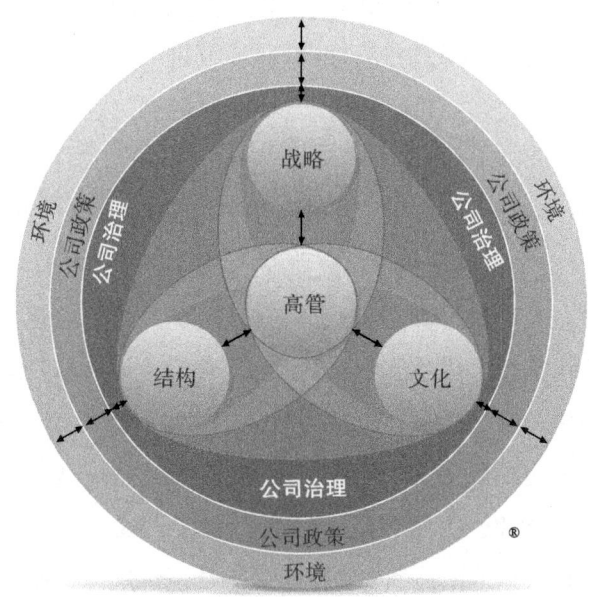

图4-3　马利克通用管理模型（GMM）

为了便于读者理解，我用图4-4简洁地描述了我的通用管理系统的要素。所有部分都相互连接，合起来构成一个整体。与此同时，它们又嵌入公司治理和公司政策这两个子系统中，而后两者则嵌入环境中，作为公司与环境的接口。这样一来，作为本书的主题，战略处于整个系统的什么位置，它有哪些邻接系统和嵌入系统，现在应该都一目了然了。

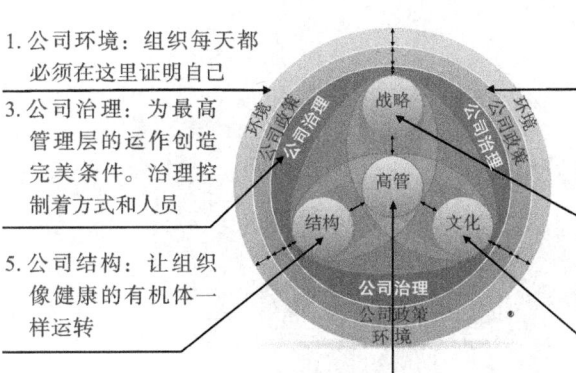

1. 公司环境：组织每天都必须在这里证明自己
2. 公司政策：公司与自身环境之间的接口
3. 公司治理：为最高管理层的运作创造完美条件。治理控制着方式和人员
4. 公司战略：确保正确的方向、速度和精确度。路线图：利用导航系统和战略智慧计划
5. 公司结构：让组织像健康的有机体一样运转
6. 公司文化：培养正确的价值观——绩效、信任以及人性化运转的责任
7. 马利克公司高管：追求高度的专业素养，确保有效的领导和正确的管理

图4-4　通用管理模型的要素

在"管理：驾驭复杂性"丛书中，第一部《管理：技艺之精髓》介绍了通用管理模型的所有要素，第二部《公司策略与公司治理》处理模型最外面的两环，作为第三部的本书《战略》专注于战略，第四、五和六部则处理余下的要素。

鉴于本书的目的，我将集中讨论图4-5的阴影部分。请注意，我不会把"战略"单拿出来讨论，而是要把它放在模型的逻辑结构中，把各自的相互关系包括在内。

因此，尽管本书特别强调战略，但是不会把战略与其他要素和关系割裂开来。就像在真实的公司管理中一样，它们仍然是相互关联的。

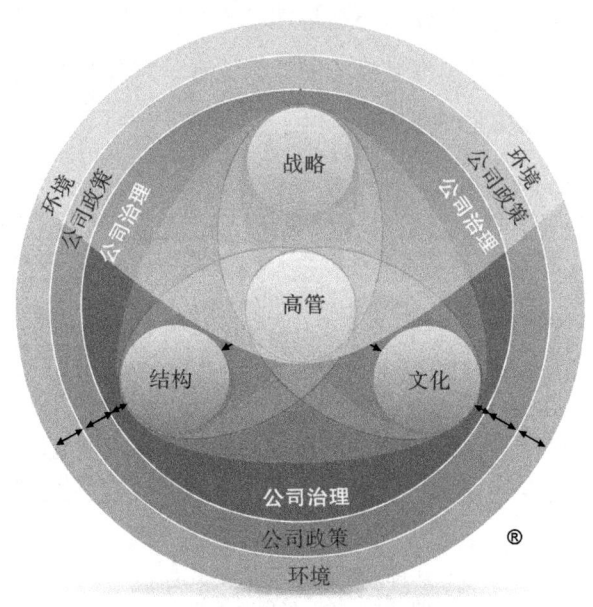

图 4-5　聚焦战略及其与其他系统要素的关系

这种思考、观察和理解管理的方式为管理者开辟了一条道路，使他们既能成为真正意义上的通才，同时又能各自保持同样必要的专长。

这种方法模拟的塑造和引导功能，其实就是最广义的管理，其中包括治理和领导。有了这种模拟方法，组织面对任何程度的复杂性都能做到无差错的定向和导航。

人员的管理：管理有效性模型或"管理之轮"

在个人或团队管理的层面上，标准工具是我的管理有效性模型（model of managerial effectiveness）——另一个公认的名称是"管理之轮"（Management Wheel®）（见图4-6）。它包括了职业有效性必要且足够的要素：有效行动的原则、任务和工具，以及必需的沟通和问责。我的《管理成就生活》[⊖]（Managing Performing Living）一书对管理之轮做了详细的描述。

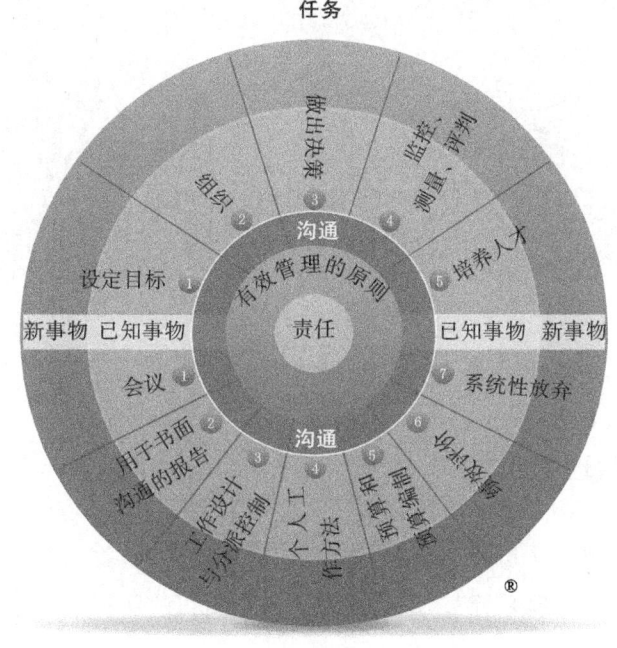

图4-6 马利克的管理之轮

[⊖] 此书中文版已由机械工业出版社出版。——译者注

这两个模型是密不可分的，它们互为补充、相互强化，就像图 4-7 所展示的那样。当然，为了让两个部分都可见，我们在几何准确性上做出了一定的牺牲。

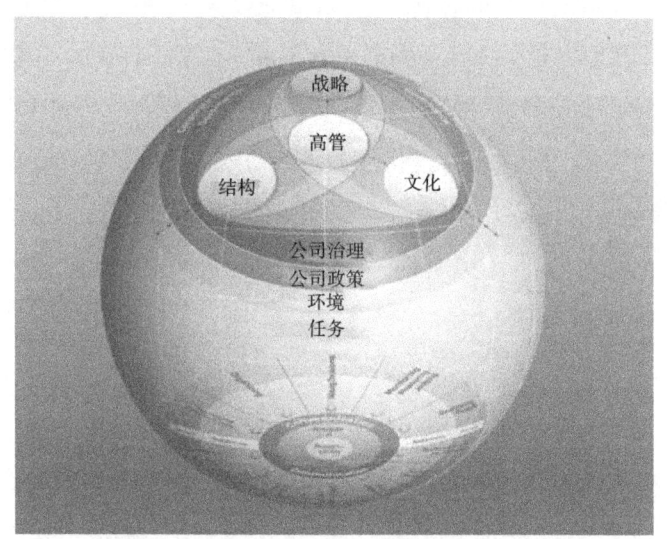

图 4-7　通用管理模型与管理之轮的关系

注：球体的顶部是图 4-3，底部是图 4-6。

综合管理系统

如图 4-7 所示，两个单独的模型整合成了一个，它就是"马利克综合管理系统"，是对构成了整个组织的所有人员进行管理的模型。

综合管理系统（Integrated Management System®，IMS）包含组织运转所需的全部系统要素，并且有两个维度：一个是纵轴上的"时间"，也就是现在和未来；另一个是横轴上的"内容"，也就是整个组织以及组织中的个体成员（见图 4-8）。

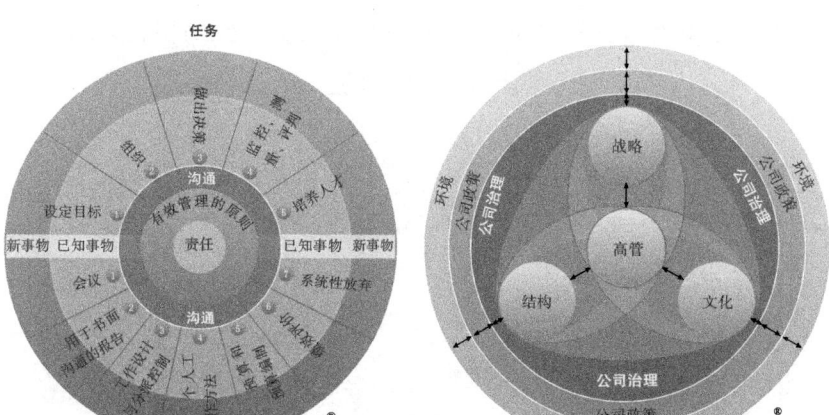

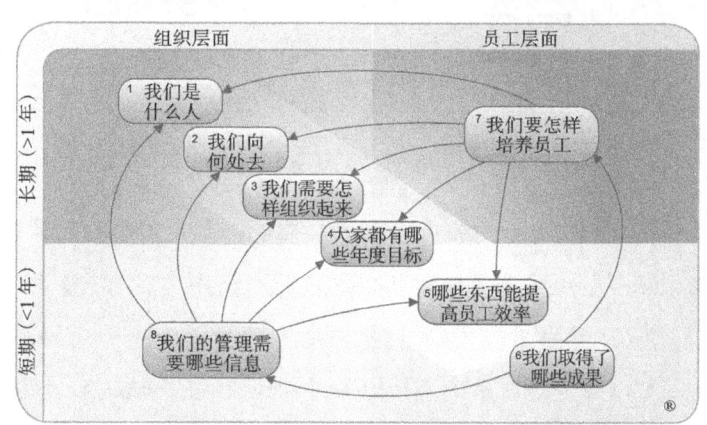

图 4-8　现有的两个模型整合成一个新的整体模型

在《管理：技艺之精髓》⊖（*Management: Das A Und O Des Handwerks*）一书中，我已经详尽阐述了"综合管理系统"及其逻辑。作为本书的主题，战略落在综合管理系统左上角的第二个

⊖　此书中文版已由机械工业出版社出版。——译者注

要素中（见图4-9）。有了公司战略，组织的最高管理层就能回答"我们向何处去"的问题。战略的输入信息是公司目标及其使命，它们回答"我们是什么人"的问题。

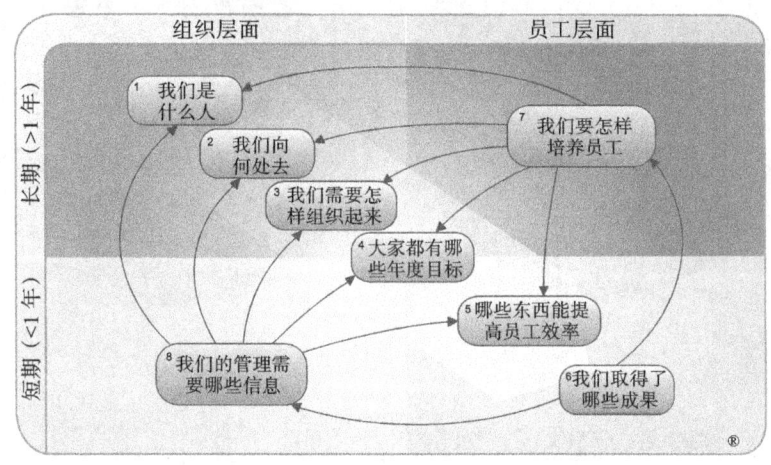

图4-9　综合管理系统：概览与问题

在图4-10所示的综合化管理系统中，专业术语取代了管理问题。想了解更多细节，请参阅我的《管理：技艺之精髓》和《公司策略与公司治理》，以及马里厄斯·克劳泽博士（Dr. Marius Klauser）以综合管理系统为基础探讨管理流程的一本书。⊖

甚至单凭整体化管理的这几个基本模型，就能为大多数的管理问题提供综合性的解决方案，从而使组织的可管理性提升几个数量级。最重要的是，它们可以彻底改善组织有效驾驭变革的能

⊖ Klauser, Marius: Lenke, was dein Unternehmen lenkt: Management-Prozess-Architek- tur (MPA) als Quantensprung in der Unternehmens- und Mitarbeiterfuhrung, Frankfurt/New York 2010.

力以及化行动为成果的能力。当这些系统进一步延伸到组织的外围，达到足够的规模和水平时，其效果就会倍增。不再有没完没了的会议，不再有令人厌烦的细节讨论。通过自我调节和自我组织，这些模型可以为系统内在的协调和连贯创造条件，一直渗透到组织的毛细血管。

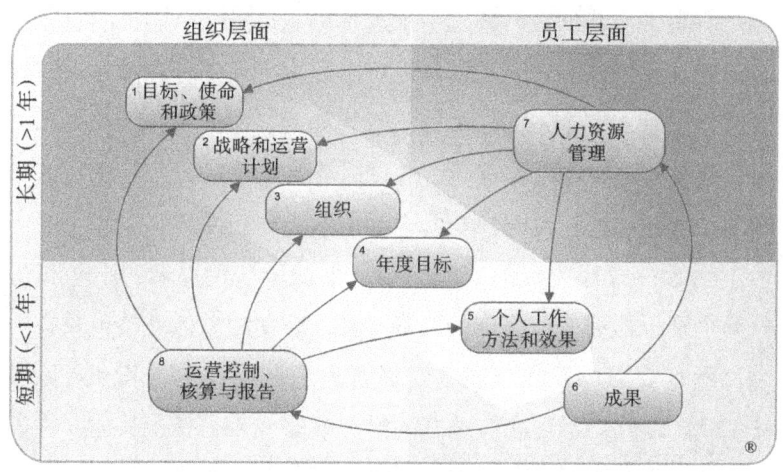

图 4-10　综合管理系统：概览与专业术语

一体化战略：首要跨部门职能

公司战略必须整合组织的所有实体来实现其设定方向的目标。因此，如图 4-11 所示，公司战略涉及所有业务领域（部门）和所有职能单位。这两个层次之间有着紧密的互动，因为战略必须兼顾业务发展和职能发展。但是，战略的全景才是重中之重。

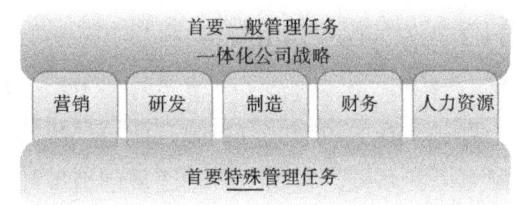

图 4-11 一体化总体战略与职能领域

所有子战略加在一起几乎永远不可能得出一个连贯的总体战略，这是系统论的一个基本认识。因此，必须先有总体战略作为基础，然后才有个别的子战略。正因如此，导航系统（参见本书第二部分）对战略极为重要：通过以非常具体的方式组织数据和知识，导航系统可以确保全景永远也不会离开视野。

就像在一部完整的交响曲中，小提琴、大提琴、小号和长号等个别乐器要完成各自的演奏一样，公司的总体战略也只有一个，所有业务单元和职能单元都要为它做出各自的贡献（见图4-12）。因此，不可能有独立的财务战略或人力资源战略，它们必须从公司的总体战略中衍生出来，是总体战略自然而然、不言而喻的产物。所以，本书探讨的是总体战略。在讨论战略地图的第8章，我们会看到各个子战略怎样有机地从总体战略中衍生出来。

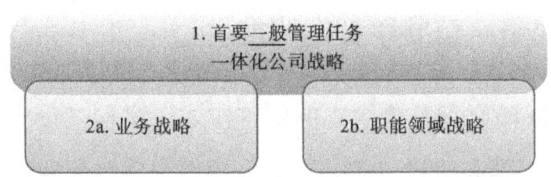

图 4-12 业务单元和职能单元嵌入在一体化战略中

在整个公司层面上，我使用"公司战略"这个术语；在个别业务单元层面上，我使用"业务战略"这个术语；在其他情况下，我就用"战略"这个术语。不管在哪里，这种区分对于理解来说还是很重要的。除了这样的业务战略，公司战略还包含巩固性的要素，比如财务、法律或地理等方面的总体决策，比如在品牌建设中。公司政策与公司战略之间的界线是灵活的，但在具体案例中可以相当准确地划定。

就应对复杂性、互联动态和不确定性等关键挑战而言，相同的基本原则在上述两个层面上都适用。因此，随后将会介绍的导航系统以及 PIMS 计划的战略信息也是如此。

只有遵循这种系统逻辑，并具备后面章节中概述的内容，作为主控的战略才能满足四条决定性的成功标准：它们能以最大的精确度和最快的速度为公司确定正确的方向，同时让整个公司保持内在的凝聚力。

这一点适用于公司可能面对的任何情境，但是对大变革（比如 21 世纪巨变）时期的生存和成功格外重要。

CHAPTER 5

第 5 章

通过公司政策和业务使命来指明方向

按照我的管理系统的逻辑，战略嵌入更广泛的公司政策和公司治理这两个子系统中。我认为公司治理是公司政策的一部分，而不是像公司治理教条所坚信的那样反过来。公司战略从公司政策中接收输入信息，也就是公司的目标和使命。

正确的目标

如果公司的目标定义错了，战略就不可能正确。因此，根据通用管理模型，确定战略之前必须先定义公司的目标。在自由经济中，基本上任何人都有随意定义自己公司目标的自由。不过，这是一种相当有欺骗性的自由，或许还是糟糕管理决策的主要根源，而作为设定错误的主控，糟糕的管理决策会把公司引导到一个可能无法挽回的错误方向上。在《正确的公司治理》和《公司策略与公司治理》这两本书中，我已经阐释了我的推理，所以我接下来的解释会尽可能地简明扼要。

用公司目标来编制成功

股东价值和价值创造就是错误的公司目标，利益相关者方法据说经过了改良，但也同样是错误的。

它们本应帮助公司实现利润丰厚、所有者满意、业务繁荣等目标，但实际上它们恰恰阻碍了这些目标的实现。尤其是**当你决定要赚取丰厚的利润时，你最不应该做的就是把利润当成直接目标**。

实际上，正是20世纪90年代早期那些错误的目标决策导致了当前的百年经济危机。目前有很多问题被归罪于政府和经济政策，但是实际上，它们几乎都是企业界犯下的"编程错误"的必然后果。在很大程度上，这一点至今仍未被察觉，也正因如此，大多数的政府救助计划都不得要领，无法真正解决问题。

对公司目标而言，**恰当的定义**只有一个：公司的目标是把**资源转化为客户价值**（见图5-1）；或者，如彼得·德鲁克所说：**组织的目标是创造满意的客户**。

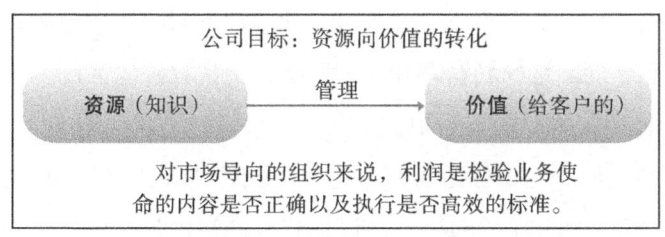

图5-1 公司目标：资源向客户价值的转化

价值包括客户愿意掏钱购买的任何种类的解决方案。因此，正确的公司目标是客户价值。

由此，我们就得到了企业导航的两座灯塔：

- 客户价值而不是股东价值；
- 竞争力而不是价值创造。

利润不是目标本身，而是公司目标得以实现的结果。当然，这并不意味着企业可以或应该不赚取利润。利润作为投资回报和风险溢价的经济功能仍然不变。

然而从引导和驾驭公司的角度来说，利润有不同的功能：它是控制信息。我建议把利润当作业务使命是否正确、使命执行是否高效的检验标准。

利润可以为管理导航提供两个关键信息：第一，组织是否在做正确的事，也就是组织活动的效果；第二，组织是否做得很好，也就是组织活动的效率。

这些就是解决方案，而且是唯一有效的解决方案。因此，就像在自由社会中人人都有做决定（甚至是错误的决定）的自由一样，你基本上也可以随心所欲地决定你的公司目标是利润最大化还是创造满意的客户——只不过，这两种不同的目标定义的结果也完全不同。选择利润意味着公司必定会失败并危害社会，选择客户则意味着公司会走向成功。

顺便说一句，你是否用"优化"代替"最大化"，或者是否改说"可持续利润"或"长期利润"，这都没什么区别。在第6章我们就能看到的，从公司战略导航的逻辑来说，这是显而易见的。所有这些强调"利润"重要性的努力，都是想要挽救一个错误决定而做出的徒劳甚至绝望的尝试。问题必须从根源上解决，也就是纠正公司目标潜在的错误定义；这是找到正确解决方案的唯一途径。

股东价值对投资和创新都是有害的。股市环境是这种"编程"错误的必然结果，因此也必然会导致非常片面的公司管理方法。这种管理只关心财务结果，眼中甚至连资本都没有而只有金钱，最终变成只有债务金钱。从前资本的经济概念并不是仅指金钱，还包括机器、工厂、产品，换句话说，是实物而不是货币虚构。

至于应该怎样做，众多时常遭到轻视的中小型企业树立了榜样：它们大多不受股东价值左右，而是把客户满意放在第一位。正因如此，它们赚到的钱经常远远超出那些股东价值倡导者的想象。

专注于企业的健康

健康的企业一定会获得利润，但这并不是因为那是它们的终极目标。正如第三部分将会说明的，管理得当的公司有着各不相同的目标。认为客户至上会损害利润，这种普遍的担忧其实毫无根据——事实恰恰相反。通常来说，当公司以客户导向为基础时，利润会更高，而且作为一个令人愉快的"副作用"，这种高利润还是"可持续的"——这恰恰是因为利润不是它们的直接目标，而是它们实现了其他不同目标后的结果。

定义以客户为中心的公司目标满足两个关键的成功标准：第一，把公司定义为社会的生产细胞而不是赚钱机器，这可以回答公司社会责任的问题；第二，这样的公司目标会让管理团队有最大的可能做出更多正确而非错误的决策,从而为巩固正确和良好的管理做出贡献。

因此,严格地以客户为中心,成为关注焦点的就是企业自身,而不是股东或利益相关者这两个利益群体。自20世纪50年代早期以来,利益相关者就一直作为潜在的公司目标潜行于经济史的边缘;至于股东价值理论,自20世纪90年代早期以来就一直在控制和误导公司的领导者。事实已经证明,这两者都不是恰当的公司目标或使命。

以客户导向为宗旨并不意味着利益相关者和股东这两个群体的利益应该弃之不顾;相反,在以客户和公司自身为重的前提下,他们的合法利益反而会得到最大限度的满足。只有拥有满意的客户,公司才能实现其他的抱负甚至是完全满足。然而,如果股东和利益相关者的利益占据了更高甚至最高的优先级,客户价值的地位就必然会下降。这样一来,在股东和利益相关者中间分配经营成果就将变得比创造成果更重要。

我不强求任何人接受我的解决方案,因为我们现在触及的是规范管理的核心,事关价值决定。

然而,我所讨论的这些价值不应该先于决定,而应该是决定的潜在结果。掏钱付账的是客户,所以只有决定以客户价值为中心,企业的管理才能顺理成章,各方利益才能最大限度地得到满足。

再没有其他的目标可以做到这一点。除非战略明确地以解决客户问题、创造客户价值为导向,否则从逻辑上来说,它就不可能是正确的战略。如果不以客户价值为中心,任何战略相关的问题都不可能有答案。

我们的目标是什么

一旦你接受了目标的这个一般定义，接下来在制定公司政策及其核心要素业务使命时，你就要根据公司的具体情况对宗旨的定义做出调整。为此，你需要回答如下问题：

- 我们的目标是什么？
- 我们要把哪些资源转化为什么价值？
- 我们的客户是谁？他们应该并且可能是什么人？他们不应该是什么人？

资源包括为客户创造价值所需的各种产品和服务。知识将是21世纪的关键资源，这在制药或信息技术等众多领域已成事实。在知识社会，知识同时是生产原料、生产资料和生产工具，而且越来越常见的情况是，它还是产品本身。

另一个因素是更高层次的元知识（meta-knowledge）。要想有效地把知识转化为价值，元知识不可或缺。在控制和系统层面，这种知识等同于管理；在新世界的语境中，它就是对复杂系统的管理以及复杂系统中的管理。

正确的使命

在确定了公司宗旨之后，作为战略的输入信息，第二个需要做出的基本决定是公司或业务的使命——公司想在有形的经营活动中实现的使命。

这部分内容我可以简单带过，因为在我的管理系统中，相关的部分已经把该考虑什么和决定什么说得非常清楚了。这也可以证明，即使是对非常复杂的系统而言，好的主控决策也应该力求简单明确。因此，业务使命对于公司的控制来说非常简单、明确和有效，就像环岛对于交通。谈到自我组织时，我就喜欢用这个比喻。相比之下，要想为业务使命的关键问题找到答案，为实现业务使命做出正确的决策，这就一点儿都不简单了。

正确使命的三个要素

真正有效的业务使命必须包含三个要素：需要、能力和信念。

请注意，必须明确区分业务使命与使命陈述。一个常犯的错误是上来就直奔使命陈述的措辞，或者更糟糕的是，上来就想找一句好听的口号或断言。在塑造业务使命的过程中，这些东西应该出现在末尾而不是开头，它们应该是公司的沟通、营销和广告等职能负责的任务。

在这个过程的开头，应该先想清楚公司的业务运营，回答下面列出的三个关键问题。接着，应该澄清相关的子问题。只有完成了这一步之后，你才能去找上口的措辞和表达。需要回答的关键问题是：

- 我们正在满足的需要是什么？或者，客户从我们这里买的是什么？
- 我们有哪些优势？或者，我们哪些地方比别人做得好？

- 我们的信念以什么为基础？或者，当动力和激励渐渐消退时，我们将从什么地方获得补充？

这个世界缺乏什么：需要

我现在说的是需要（need），还没说到欲望（want），更不用说需求（demand）了。需要更广泛，而且是客观的东西。有时候需要和欲望是一致的，有时候感知到的欲望必须从客观需要中产生；欲望肯定都是需要。这些逻辑关系可以为出于战略考虑的市场评估提供基础。

不是所有的欲望都能得到满足，也不是所有的欲望都能产生需求。如你所知，我们处在战略、营销和沟通（复杂性时代的一个关键要素）等方面的众多难题之中。一个出发点是客户的可支配收入及其使用，因此我们需要回答下面三个问题：

- 客户为了什么付钱给我们？
- 客户实际上是为了什么付钱给我们？
- 非客户付钱买了什么？

这些问题直接命中业务的核心。它们可能看起来很简单，但是要想找出实质性的、行动导向的答案，这通常是颇为艰巨的任务。不愿勉强接受肤浅口号的管理者会深有同感。

只有不到 1/3 的公司谨慎地思考过这些问题的答案，尽管使命决定的主控效应要求公司必须彻底想清楚。即使人们相信他们已经很好地回答了前两个问题，第三个问题对大多数公司领导者来说仍然是个挑战。

因为大多数高管永远会想到自己的客户，但是有谁会记得想到潜在客户呢？例如，如果你有 30% 的市场份额，那你完全有理由为自己的经营业绩感到骄傲。但问题在于，是什么让 70% 的潜在客户把钱花到了别处？

我们强于他人的地方：能力

业务使命的第二个要素取决于如下问题：

- 我们有哪些优势？
- 我们什么地方能做得比别人更好？
- 我们的优势以什么为基础？

这些问题让我们的注意力从公司的环境转向了公司自身及其优势，转向了内部，但一直在与他人及外部需要比较，也就是说，所用的参考点在环境中。因此，这并不是简单的内部视角，而是内部到外部再到内部的视角。

确定组织的优势通常并不是非常困难。但是，要找出你具体的能力在哪里，什么地方做得比别人更好，好到能够促使客户选择你而不是你的竞争对手，这就是一门高超的艺术了，也是最高管理层的一项职责。

内心深处的动力：信念

业务使命的第三个支柱是内心深处推动人们的力量，是成功力量和绩效储备的源泉。相关的问题如下：

- 我们真正信仰什么？

- 我们坚信什么？
- 什么驱动着我们的投入？
- 什么给了我们实现绩效的力量？
- 更确切地说，当动力和激励渐渐消退时，什么能给我们那种力量？

这说的不是动机、激励之类的，尽管它们也很重要；这说的是更加深远的东西，是一种强大的力量，让我们能够驾驭那些甚至看起来毫无希望的处境。如果你们还能像平常一样激励员工，那就基本上没什么真正严重的问题。但是，如果激励已经枯竭，目标还仍然遥不可及，这时你们就需要业务使命的这个特殊要素了——哪怕你们已经陷入绝境，它也可以调动最后的储备，帮助你们走出来。在我所知道的成功的公司中，还没有哪一家从未经历过这种特殊的考验。耐力运动员都熟知这种情况，医生和护士就更不用说了。很多人都会在人生的某个时刻遭遇这样的考验；至于你是否会勇敢地面对，这就要凭良心了。

不能给员工充分的理由，让他们自愿超越金钱以及其他激励因素，调动他们最后的储备，这样的组织几乎不可能取得长久的成功，因为它们会在危机时期一败涂地。最重要的理由就在于公司真正擅长什么以及客户真正需要什么。

三个要素的互动孕育新整体

上述三个要素的协同互动催生了一个新整体、一个新系统，它具有三个更深层的系统性能力或属性：价值、自尊和意义。在系统科学中，这种看似"凭空"产生的属性被称为"涌现属性"。

它们是间接控制的典型结果，只存在于自我组织的复杂系统中。

价值的来源

客户价值源于消费需要与公司优势的互动。如果消费者有需要但公司却没有所需的优势，价值就不可能产生。反过来，如果公司有优势但消费者没有需要，价值同样不可能产生。要想创造价值，当然是客户价值，需要和优势缺一不可。作为一种现象，价值产生于需要与技能的互动，也就是说，它是直接创造的条件的间接结果。

自豪、自尊和自信的来源

恰恰因为公司有那些优势，公司的能力及其员工的信念相互作用，就催生了公司文化中至关重要的集体和个人价值观：对公司及其成就的自豪，还有自尊和自信。企业不擅长的任何东西都很难成为自豪感的来源，所以在这种情况下几乎不可能有坚信和投入。很显然，我们正走向企业文化的核心。

意义的来源

意义源自信念与需要的互动。在这里，"意义"这个词没有形而上学的哲学含义。我使用的是它的实践含义，就像杰出的奥地利精神科医生维克多·弗兰克尔（Viktor Frankl）当年著书讨论人生意义时的用法一样。[1]

个人和集体的这种意义是为某项事业或使命服务的固有产物。意义不仅仅是通常所说的激励，因此它是公司文化的一个关键参数。想要调动一个人最后的活力储备，仅靠激励往往

---

[1] Frankl, Viktor: *Man's Search for Meaning*, Washington, 1984.

是不够的,必须要让他看到自己为组织的事业工作或服务的意义。意义是激励的基础。对此,弗兰克尔引用了尼采(Friedrich Nietzsche)的名言:"人唯有找到生存的理由,才能承受任何境遇。"反过来说,如果事情没有意义,激励措施就是徒劳的。

业务使命的系统概观

如图5-2所示,业务使命的三个支柱及其相互关系构成了一个整体、一个互动的系统。根据对这些词语的解释不同,从特殊到一般的轨迹会引出不同层次的使命:从业务使命到公司使命,然后再到所谓的组织使命或机构使命。

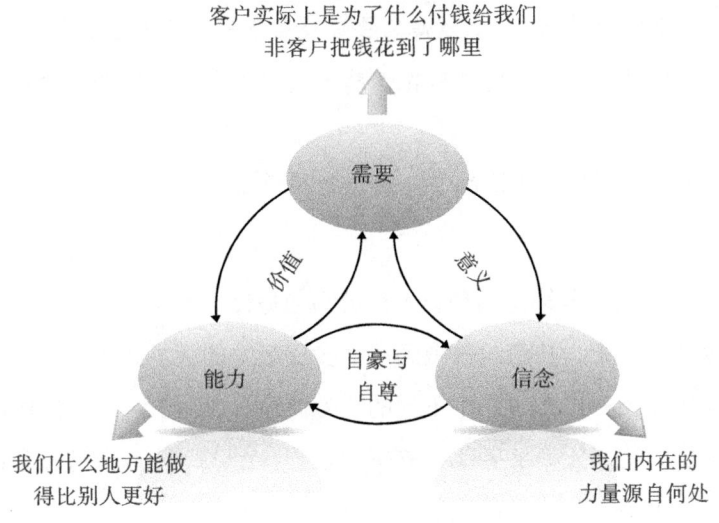

图5-2 业务使命的要素

学校、医院、行政机构、文化组织、大学等,所有组织都需要一个使命,也都需要提出同样的问题来确定使命是什么。只有以此为基础，组织才有可能拥有正确的战略、计划、决策和行动。

作为主控效应的凝聚力

业务使命越能迫使组织集中力量，使命的实施就会变得越容易。这又是一个主控效应，也是从一开始就会对战略产生强烈影响的。严格地要求自身只专注于少数关键领域，无论对个人还是组织来说，这都是有效性最重要的原则之一。[⊖]

- 组织的环境越复杂、越多变、越不透明，就越需要通过业务使命来发挥主控作用。
- 组织的规模越大，就越需要通过业务使命来发挥主控作用。
- 组织的专家和脑力工作者越多，就越需要通过业务使命来发挥主控作用。
- 组织面临的风险越多，就越需要通过业务使命来发挥主控作用。

因此，有效地沟通和正确地解释业务使命甚至更加重要。在如今的组织中，决策权分散到了很多层级上的很多人手里，很有可能这些人心里各有一个不同的业务使命，应用着一个不同的心理模型。如果没有业务使命的主控效应，组织就难以保持一致性和凝聚力。

⊖ See Malik, Fredmund: *Managing, Performing, Living. Effective Management for a New Era.* Frankfurt/New York, 2006.

正确的绩效

如果是在我的通用管理模型中,我们这一刻正从公司政策走向战略。

组织的业务使命必须在 6 个变量中证明其价值,我把这套变量称为"中央绩效控制"(central performance controls,CPC)。它们是变革中为数不多的常量,因此适用于安全的导航和定向。它们也是系统的核心变量,共同决定着组织长期的成功和生存。

这 6 个关键变量是:

- 市场地位;
- 创新绩效;
- 生产率;
- 对优秀人才的吸引力;
- 流动性和现金流;
- 盈利能力。

这 6 个变量有双重功能:它们既是当前业务的主控,也是未来业务或创新的主控。

接下来的章节将探讨这 6 个变量在战略导航中的功能,然后在讨论 PIMS 的章节中,我将说明我们对这 6 个变量都知道些什么,以及它们将如何帮助我们引导组织。

不管公司或组织做什么,都会体现在这 6 个关键变量中。商业组织将通过提高客户价值来巩固市场地位,非营利组织则将专注于其服务对象。但是,即使是非营利组织也将必须应对市场地位的问题:早晚有一天,甚至连公共部门的组织也将不再享有垄断,因此也必须要在市场中竞争。

中央绩效控制

如果这 6 个变量都在你的掌控之中,那你就是安全的——不过,这并不意味着你们一定会成功。但是,如果这些变量不在你的掌控之下,那你几乎一定会失败。公司的大多数风险都在这里。

跟宗旨和使命一样,由这 6 个关键控制变量组成的中央绩效控制复合体也属于最高级别的主控。它可以创造凝聚力,确保整个系统中的中央控制。形象地说,它就是神经力量中心,是带有高度敏感的"腹腔神经丛"的"六块控制腹肌"。如果某一天核心控制需要更多的变量,新变量将很容易以新模块的形式添加到系统中,这与我所有模型的进化、开放的逻辑一致。

目标和使命指明了道路。在此处给出的定义中,很显然这些主控的影响一直延伸到组织的毛细血管,使得我们能够区分绩效与非绩效。这样一来,它们就建立了驾驭复杂性所必需的另一个主反馈循环。

中央绩效控制及其三重功效

上述 6 个变量的互动效果:它们都属于绩效领域,同时又都是评价参数。换句话说,组织必须在这 6 个领域实现绩效,所有企业活动也必须相应地保持一致。与此同时,已取得的成果构成了持续评价企业绩效的基准,为绩效的衡量提供了标尺。因此,它们既是风险感受器,同时也是风险控制器。

但是,这些关键变量的概念远远超出了所谓的平衡计分卡

(balanced scorecard)。相比于股东价值方法的片面性，平衡计分卡有所进步，但是仍然无法满足所有要求。在平衡计分卡中，变量的选择通常有很大的随意性，而且过于偏重财务领域。

系统总体控制的控制参数（比如那些关键变量）必须是正确的，而且是经过实践证明的；它们必须有足够的控制效果，提供控制复杂性的方法，保障组织在其环境中的生存能力。利用中央绩效控制的6个关键变量恰恰能够做到这些。

图5-3给出了这6个关键变量及其相互关系。因为它们相互联系、相互依赖，它们构成了一个网络系统。任何孤立的思考、分析或干预都是片面的、简单化的，都会妨碍对系统真正的理解和控制。

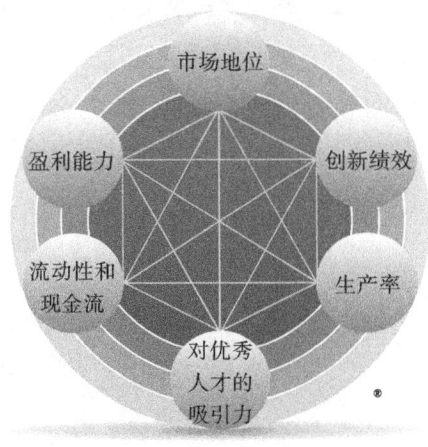

图5-3　6个相互联系的关键变量组成中央绩效控制复合体

这6个关键变量，每一个本身也都是包含诸多影响因素和子变量的复杂领域，但是把那些因素和子变量整理成6组，它们就变得更容易处理和理解了。这个例子也说明，要想掌控复杂的事实，你需要以正确的方式组织知识，创造出一个简洁的解决方案，同时又不能破坏潜在事实的复杂性，因为那是系统正常运转所必需的。

个人绩效领域的内容没有预先定义，因为它们在一定程度上取决于组织的业务或活动的细节，因此必须根据具体情况做出调整。此外，6个关键变量的内部结构可能会改变，这取决于市场和经济的演变，最重要的是取决于组织自身的成功。换句话说，系统需要具备进化能力。不过，那些基本因素源于PIMS研究。㊀

公司战略的一个关键任务恰恰是要做到这些：确定中央绩效控制的6个关键变量在个案中至关重要的那些内容和限制，不断地根据环境的变化做出调整。这需要我们重新认识战略，把战略看成是一个持续不断的、预料之中的、适应性的进化过程。

㊀ 为了有足够的复杂性以控制组织及其环境构成的总体系统，我们当初研究的目标是把组织中的发展变化投射到尽可能少的变量上。不过，这个系统是可扩展的。

STRATEGY

第三部分

在任何情况下，通过可靠的导航驾驭复杂性

本书的这一部分将探讨导航系统和战略地图，以解决战略的"是什么"和"凭什么"的问题。

CHAPTER 6

第 6 章

战略导航的革命

现在让我们直奔战略导航的革命进化，学习怎样为经济和社会领域高度复杂的动态系统导航。这里要解决的核心问题是：为了找到正确的目的地和路线，为了驾驭这些系统的复杂性和动态，我们必须注意什么？

之所以说要革命，是因为迄今为止以前所谓的战略大多已经彻底失效了，有些甚至从始至终都是错误的。正如本书在这一部分将会特别澄清的，对于战略管理决策而言，股东价值和价值创造的战略是错误的参考点，尤其是面对 21 世纪巨变和新旧世界交替带来的新挑战。越来越多的公司领导者已经意识到，传统的战略概念是误导的。但是，他们通常缺少一个真正有效的新解决方案。

这个解决方案就是本章的主题：一个目前来看最有效、最可靠、最独特的导航系统，一个为公司最高管理层提供辅助的工具。并不让我感到非常意外的是，当我在论坛和演讲中发表这种大胆的宣言时，常常会招致一些人的强烈反对，尤其是那些只懂传统的 MBA 和经济学、从来没机会学习任何其他知识的管理者。但是通常来说，用不上一小时就能让他们相信我所言不虚。在那之后，他们往往会留下深刻印象，甚至对我稍后将会介绍的导航逻辑充满热情，因为它开启了导航和定向的新天地，那是他们之前无法想象的。

最积极的响应往往来自科学家、数学家、计算机科学家、医生和律师，因为他们意识到，在某些方面，管理具有他们在自己的研究中知道和重视的相同性质。我把律师也包括在内了，因为他们的工作注重表达的逻辑性、精确性和清晰性，尽管不能把一切都量化。管理也常常是同样的情况。

在导航系统之后，我将介绍另一个辅助系统——战略地图。在随后的章节里，我将阐释如何实现战略的可操作化和量化。

马利克－盖维勒导航系统

在开始这次深入未知领域的探险时，具备优良导航系统的公司将占尽优势。重要的是，你要清晰地理解，在运营上和战略上，哪些控制和定向变量是你始终可以信赖的，不管发生了什么情况。

在发生深远而又彻底的变革的情况下，战略必须能够有效地应对复杂性，甚至当人们对战略格局上的空白点一无所知时，战略也必须发挥作用。适应性和健壮性必不可少，然而最重要的是，战略必须具备客观上的正确性。马利克－盖维勒导航系统（Malik-Gälweiler Navigation System®，MG Navigator®），简称 MG 导航系统或 MG 导航仪,可以满足所有这些要求,因为它是根据控制论的原则构建的,并且整合在我们的整体化管理系统中。由于具有这些特性,这个导航系统就可以连接到战略中的其他相邻系统:结构、文化、高管、公司治理以及公司政策。

它们合在一起就构成了完美运转的整体控制系统,用来决定和控制组织的方向。它包含了组织保持长久的成功和生存所需的所有定向和掌控机制。如图 6-1 所示,导航图标嵌入了战略子系统中。

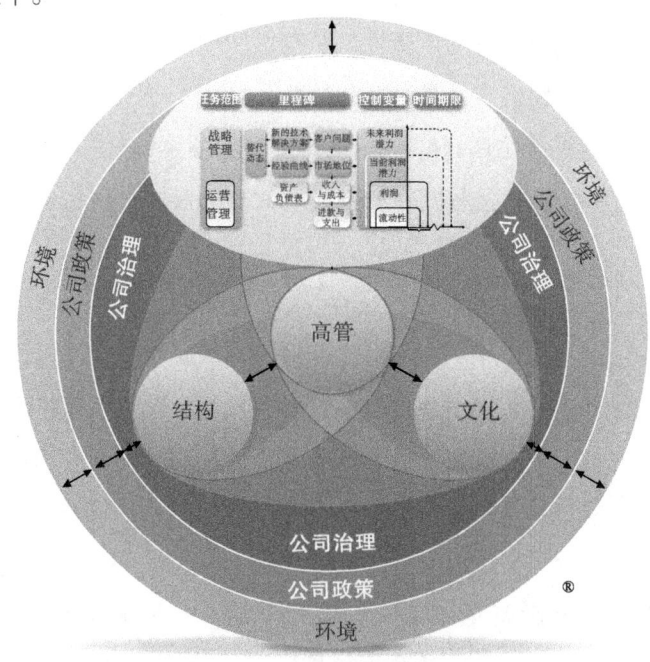

图 6-1　导航系统嵌入战略中

MG 导航系统专注于组织的健康经营和生存能力。系统也整合了其他一些传统上认为重要的战略变量,比如利润和增长,但是在这个更加广泛的背景中,这些变量被赋予了新的含义。因此,有了 MG 导航系统,我们几乎就能回答所有相关但尚未解答的战略问题:"长期"究竟是多长?什么是"可持续的利润"?当然,还有企业经济学和工商管理尚未解决的一些问题。

这个导航系统的奠基者是阿洛伊斯·盖维勒——当时,他是布朗勃法瑞公司(Brown Boveri,也就是 ABB 集团的前身)驻德国曼海姆的首席代表,也是一位经验丰富的规划和战略专家。当我第一次读到盖维勒发表的相关文章时,我立刻就意识到这是战略管理领域最伟大一个突破。㊀

在之后的几年里,我补充和扩展了盖维勒的基本概念,增加了必要的控制论工具,其中包括来自 PIMS 研究、S 形曲线分析和网络模型的深刻认识和工具,以及利用它们所需的工具和方法。如今,盖维勒的框架已经融入我们的整体化管理系统中,因此能够充分发挥其全部潜力。

基于他在一家大公司积累的丰富行业经验,阿洛伊斯·盖维勒认识到,可持续的成功需要的不仅仅是利润和增长。他还发现,过于丰厚的利润和过快的增长有可能是后期失败的种子,甚至可能是一家公司衰落的开始。他在现实生活中见证了很多这样的案例,这深刻影响了他的战略观念。

斯坦福德·比尔、汉斯·乌尔里克、沃尔特·克里格、弗雷

㊀ 盖维勒还曾多次来我们的研讨会讲学,我与他的长期合作直到他 1984 年去世时才结束。这之后,幸亏有我们当时的研究主管马库斯·施瓦宁格(Markus Schwaninger)的积极推动,我得以出版了盖维勒写于 1977 ~ 1984 年尚未发表的研究报告和文章。See Galweiler, Aloys: *Strategische Unternehmensfuhrung*. Campus Verlag, Frankfurt/New York 1987; 3rd edition 2005.

德里克·韦斯特，就像这些研究系统论和控制论管理的先驱们一样，阿洛伊斯·盖维勒也远远领先于他所在的时代。[一]在传统方法仍然适用的时候，只有公司中的技术领导者需要控制论的管理和战略解决方案，尤其是当他们在自己的产品中使用了复杂的调控逻辑，或者这种逻辑本身就是产品创新的时候。如今，在全球互联动态系统的复杂情况下，这些开创性工作的真正意义不言而喻。盖维勒的战略逻辑具有普遍性，广泛适用于各行各业，因此能与我们的管理系统完美契合。尽管盖维勒是曼海姆大学的荣誉教授，但是他的开创性观念所代表的巨大进步，并未引起当时那些著名企业经济学家的重视。不过，这也是突破性创新常有的遭遇。

面向不明未来的正确战略

我要再次强调，战略导航的一个核心问题在于，公司管理被财务和会计部门提供的运营数据系统性地误导了。

眼里只有运营数据，这是单纯追逐利润的管理团队无法及时察觉不良势头的主要原因之一。也正因如此，他们不能及时采取恰当的对策，因而很可能会错失未来。因此，这种管理方式必然会导致危机管理，而危机恰恰是因为自身的管理不当造成的。这样的案例不胜枚举，比如以前戴姆勒－克莱斯勒集团的失败、瑞士航空的破产以及2007年以来众多知名银行的倒闭。

[一] 想了解斯坦福德·比尔和弗雷德里克·韦斯特的相关工作成果，请参见附录。

与人们普遍信奉的理论和实践相反，战略管理的主要目的不能是基于相应的分析检测实际财务数字相对于指标数字的偏差，然后采取纠正措施。战略管理的主要目的在于促成业务想要的发展趋势，防止业务不想要的以及灾难性的发展趋势。

就像利润表通常所做的那样，把实际数字与指标对比并不能达到战略管理的真正目的，因为触发纠正措施的信号总是出现得太晚。因此，必须找到有效的定向点，它们可以提供并非由外推得到的事实信息，允许公司探索更大的时间跨度。这将为公司赢得时间，使它们能及时确定行动的必要性，进而采取措施来确保公司的生计以及更大的成功。

MG 导航系统相当于感觉器官的自然进化：生物越高等，感觉器官越高效，因而允许更完美的定向。在这个意义上，阿洛伊斯·盖维勒的原创成就也是公司管理的一次进化飞跃。

终结战略制定中的武断

与传统的企业经济学和管理理论相反，盖维勒的系统（包括早期版本）有一个令人信服的内在逻辑。正是因为这个逻辑，盖维勒的工作才代表了公司管理的一次重大进步（见图 6-2）。

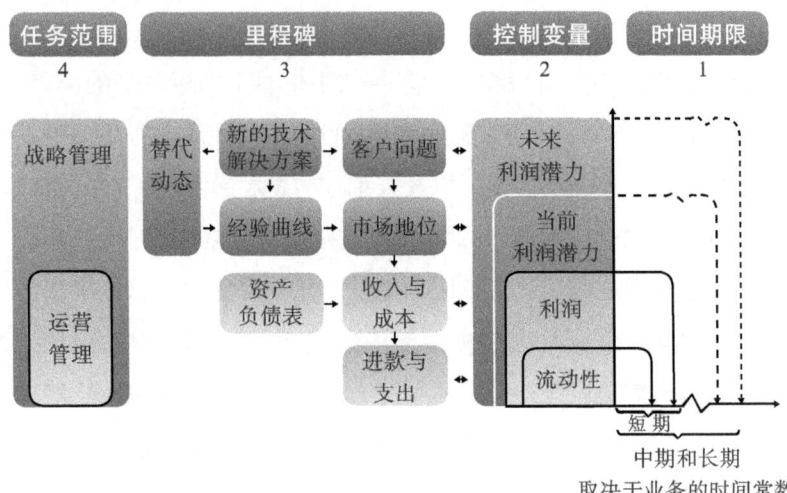

图 6-2　马利克–盖维勒（MG）导航系统及其不可或缺的战略导航逻辑

盖维勒的系统标志着武断和纯粹主观性的终结，因为它把公司管理提升到了一个更高的层次：基于自然界的控制论法则来可靠运转。PIMS 计划等提供的多种量化手段进一步强化了这一点，这将是第三部分的主题。

MG 导航系统巧妙而又简单，包含了公司的总体管理所必需的全部重要事实，兼顾运营和战略两个方面，因此也同时覆盖了短期、中期和长期。

正如前面提到的，这将澄清很多尚未解答的疑问："长期"到底有多长？在什么情况下增长是健康的？怎样才能保持健康？怎样是不健康的？在什么情况下公司迫切需要创新，不能留给随意不羁的创造力去解决？

连同第 7 章将要讨论的战略地图，我们现在就有了一个普遍适用的系统，可以帮助我们完成组织所有活动的定向和管理。因为它是全功能的,所以其应用不受全球经济走势的影响。

更深入地探查未来:不做预测

MG 导航系统使得公司管理不再依赖于传统的预测和规划,尤其是非常流行的线性预测。凭借其逻辑和反馈控制,这个系统允许组织就未来做出更有事实依据、更可靠的假定。正如我们稍后将会看到的,它利用了更高系统层面整合的控制论法则,因此具备对生存和成功至关重要的预警和预控功能。

不做预测,更深入地探查未来,这听起来好像有些矛盾,但事实上,这恰恰实践了**彼得·德鲁克有关战略的深刻见解:战略关心的不是"未来的决策",而是"当前的决策对未来的影响"**。

时间常数与系统锁定时间

MG 导航系统的一个开创性成就在于,它可以解决战略规划的时间期限问题。它不是武断地把时间期限定义为短期、中期和长期,而是把组织的总体管理划分为两个方面:运营管理和战略管理。运营管理就是利用和开发现有的利润潜力,而战略管理则是保持现有的并创造未来的利润潜力。

对时间期限的问题来说,这是个简洁而又令人信服的解决方案,因为时间期限不是孤立的变量,不能武断地划分或盲从主流思维。

什么是中期,什么是长期,这取决于业务的客观事实,也就是业务特定的时间常数。时间常数是指由业务性质决定的时间期限，在这个期限内，公司必须做出不可逆转的决策。换句话说，时间常数就是公司为经营成功创造关键条件所需的时间。

例如，即使是开发速度最快的汽车公司，要开发一款全新的汽车最少也要 5 年时间——从开发项目启动，到这款新车出现在街头，至少要 5 年。现在，这款新车在市场中可能很成功，也可能不成功。如果不成功，那就得再开发另一款，又需要花 5 年左右的时间。因此在这个案例中，时间常数是 10 年，即开发时间的两倍，直到一款有希望被消费者接受的新车上市。

这是系统锁定时间，在这期间，公司几乎无法做任何改动，只能沿着既定的路线行进；战略必须覆盖这个时间期限。

在制药、航空和能源领域，时间常数还要长得多。在这些行业，企业的战略锁定期长达 15 ~ 50 年，期间无法做出重大改变，所以管理层今天做出的决策最好在整个锁定期都是正确的。这些决策必须考虑到不确定的未来。

相比之下，在时装行业，很多东西都可以相当迅速地改动，因为时装本身就在快速更替。尽管如此，改动也不能是你想什么时候改就什么时候改，因为即使是时装行业也要依赖于制造、营销和销售的基础设施。

还记得我在本书开头是如何定义战略的吗？当我们不知道未来会如何时，要怎样行动？要如何以预告了长远成功的方式开始行动？要如何思考当前决策对未来的影响？

市场经济的局限性：为什么经济学家看得不够远

大多数经济学家对市场经济的运行方式评价甚高，在此我却要给予批评。为此，我首先要区分批判性的市场理论和幼稚的市场理论。后者被很多人用作正当理由来支持一些似是而非的东西，比如股东价值、奖金制度以及全球金融系统中普遍存在的各种发展势头，尤其是各种越轨行为。也正因如此，主流经济学的支持者才没能察觉到这场百年一遇的大危机的来临。

按照幼稚的市场理论，经济主体任由市场发出的信号引导，尤其是被相关的价格和成本影响，然后把自身的资源和经营活动导向能够赚取最高利润的地方。

然而，这些信号对有些公司来说基本无用，比如有些公司研究的技术，其时间跨度长达几十甚至上百年，因此它们必须针对这样的时间跨度做出不可逆转的投资决策。当前的价格和成本，无法告诉这些公司是否应该投资于某项未来的技术。例如，道路交通的成本在很大程度上和飞机和机场的建造无关。

因此，这种市场经济理论对很多业务来说毫无意义。要意识到市场的局限性，这一点非常重要，尤其是对我这种基本上赞成自由市场经济的人来说。如果不知道这些局限性，那就意味着对市场经济期望过高。

在这种语境下，**战略就是深入未知领域的探险，传统的思维和战略方法已不再适用**。驾驭这样的处境需要不同的工具，包括我在本书中描述的那些，详见第四～六部分。

战略·STRATEGY

必须监控的变量：控制与定向

MG 导航系统包括两种面向业务和整个组织的管理的导航辅助工具：控制变量和定向变量（见图 6-2），其中控制变量有 4 个，定向变量有 8 个。

如果管理层想让公司保持强大和可控、生存和成功，那他们就一定要让控制变量始终处于控制之下。

定向变量可以指示这些控制变量是否处于控制之下，换句话说，它们可以就控制变量是否正确提供有关的知识和信息。举例来说，如果你在开车，那么速度就是一个相关的控制变量，而要想有效地评价和控制它，你可以用速度表作为参照。

MG 导航系统的 4 个控制变量是流动性、利润、当前利润潜力（CPP）和未来利润潜力（FPP），8 个定向变量是进款与支出、收入与成本、市场地位与成本地位（其实是指最低成本极限），以及新的技术解决方案与客户问题。

利用控制论控制系统实现可靠运转

利用上述变量，MG 导航系统可以覆盖整整 4 个系统层面，它们由控制论的控制关系定义、相互关联、相互依赖（见图 6-2）。由下至上，前两个层面是运营管理的任务，后两个层面是战略管理的任务。合在一起，它们就使得组织在运营上和战略上都能处于可靠的控制之中。总而言之，有了 MG 导航系统，组织就能实现跨越各个维度的整体化和同步化管理——不管对现在还是对未来，不管从内部看还是从外部看。

所有这4个系统层面都必须顾及。哪怕只忽视了其中一个，也必然会引发不良的发展势头，而且起初很可能会察觉不到，等到发现时往往已经来不及纠正了。

对控制论的控制逻辑的描述如图6-3所示。这个导航系统应该由下至上解读，就像历史上商业管理的出现一样，从流动性开始。直到文艺复兴早期，商人一直利用现金和期票来管理生意，或者换句话说，利用基于流动性的工具。这在当时足以让生意始终处于控制之下。但是，随着商业变得越来越复杂，商人越来越需要更加长期的投入，因为他们必须在造船和购置设备等方面投资，这就要求新增一个更高的导航层面。

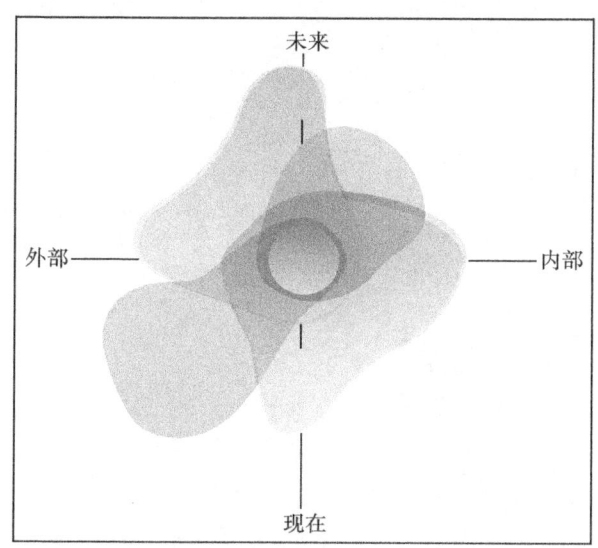

图6-3　高层管理的通用坐标系

复式簿记的发明给出了一个巧妙的解决方案。对这一方法的确凿描述最早出现在 1494 年出版的一本书中，作者卢卡·帕乔利（Luca Pacioli）是方济会的教士，也是个数学家。后来，这种方法被称为"威尼斯法"（Venetian method）。早期的使用者包括美第奇家族以及热那亚的商人，此方法为他们管理自家的生意提供了极大的帮助。复式簿记允许他们从利润和亏损的角度捕获一种有关经营成败的新信息。凭借这种方法，他们不仅可以控制生意，甚至还可以实施预控。同样，随着复杂性不断增长，后续的导航层面也被逐一开发了出来，全都遵循同样的原则。

CHAPTER 7

第 7 章

通过控制论导航实现可靠的控制

第一个系统层面：流动性

如前所述，第一个系统和控制层面献给了流动性。对这个层面的描述会比其他三个层面更详细，因为有效导航所必需的那些逻辑关系会反复重现，所以，它们也适用于每一个后续的系统层面。

这是 MG 导航系统可以极大地节省时间的优势之一：一旦你理解了系统的潜在逻辑，你就可以把它应用到各个层面。这也例证了复杂的控制问题往往有简单得惊人的解决方案。

因此，你可以把这个导航系统散布到组织的所有毛细血管，从而确保所有必须参与战略的制定和实施的管理者，都将按照同样的原则来思考和行动。换句话说，遵循我之前提到的"设计系统要确保系统能自我组织"的原则，这给整个组织奠定了自我组织的基础。

市场经济意味着付账才能生存

和主流思想的看法不同,公司首要的控制变量不是利润,而是流动性——随时完成必要支付的能力。只有这个才是市场经济中公司存亡的关键。

如果不能始终保持偿付能力,那么即使是绩效优良的公司也难逃一死,要么破产,要么被接管。在市场经济中,不管从经济还是法律的角度来说,生存的关键都不是利润而是流动性,因此流动性必须始终处于控制或管理之下。

所以,公司管理的重点并不是大家一直挂在嘴上的利润、增长、盈利能力等因素,而是要保障公司的偿付能力。

与普遍看法相反,市场经济作为一个系统不是从利润角度定义的,而是从流动性的角度定义的。实际上在市场经济中,你能否赚取利润根本就不重要,只要你有钱付账,你就可以参加这个资本游戏。你究竟从哪里弄来的钱也没那么重要——这并不是说利润不是问题,它将在更高一级的系统层面中发挥作用。

控制流动性

对于流动性控制,如今公司通常有一个专门且非常专业的职能,叫作"财务"或"财政"。毕竟,在一个全球互联的世界中,充满了动荡以及不可预测的财务流动和利率,流动性控制自然是一项非常复杂的任务。

但是不管它多复杂,它最终都要归结于两个相关的定向变量,即进款与支出,如图7-1所示。这两个变量的差值对公司的生存至关重要。

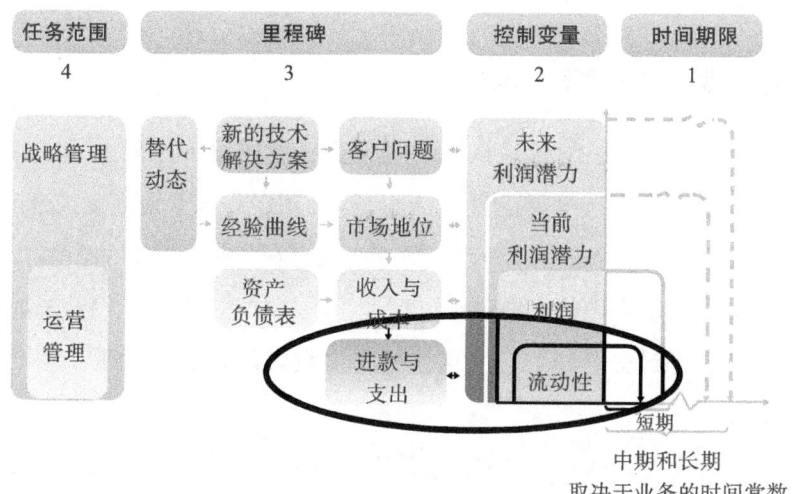

图 7-1　马利克 – 盖维勒导航系统及其不可或缺的战略导航逻辑

流动性永远是短期的

流动性天生就是个短期变量,你不可能把它变成"长期"。当然,如今的首席执行官通常会很清楚公司是否有能力清偿债务,因为对他们来说,往往早上的第一件事就是让财务主管送来流动性现状相关的数据。但是,这些知识能让他们对未来有多远的了解呢?

仅凭流动性管理只能捕捉到短期信息,因为偿付能力永远是个短暂的状态。根据一家公司的特点,你或许可以估算它在几周或几个月(在有些行业只能是几天)后是否仍有偿付能力,但是那显然不足以让你做出影响长达数年的决策。那么,我们怎样才能把这个时间跨度延伸到未来？不能通过外推预测的老方法，而是要通过改变导航层面。

通过改变系统层面窥探未来

"我们过去 10 年里从未缺过现金，所以接下来的 10 年里，我们肯定会保持这样的偿付能力。"很显然，这种话毫无道理。然而，同样的逻辑（或者说没逻辑）也存在于某个标准的预测方法中，甚至人类的思维过程也是几乎同样的运行方式。"未来基本上会像过去一样"——这就是大多数人的想法，管理者也不例外。

即使对当前和过去的流动性以及进款和支出这两个驱动因素做最精密的分析，也不能针对未来的流动性提供任何信息，因为未来的流动性并不取决于当前的流动性，而是取决于其他因素。

看到更远的未来，捕捉到更大的时间跨度，这对战略的制定来说不可或缺，而要想做到这一点，我们必须利用一个典型的控制论方法：改变系统层面。只有这样，我们才能探索新的定向和控制变量，从而获得额外的信息。

把一个更高的系统层面整合进来，这让利润以及对应的定向变量出现在了导航仪的屏幕上。"更高的系统层面"意味着，当你着眼于一种不同的信息时，你就可以探查更大的时间跨度，就像更高的观察点可以给你更广阔的视野一样。

也正因如此，我前面提到了历史上复式簿记的例子。由于有了复式簿记，人们就可以从利润这个全新的角度看事物，从而就能探查更大的时间跨度，因为利润在逻辑上先于流动性。所以在那个例子中，借助于复式簿记这个工具，甚至中世纪的商人也可以窥探未来。

防止预设的控制错误

我们正在触及 MG 导航系统的一个非常重要的特性。它适用于所有四个系统层面，而且据我所知，除了会计部门，只有少数管理者知道。这个特性就是，MG 导航系统可以防止预设的管理不当。这是什么意思呢？

流动性这个控制变量可能具有系统的误导性，因为：

即使利润很低，流动性却可以很高，反之亦然。

如果没有损益计算，控制变量与定向变量之间这种潜在的矛盾关系就无法看清，但是有了损益计算，这种矛盾就会变得显而易见（见图 7-2）。即使是最精细的流动性外推，也无法揭示利润与流动性之间的矛盾趋势。这需要一种完全不同的信息系统，也就是复式簿记。

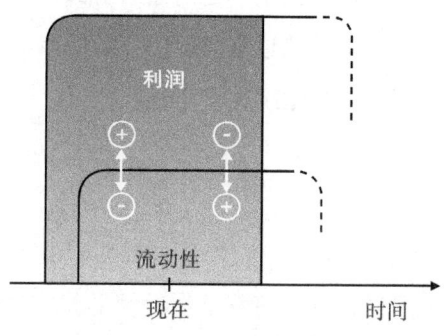

图 7-2　控制变量之间逻辑上的对立关系

作为流动性的前提和来源，利润可能已在发出负面的控制信号（亏损），而流动性本身则仍然在发出正面信号（现金非常充足）。如果只注意了流动性，公司注定将走向破产，因为充足的现金会让你感到很放心，使你看不到采取行动的必要，于是继续不作为。反过来，即使经营正在产生很高的利润，流动性也可以很低，甚至可能是负的。

简单来说，流动性的状况可能与利润的状况截然相反，从而产生错误的控制信号。这种情势不可能一直持续下去，因为利润或亏损迟早也会影响流动性，但是这很可能会持续足够长的时间，足以助长系统性的控制错误，等到发现时已经来不及纠正了。

总而言之，如果眼里只有流动性，这必然会导致错误的决策，因为管理者将不能及时地采取预防措施（比如及早与银行协商）来确保未来有充足的流动性。如果亏损已经变成了账目上的数字，再想采取对策恐怕就太迟了。

控制知识的缺乏是导致经营失误的一个关键因素，也是公司管理中的一个主要风险。在导航系统的更高层面上，这甚至会变得更加明显。你对系统的控制不是通过现金或权力，而是通过信息；系统的自我控制也是通过信息。因此，只有具备了必要的信息系统，自我调节和自我组织才有可能实现。

预警和预控

从上文可以得出结论：你永远也不可能由下至上地得出正确的认识，也就是说，你不可能从流动性的状态推断出利润的状态——恰恰相反，从利润推断流动性则永远可能且可靠。

作为更高层面的控制变量，利润有两个极为重要的控制论控制特性：它对流动性来说既是预警变量，也是预控变量。从利润的角度出发，你可以窥探更远的未来，因为无论在时间顺序上还是在因果关系上，利润都先于流动性。只有这样，你才能扩大时间跨度，并对流动性的发展趋势做出有效的预测——通过系统分析而不是外推的方法。

第二个系统层面：利润

如果你想只用一个变量来代表公司的财务成功，投资回报率（ROI）将是最佳选择，其定义是：息税前利润（EBIT）与运营所需的固定和流动资本之比。

这是会计系统提供的当前投资回报率数字。我们很快就会看到另一个投资回报率数字，即潜在回报率（return on potential），它能神奇地帮助我们解决一些目前看似无解的问题。成功控制如图 7-3 所示。

扩大时间跨度

因此，只有从利润的角度出发，我们才能探索更大的时间跨度，改善预先的流动性控制。我要再强调一次：在逻辑、因果以及时间关系上，利润都先于流动性。只有通过利润，我们才能消除被流动性系统地误导的风险。

请注意，利润控制不能取代流动性控制，利润只是为预先的流动性控制提供基础。利润控制本身可以扩大流动性控制的时间跨度——通过专注于遵循不同规律的不同因素，而不是通过流动性本身的外推。

图 7-3　控制成功

探索第二个系统层面：新的定向信息

一边是流动性控制，另一边是预先流动性控制，这两者各有自己的参照系和测量值。流动性控制专注于进款和支出，预先流动性控制则包括一组全新的要素——收入与成本，它们在逻辑、时间以及因果关系上都处于一个更高层面。它们是利润监控的直接定向变量。

利润的驱动因素不同于流动性的驱动因素，这个事实可以解释为什么前者是预先流动性控制的有效参数。在逻辑上，利润控制（包括利润和亏损的计算以及分析在内）被分配给了另一项经营职能：它是会计的核心任务之一。

恰恰是出于同样的逻辑理由，利润相关的定向变量也不能用于预先利润控制，因为不同控制层面之间的潜在矛盾再次重现——上次是流动性与利润之间，这次是利润与利润潜力之间。预先利润控制还得专注于另一组不同的定向变量，它们早于利润的直接驱动因素，可以帮助我们看清未来利润形势会怎样发展。

原因在于，就像导航变量"流动性"一样，变量"利润"同样也包含着潜在误导的信号，能够引发控制错误。即使作为利润来源的利润潜力已经变为负值，利润却仍有可能是正值。反过来，尽管利润潜力极好，利润却有可能是负值。从以前或当前的利润无法推断出未来的利润。要想确定未来利润，我们还是得求助于下一个更高的信息层面。

危险在于，漂亮的利润数字会诱使管理团队陷入虚假的安全感，以至于谁都没有意识到利润潜力正在减弱。反过来说，尽管利润潜力正在增强，公司却可能已经陷入了亏损。这是愚蠢的管理不当的典型案例：管理者不知道该怎样利用现有的利润潜力。这其实很容易解决。

第三个系统层面：当前利润潜力

从运营管理到战略管理

对于前两个系统层面，传统的工商管理很好地发挥了作用；事实上，这里正是它的发源地。现在，我们即将超越这两个层面，再次尝试驾驭更高的复杂性和更大的时间跨度，因为对于这些新的导航领域来说，从会计数字中获得的信息已经不能胜任了。

到目前为止，我们一直在探讨运营管理，下一步我们将进入战略管理的领域。

在利润层面之上，下一个更高的控制层面是利润潜力，或者更确切地说，是当前或现有的利润潜力（见图7-4）。

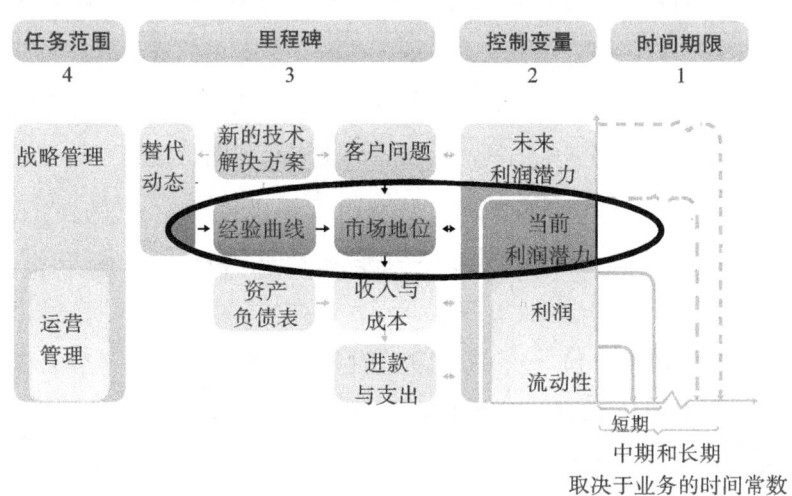

图7-4 控制当前利润潜力

很多探讨战略的作者把"潜力"解释为一般的优势或优点，而盖维勒则将其准确地定义为"一整套产品和市场特定的成功条件，必须在取得成功之前得到满足"。具体来说就是：甚至在我们可以开始考虑利润之前，哪些东西必须先具备？

转向战略业务单元

现在我们必须改变参照物，从整个公司转向战略业务单元（strategic business unit，SBU），因为这里是利润潜力的所在地。

有关流动性、现金流、利润等的运营信息可以提供给整个公司，而战略陈述却只对个别的战略业务单元才有意义。说到底，尽管公司可以产生利润，但是作为总体的组织，它并没有市场份额。

根据盖维勒的定义，利润潜力并不等同于普遍流行的核心竞争力。有些核心竞争力永远也不会变成利润潜力；另一方面，只有在理想情况下，两者才会重合，利润潜力才能建立在核心竞争力的基础之上。

探索第三个系统层面

预先利润控制要求我们再次改变系统层面，并把焦点对准另一些控制和定向变量：当前的利润潜力及其范围和持久性。如果等到亏损已成事实之后才意识到疏忽和错误的决策，再想建立潜力往往已经太迟了。从发现危险状况到公司的流动性受到影响，这两者的间隔要远远小于建立利润潜力所需的时间。正如我在第4章解释过的，这也非常清楚地证明了区分运营数据和战略数据是多么重要。

如果利润潜力的不足或削弱已经体现在了会计数字上，这之后再采取强化利润或流动性的措施通常只会产生短期效果，有时甚至会进一步侵蚀利润潜力。

这样的例子不胜枚举。例如，大多数成本削减计划不仅会削减那些代表资金浪费的成本，还会削减那些实际上代表利润潜力的成本，比如广告和促销，其意图都是增加利润。暂时来看，为了保证利润和流动性，这样的成本削减可能是必须的，但是其中包含着削弱潜力的风险：如果竞争对手在同一时期增加广告投入，那么它们很可能就会抢走市场份额，从而增强它们的潜力。

任何尚未开发的潜力，其所导致的成本都会暂时高于其所创造的收入。这并不一定意味着这些成本应该削减，但是很多时候，为了改善利润也只能这样做了。股市会奖励这种做法，但潜力却受到了损害，尽管管理层从未察觉，因为它不会体现在会计数字上。我前面曾说过，有些措施从运营的角度来说是正确的，但是在战略上却是错误的，反之亦然。这里的削减成本就是典型实例。

量化潜力：实际投资回报率和标准投资回报率

前面我曾提到，投资回报率是用来量化"利润"这个控制变量的数字。因为利润数字来自于运营管理，所以出现在会计数字中、用来量化利润的只能是实际投资回报率。

现在的问题是：我们能否以任何有意义的方式量化潜力？也就是说，不仅要回答"我们正在赚取多少利润"的问题，还要回答"这项业务能够产生多少利润"的问题。

实际上，由于有了PIMS（市场战略对利润的影响），这已经成为可能。作为世界上最大的实验性战略研究计划，PIMS如今已是"马利克战略情报计划"（MSIP）的一部分。第四部分和

第五部分将探讨怎样把 PIMS 用于战略管理。

由于有了 PIMS，我们现在就能够确定利润潜力，就像计算当前的投资回报率一样精确。相关的变量是标准投资回报率（par ROI）。投资回报率可以告诉我们，一项业务实际上赚多少钱，而标准投资回报率可以告诉我们，当把相关的战略参数考虑在内时，这项业务应该赚多少钱。换句话说，标准投资回报率代表潜在的回报率。它允许我们拿一些参数与当前的盈利能力做极具创新性的对比，使得我们能够回答战略管理与运营管理的分界面上存在的一些最令人着迷的问题。例如：为什么我们在某项业务中赚取的利润会低于或高于标准值？如果是低于标准值，是因为业务单元的管理团队未能充分开发潜力吗？如果是高于标准值，是因为我们正在"过度放牧"，潜力的实质会因此而渐渐枯竭吗？谁该得到更高的奖金，是实现了最高投资回报率的管理者，还是创造了最高标准投资回报率的管理者？稍后我们再详细讨论这些问题。

经验效应和可防守的市场地位

市场地位及其对生产率和成本的影响，这两个定向变量可以帮助我们评价现有利润潜力，进而使预先利润控制成为可能。市场地位表现为相对市场份额，更准确地说，它是指相对于各主要直接竞争对手的市场份额关系。

战略的一个关键目标是至少要获得可防守的市场份额，只有这样一项业务才能为自身创造勉强算得上持久的利润潜力。与此共存的一定是强烈的客户偏好：客户明显偏爱这家公司的产品或

战略 · STRATEGY

服务,而不是竞争对手的。

市场份额本身并不重要,它只是一个数字,可以近似地代表公司在这项业务中获得的累积经验,反映过去的客户偏好。当然,你永远也不可能对竞争对手的累积经验有第一手的了解,因此市场份额是个相当不错的指标。

有了正确的管理方法,累积经验会自己体现在生产率的提高和成本的降低上。谁占有更大的市场份额,谁就有可能在过去创造了更多的产出,这种经验上和流程上的优势就更有可能转化为生产率的提高。

因此,占有最高相对市场份额的公司,也将有潜力实现最低成本,进而取得价格领导地位。市场份额的这种成本效应也被称为经验效应,用所谓的经验曲线或学习曲线可以精确地描述它。

经验效应定律大致是这样的:在价格不变的情况下,累积产出每翻一番,单位增值成本就有潜力降低20%～30%。

由此产生的经验曲线无疑决定着一项业务能够达到的最低成本极限,所以成本降低的潜力和目标随时都可以清晰地确定。根据我的经验,大多数公司的实际成本都高于必要成本,但是仅凭这个事实根本不足以否定经验效应的存在。它只能证明成本降低的潜力尚未充分开发,这对各种类型和规模的很多公司及其业务单元来说,也是一个巨大的挑战。

这里说的不是传统的成本削减和利润改善,而是基本的战略方向设定。正因如此,我们的战略专家和管理培训团队常常会碰到管理者对这些见解的怀疑和抵制,因为它们还远远没有成为大学和商学院中工商管理课程的标准。不过,在对这个主题进行了更加深入的探讨之后，怀疑者通常都会信服。

所以，既然有清楚的证据表明经验效应的确存在，那我们就没必要再问是否真有经验曲线这种东西。相反，从战略的角度出发，我们应该问的是：要想充分利用经验效应，我们必须怎样组织自身？

解决这个任务往往要求彻底的重组——从产品和服务的工程设计开始，经过持续的开发和生产，一路直到商品化。反过来，这可以通过现代的整体化流程管理框架来实现，[⊖]因为对经验效应的充分利用远远超出了传统的成本削减。

到目前为止，世界范围内最好的成本削减和利润改善方法是协同整合法：对任何一个尚未有过实际体验的人来说，这种方法的效果和速度堪称梦幻。有关协同整合的更多内容见第六部分。

量化利润潜力：PIMS 研究

因此，在整个竞争过程中，尤其是在市场饱和度这场决赛中，取胜的关键就是市场地位和最低成本极限这两个定向变量。在这两个决定性变量的背后，是战略知识和战略情报 构成的整个体系，也就是我前面提到的 PIMS 计划给出的爆炸性的研究结果。PIMS 的重要性怎么强调都不过分——只有利用 PIMS 的研究结果，才有可能满足新世界中绝对不可缺少的控制条件：以超

⊖ Klauser, Marius: *Lenke, was dein Unternehmen lenkt: Management-Prozess-Architek- tur (MPA) als Quantensprung in der Unternehmens- und Mitarbeiterfuhrung*, Frankfurt/New York 2010. Also, Stoger, Roman: Prozessmanagement: *Qualitat, Produktivi- tat, Konkurrenzfahigkeit*, Stuttgart 2009.

快的速度和最大的测量限度制定出显然正确的战略,并且能够根据形势的需要随时以超快的速度做出修正。

回到20世纪70年代,PIMS计划公布了首批研究成果,立刻就引起了轰动。那些渴望在管理系统中实施革新的企业立刻就意识到,PIMS为战略设计提供了开创性的可能方法。有相当多的《财富》500强企业把它们当前的市场支配地位归功于PIMS的早期应用,其中最著名的就是PIMS的发源地通用电气公司。PIMS已经帮助一些企业确立了难以撼动的市场地位,几乎不可战胜,除非它们在战略导航等关键领域犯下严重的管理错误。

在21世纪巨变引起的动荡中,来自PIMS的真知灼见将格外宝贵,因为如果没有它们,战略导航的错误几乎不可避免。利用其先进的数据库和战略智慧模型,PIMS研究的完美程度已经独步全球,使得我们能够优雅地驾驭21世纪巨变带来的挑战。

第四个系统层面:未来利润潜力

如果连最佳市场份额都无济于事

正如我们已经看到的,利润潜力的基础是足够的市场份额,也就是说,足够通过定价来防守。尽管如此,有些读者可能会对我着重强调市场地位和市场份额感到不安。这很正常,因为导航的视野还有待于进一步扩大。市场份额的确很重要,但它不是战略的终点。

市场份额是业务实力的所在,而这种实力可以转化为规模、在大市场中，较大的市场份额意味着较大的销量。

在小市场中，即使是较大的市场份额也只能意味着相对较小的销量，但业务本身仍然会很强大，因为如果能正确地利用自身的成本机会，更大的市场份额就能让它拥有更稳固的定价地位。很显然，如果你只占有较小的市场份额，那你就会被拥有较大份额的竞争对手所威胁，因为对手有继续降低成本的潜力，因而也就有能力在降价的同时仍然赚得比你多。说到底，你不可能在价格战中打败市场领导者。那么，对于最大市场份额的拥有者甚至是垄断者来说，最大的威胁又是什么呢？为什么那些市场领导者也会走向衰落甚至灭亡呢？例如，在通信、工程和照相等行业，很多财源滚滚的企业直到 15 年前都还是市场霸主，如今已经不知所踪。未来利润潜力控制如图 7-5 所示。

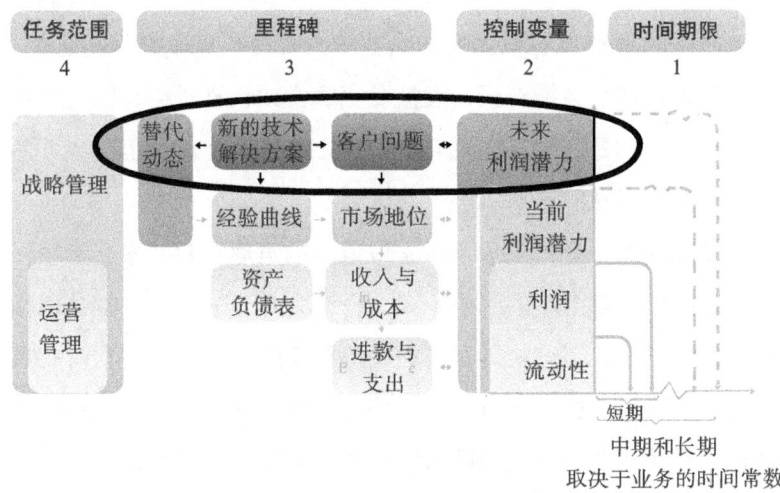

图 7-5　控制未来利润潜力

甚至对国有垄断者来说，最大的威胁也是技术替代。当市场中出现某些根本性的重组过程时，对于同样的客户问题，以前的解决方案会被全新的方案所取代，这时市场地位、经验效应和成本削减都会因各自的局限性而无能为力。随着21世纪巨变的演进和新世界的形成，数不清的新方案将会涌入市场。其中有很多已经到来，只不过尚未充分展现它们的杀伤力。

最伟大的创新和最危险的竞争

在这第四个系统层面上，我们遭遇了一种新的竞争——替代竞争，它完全不同于直接竞争对手之间的市场份额争夺，而且要比后者危险得多。

直接竞争对手通常很了解彼此。它们往往对彼此了如指掌，并且会尽力避免相互之间不必要的麻烦，比如毁灭性的价格战。相比之下，只有那些最优秀的企业才会对替代竞争者保持警惕。这些竞争者往往会被忽视，没被及早察觉或认真对待，因为毕竟它们"生产的是完全不同的产品""处在另一个行业里"或"使用的是完全不同的技术"。

正因如此，替代竞争通常是最危险的竞争：新技术会给同样的客户问题带来全新的解决方案，以此为基础的新事物就会取代现有事物。因此，这就是真正的关键创新的核心所在。在所有其他的导航层面上也有创新，但那些创新都遵循着熟知业务的熟知逻辑。然而在这里，我们遭遇的是新业务的未知逻辑，所以这也是企业永久生存能力的核心。以此类推，这也适用于任何其他类型的组织。不管你是谁，除非你指的是第四个系统层面和替代竞争,否则谈论"可持续的利润"就是自欺欺人。

尽管替代创新不仅有技术替代,还有社会、文化以及其他方面的替代,但在谈到实际战略工作中的替代动态时,我一般从技术开始。通常来说,新的价值观、改变的消费习惯和审美观等也被认为同样重要。不过,仔细审视之后我往往会意识到,它们是新的技术方法的结果而非原因。例如,在电话问世之前,没有人会漏接电话;几十年前人们就觉得汽车太多了,因为没有人感到交通不便。新的价值系统还有新的需要,它们的出现往往是作为新技术方法的结果,因此从技术开始几乎不会错。

探索第四个系统层面

只有整合进另一个更高的系统层面,利用另一组定向变量,我们才能对当前利润潜力的质量、范围和持久性进行控制和预控。像所有其他控制变量一样,这里也存在同样的逻辑对立。例如,直到破产前的那一天,村里的铁匠肯定还占有着100%的市场份额,这在当前利润潜力的层面上无疑是个非常正面的信号,但是他已经不在正确的市场中了。在垂死的市场中,再高的市场份额也只能是渐趋枯竭的潜力。因此,它们的正面信号有着严重甚至致命的误导性:一旦以前的解决方案开始遭到抛弃,再想建立新的潜力就已经来不及了。

那么,我们怎样才能及时发现正确的市场?在什么样的市场中我们需要较高的市场份额?只有专注于未来利润潜力,这些问题才能得到回答。

当前利润潜力可能非常好,但是着眼未来却发现开发管道中空空如也。反过来说,当前利润潜力可能正在枯萎,但未来利润潜力即将百花盛开。

同样,要想实现预先的定向和控制,还是得专注于事实上不同的定向点,它们属于另一个控制层面,因此遵循不同的法则。

从特定市场中市场份额的角度来说,企业现有的利润潜力越好,它对利润和流动性的影响就越正面,管理者对当前利润潜力的基础发出质疑的压力就会越小,因此他们忽视未来利润潜力的定向变量的风险就会越大。正因如此,我们常常会听到管理者谈论"意外",尽管事实上他们所指的那些发展势头早在影响到市场之前就已显而易见了——只要他们把目光投向这里描述的MG控制系统及其定向变量和内在逻辑。

替代被创新的面具掩盖

替代可以蒙着创新的面纱。尽管创新应该永远认真对待,但并不是所有的新事物都重要。对企业的管理团队来说,有些新的发展势头完全可以忽视,而有些发展势头如果未能及时发现,就有可能造成致命的威胁,但也有可能提供创造崭新未来的良机。

我们怎样才能区分这两种新的发展势头呢?只能根据创新的替代效果,而要想确定替代效果,我们必须专注于创新所针对的客户问题。

在这里我说的是重大创新,其基础是重大的技术进步。重大技术进步的时间表可以提供线索,帮助我们了解替代过程的速度和频率,进而确定我们还剩多少时间可以利用持续进行的结构变化,做出适当的响应。

这些定向点涉及另一套事实，可以为管理和控制打开最长的时间跨度，足够让管理者做出任何战略决策。㊀

关于这个非常重要而又有趣的问题，详见本书第五部分。

每一个战略的阿基米德支点

要想控制新的利润潜力，核心在于客户问题或用户问题。要想让客户问题具有触发正确决策的定向能力，我们必须以某种正确的方式理解它，也就是说，客户问题必须保持它与解决方案无关的原始形式。

从战略的角度来说，每个在市场中成功的产品和服务都代表一个解决方案，针对某个客户问题（但究竟是哪个问题呢），这是最重要的战略问题之一，因为它定义了市场和竞争。要想找到正确答案，我们需要离开当前的解决方案，迈出对经济生存至关重要的一步，去探寻客户问题与解决方案无关或者不随解决方案改变的定义。这要求抽象思维，有些高管觉得非常困难，有些则非常擅长。找出正确答案的关键在于，提问的用词必须准确，不能问"我们的产品是什么"，应该问"我们的产品能做什么，它能替客户完成什么"。

回到原点——公司目标和业务使命

至此，我们完成了企业导航循环，回到了最初开始的地方：

㊀ 我们已经开发和完善了特殊的方法来分析替代过程及其动态，把它们的事实和时间顺序用于战略决策。打比方来说，这些方法就像望远镜一样，使得我们可以窥探遥远的星系——也就是说，窥探未来的技术、产品、制造工艺和市场，它们出现的速度之快远远超出任何人的想象。

公司目标和业务使命。这两者都以客户需要为中心，因为公司的目标就是创造满意的客户。这里要回答的关键问题是：客户为了什么而付钱给你？客户是为了针对某个问题的解决方案，而由于你具备某些可以转化为优势地位的具体优点，你的方案比所有竞争对手的都更好。客户花钱购买的是你的解决方案创造的效用和价值。

在这些持续不断地改变和自我重组的系统中，在动态交联的复杂性、不可预测性和不可控制性中，客户价值和竞争力仍是两个相对稳定的点。从公司目标和业务使命开始，中间经过导航的四个系统层面，最后又回到目标和使命，整个圆环闭合了。这证明，要想让公司顺畅地运转，管理永远不能是一个线性的过程，而必须是一个持续不断的圆环，它在逻辑上没有起点或终点。要想制定出有效、正确的战略，精通环形过程是秘诀之一。

生存和生存能力的循环

历史上，企业管理的进化从流动性管理开始。但是，随着商业和经济的复杂性不断增大，只有那些具备了更好的定向和控制系统的企业才能设法生存下来，就像在自然界中，生物进化出了更好的感觉器官来应对复杂的导航任务。我们已经看到，由下而上无法实现有效的控制，所以我们不能从流动性开始；相反，由上而下地控制则效果完美。

只有了解最纯粹的客户问题，我们才能发现有哪些以及有多少解决方案，这之后，我们才能知道哪些创新对我们来说是重要的。只有以此为基础，我们才能知道在什么市场中我们需要可防守的市场份额，它们会通过经验曲线对我们的生产率和成本产生什么影响、哪些定价策略是必要的和可行的。反过来，这能让我们就未来的进款和支出以及由此产生的利润和预期的流动性得出可靠的结论。在资本主义市场经济中，流动性是生存的准则，但不是长期生存能力的保证。我们必须保持足够的流动性，以便：持续不断地培养和开发当前利润潜力；及时地建立未来利润潜力。如果我们设法做到了这一点，我们就能满足生存能力的要求。

正如我在第一部分描述的，利用这个整体化的导航方法，和运营管理与战略管理有关的根本错误就能有效、彻底地消除。我们现在还清楚地知道了，为什么股东价值方法注定会失败，为什么它在商业领域导致了有史以来（战时除外）最严重的战略控制错误，并且造成了最严重的经济资源的错配。股东价值只能延伸到利润层面，也就是投资回报率或已动用资本回报率（ROCE）的层面，它们在本质上是一样的。这差不多就像人类的"导航系统"在脊髓进入颅底处戛然而止，没有上达大脑。

眼里只有企业经济学或财务方面，甚至完全由利润和增长来引导，这样的管理方法必然会把企业带入致命的陷阱。由于没有整体化的导航和控制，它会催生自杀式计划。至于企业是否能够增长，是否不得再增长以避免陷入战略上不利的地位，或者是否必须增长以取得战略上可持续的地位，所有这些问题都不能服从于纯粹的意图声明或最佳实践的趋势，也不能作为战略考虑的起点。增长和利润是应用这个导航系统的结果。更高层面的导航越有效，管理决策就越可靠，增长和利润就会越高。必须有坚实的战略基础，增长和利润才能持续。仅凭增长和利润本身，不可能实现可持续。所以，把可持续性作为目标毫无问题，但是选错道路的风险很高，除非最高管理层始终把MG导航系统放在手边。

无论在理论上还是实践上，MG导航系统的系统功能基本上都已完善。各个要素和参数之间的关系基本上已经清楚了，PIMS针对各个变量的量化取得的研究成果也整合进来了，方法和工具已经开发出来并通过了检验。再加上第8章将要介绍的战略地图，MG导航系统就成了战略管理的核心工具。据我所知，目前世界上还没有哪个概念能与它相比，具有同样严谨的逻辑，涵盖了所有战略因素。

CHAPTER 8

第 8 章

不管经济形势如何，制定正确的战略：战略地图

除了指南针，过去的领航员还经常查阅各种地图和海图。这些东西的发明以及葡萄牙的航海家等对它们的改进代表了巨大的进步，由此产生的导航和定向信息，为葡萄牙持续了 100 多年的霸主地位提供了基础。同样的原则也适用于商业领域的导航。在这里，我们也需要用地图来定向——"我在哪里，我能去哪里，我正在去哪里，我怎样才能到那里？"换句话说，我们需要的是一张战略地图。

如今，指南针和地图已经数字化，用一个设备就能装下，能连接卫星，提供实时信息，无论天气如何。同样，我们在公司管理领域也在迅速地取得这种进步。

在这一章，我们将介绍战略地图，帮助你引导和驾驭组织穿越它们的战略领域。

像大脑一样组织和重组知识

因为战略领域相同，所以本章的关键内容与第 7 章基本相

同，只是组织和排序的方式不同。这非常重要，因为在知识社会中，要想驾驭快速的变化，从不同的角度组织知识的能力很关键，对巨变情况下的战略也必不可少。

人脑可以完成这样的重组，计算机则不能。这是大脑的非凡特质之一：依靠特定的关注焦点，它可以用新的方式配置实质上相同的信息，从而精确地适应特定情形。学习的高级形式尤其是这种运转方式：每当有新的认识加入时，以前的认识不会删除或隔离，而会"重新洗牌"，重新组织。在融入新的认识之后，先前的认识仍然存在，但它们通常会具有新的重要地位。因此，学习并非是对新见解的静态累加，而是在新信息的背景下对先前的认识进行重新组织和重新分配。

这对高层管理者来说是个优势，因为他们以前的见识重新组织和重新配置得越合理，其价值就越高。

战略地图

如图 8-1 所示，本章介绍制定适当公司战略的基本的结构化方法，我称为战略地图（strategy map）。尽管它是面向商业组织开发的，但是从所用语言的角度来说，它基本上适用于所有组织。

目前，公共领域和商业领域仍在使用不同的术语。不过，我认为它们将会迅速地相互融合，因为 21 世纪巨变将对公共组织产生更强烈的影响。然后，两个领域会在广泛的系统和结构中更加紧密地合作，以便为那些最严峻的挑战找到共同的解决方案。这也会导致用语上的某些改变和适应。

战略地图的基本概念也是盖维勒提出的，而我则在与他合作

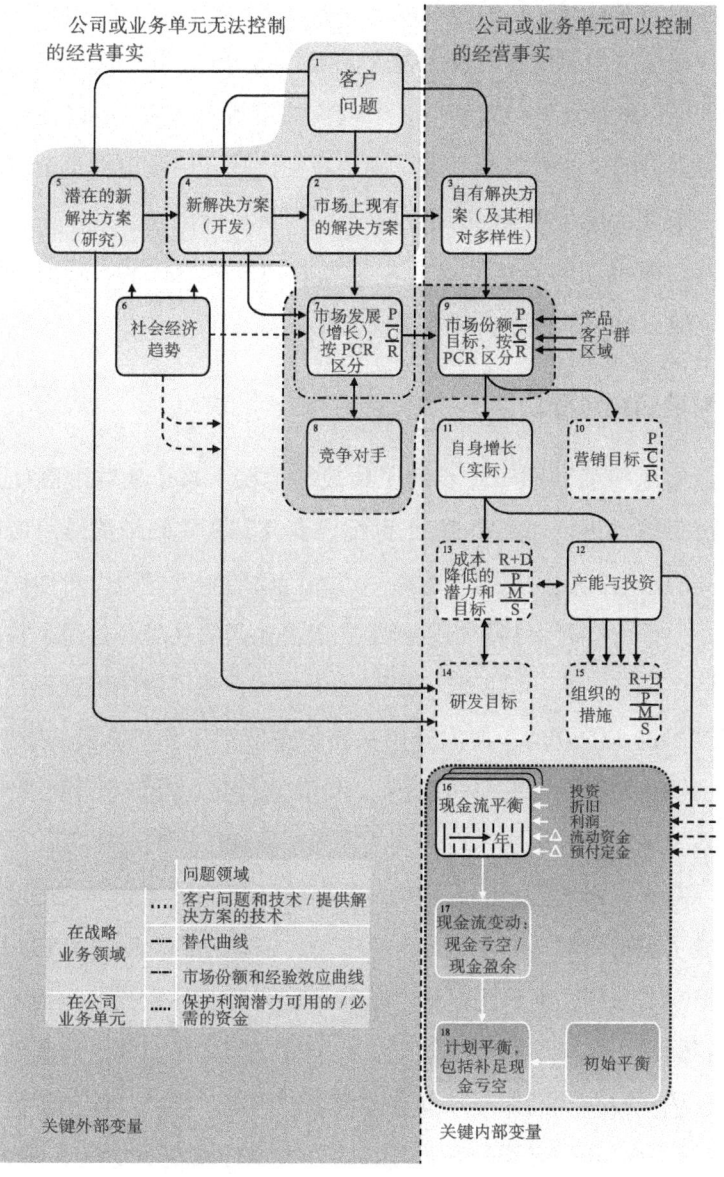

图 8-1　战略地图

的过程中对其进行了整合及改进。由于工作的关系，盖维勒本人对战略地图的后期开发没有投入太多时间，但是他一直都很关心我们取得的进展。他对当时还很超前的控制论以及最初的仿生学实验提供的可能性很感兴趣，因为我们已经开始模拟用于管理的神经系统，并且就我们的努力发表了报告和论文。

战略地图的基本概念可以追溯到20世纪60年代后期。另外，他对PIMS研究成果的整合也非常感兴趣。

作为接口和跨界功能的战略

本章将引导你一步步地了解战略地图。这个战略地图使用了清晰的术语，能给贯穿21世纪巨变及其变化领域的使用者以完美的定向。在我把这个战略思考和行动的新世界引见给他们之后，几乎所有高管都开始以新眼光审视他们的战略、公司和整个经济。现在，他们不仅懂得经济理论，而且还了解经济过程及其与技术进步的互动；他们开始从新的角度审视客户价值、研发、营销以及所有其他的公司职能，第一次把它们作为一个整合的动态系统来理解。这意味着他们的世界观完成了一次进化飞跃。

首先，请注意战略地图中间那条上下贯穿的虚线，它把地图分成了左右两部分，左边是外部变量，右边是内部变量。它并不是把左右分隔，而只是区分，这样公司与环境的系统性整合才能得到保证。这时你可能会发现，我们应该回到第二部分的基础管理模型，看看我们如何从抽象的模型关系进入非常具体的工具和方法，以便为高层管理者面对的战略任务提供实际的解决方案。

有了战略地图，我首先就可以澄清某些基本的战略问题。其他的作者或战略专家要么没有意识到这些问题，要么无力解答，因此它们可能会继续让使用者感到迷惑。

问题是：哪些属于企业，因此能被管理所影响，哪些属于环境，是机会和风险的来源，所以企业需要积极主动地去适应（见图8-2）？

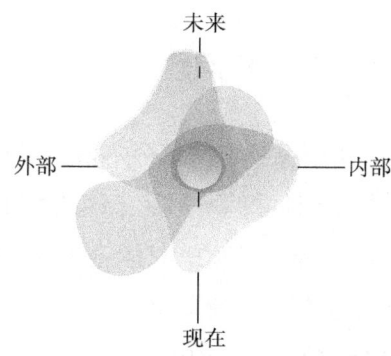

图 8-2　战略地图的通用坐标系

至此已经很清楚，战略是组织与其环境之间的接口，承担着跨界功能，使得组织可以与其环境融合成一个总体系统。

正确行动的战略地图

为了便于查找，战略地图的所有要素都编了号。出于实用的考虑，这个编号系统和基于网络的复选框、指南、模板以及专门的控制论工具对应，可以帮助我们有条不紊、简洁有效地制定战略，从而满足如今战略制定越来越苛刻的速度要求。

第六部分将介绍我开发的直攀法，它是最快的方法，并且可以利用协同整合来完善。很显然，在互联网时代一切都可以数字化并相互连接。关于战略地图怎样整合在综合管理系统中,尤其是怎样整合在通用管理模型中,这些我已经在第二部分解释过了。

前面我由下而上地解释了导航系统,这一次我将从最上面开始。所以,战略地图的起点就是导航系统的终点,也就是不随解决方案改变的客户问题。

不随解决方案改变的客户问题

战略始于客户问题。要想让这个术语展示其全部的定向能力,我们首先必须以一种看似不那么正统的特殊方式来理解它,也就是不随解决方案改变的方式,只描述问题本身,不管曾经存在或仍然存在什么样的解决方案。"用户问题"这个术语也同样适用,具体要看我们讨论的产品和服务是什么。请注意,在图 8-1 中,客户问题位于那条垂直虚线的左侧(见图 8-2),也就是公司的外部,但这并不意味着公司无法积极地创造或影响客户问题。

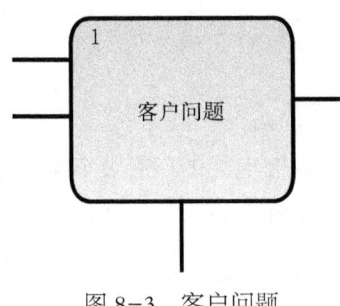

图 8-3　客户问题

彼得·德鲁克曾在一本书中阐释了如何分析业务,然后他补充说:"……我们可以回答'我们做得如何'这个问题,但是我

们如何才能知道我们是否在做正确的事……"⊖

这个嘛，只要弄清楚了客户问题，我们就会知道。要想解决如今公司治理争论中的大多数偏差，搞清楚客户问题是关键。一切都始于客户问题，而不是股东问题，这我之前就解释过了，而且我现在提出了解决方法。企业对客户问题的理解和解决越到位，企业就越能充分地满足股东和利益相关者的合理要求。在战略地图及其内在逻辑的帮助下，我们很容易看清股东价值理论的缺陷在哪里，以及为什么这个有缺陷的理论注定会让企业陷入困境。

从战略的角度来说，针对某个客户或客户群碰到的某个问题，每个产品和服务都是一个解决方案。现在，整个公司都知道这个产品本身，所有员工都熟悉它，经常和它打交道，甚至为它感到骄傲——简而言之，它是大家关注的焦点。但是，这个产品要解决的问题是什么？在这里，我们应该谨记的战略格言是：客户买的从来都不只是一个产品，而是这个产品能为他们做的事，也就是说，他们买的是针对某个问题的解决方案，是客户价值。因此，正如我们在第二部分讨论过的，客户价值是指路明灯。第四部分将阐释如何设计以实现最佳客户价值。

产品的视角与解决方案的视角通往完全不同的方向。例如，手表可以视为高精度机械的奇迹，也可以看成是指示时间的设备。谁需要高精度的计时机械？用来做什么？用来看时间，也就是说，作为一个时间指示器？或者，作为身份地位的象征？再者，用作贵重的奢侈礼品？

⊖ Drucker, Peter., *Managing for Results*, Oxford 1999, p. 85.

除了上面那些，一块手表还可以代表更多东西。如果你只看到一块手表当前呈现出来的形态，不去琢磨不变的问题解决方案，那你就很有可能会忽视持续进行的替代动态。几乎任何问题都可以用完全不同的方式解决，所以企业自己的解决方案很可能会非常迅速地遭到市场的淘汰，甚至让企业根本来不及反应。战略应该永远把这一点考虑在内。认为自己已经到达了解决方案开发的终点，你的产品将永远是公认的市场领导者，这种想法最危险。

同样的问题适用于每一家企业、每一个产品。汽车可以看成是克服距离的机器，也可以看成是调情的工具，还可以看成是数不清的其他东西。对于公司的政策和战略来说，这些不同看法的后果可能非常严重，几乎会影响从技术到品牌建设、从设计到定价、从管理到底层执行等所有方面。

雷·克洛克（Ray Crock）把麦当劳变成了遍及全球的企业帝国，他在带着哭闹孩子的年轻妈妈身上看到了不随解决方案改变的客户问题。因此，他的业务使命就是让她们的孩子安静下来。他的解决方案不是卖汉堡——"她们在哪儿都能买到汉堡"，而是"让孩子们安静下来"。这是一个企业成功故事的开头，它给客户的问题带来了越来越多的自我展现的新解决方案。

原始客户问题与衍生客户问题

由于新的利润潜力会依靠技术变革取代当前的利润潜力，所以我们需要尽最大可能扩宽我们的视野，其中包括区分两类客户问题：原始客户问题和衍生客户问题。

原始客户问题几乎不变，它们对应于人类的基本需要和欲望。至此，在一个由问题、解决方案和技术构成的不断变化的系统中，我们正在触及某种"阿基米德支点"。原始客户问题的例子包括衣食住行的需求、沟通交流的需求以及在新世界中接受教育的需求。

衍生客户问题是那些因为原始客户问题以某种方式解决后才存在的客户问题。例如，当某些衣服（原始问题）得用扣子（解决方案）扣上时，我们才需要纽扣，而制造纽扣和扣眼所需的技术和材料就会提出衍生客户问题。如果原始问题的解决方案发生改变，衍生的解决方案技术（纽扣和扣眼制造）可能会消失，也可能会被用于解决其他问题。另外，一个解决方案（纽扣）也可能与其他解决方案共存。例如，拉链并没有彻底取代纽扣，尽管它把纽扣的潜在市场抢占了很大一部分。

再如，在数字技术出现之前，人们一直需要化学胶片。等到数字技术出现之后，老式胶片几乎都消失了，有的仿佛一夜之间就不见了。衍生问题的解决方案与原始问题的解决方案共命运：一旦原始客户问题有了全新的解决方式，整个系列的衍生解决方案都会跟着遭到淘汰。这甚至能让整个行业消失，也能让新的行业诞生。

通过分析围绕客户问题出现的服务和效果构成的整个系统，我们就能快速、可靠、全面地弄清楚，某个特定企业及其解决方案针对的是原始客户问题还是衍生客户问题。最适合的方法是控制论敏感度分析，我们已经针对应用改进了这个非常有效的工具，详见本书第六部分。

驾驭浪潮

只有对客户问题形成了不随解决方案改变的理解和认识，我们才能有机会驾驭技术的浪潮，进而正确地判断市场中的替代动态，然后我们才能回答新的解决方案能否真正取代现有的那些解决方案以及能取代到什么程度。

实质上，如今替代过程正在用新世界的知识取代旧世界的知识。这本身就是21世纪巨变的一个驱动力，因为有很多重大的科技创新已经为我们准备好了。我在第一部分已经说过，它们几乎将改变我们生活中的一切，而且在这个过程中，它们也将改变自身。这样的例子已经很多。

还是以影像业为例。自20世纪90年代早期以来，一个最令人瞩目的替代过程是数字成像技术对胶片成像技术的取代。直到1995年，在我组织的战略论坛上，还有一些来自影像业的人告诉我，数字摄影进入日常生活这件事永远不会发生，它只适合于非主流的小众应用。他们的论据是数字摄影太贵而且成像质量差。这是可以理解的，而且表面上看起来很有说服力，但是这些人严重低估了替代的动态。他们没有一个人知道任何历史实例。当我给他们举了几个例子时，他们认为那些与他们的情况无关。这是典型的旧世界思维。

一个历史上的实例是汽车取代马匹。直到1900年，马匹仍然是美国首要的运输工具，占据100%的市场份额。但是到了1930年，马匹已经彻底被汽车取代。我们在第五部分还会谈及这个话题。

我前面提到过,和很多人想象的不同,战略工作的重点根本不是预测,情境也是次要的。很多常用的情境技巧对战略都没什么用,因为它们往往是基于线性预测。所以,和那些影像业的人讨论预测和情境没什么意义,因为他们的思维相当狭隘。对此,一个最有效的方法是利用假定。简单来说,就是我们不必讨论预测,只需问自己:如果这种新的发展势头成为现实,公司会有怎样的境遇?以我的经验,这种方法有助于处理这样的话题,即使对方是不怎么熟悉这类挑战的高管。

巨大变革的驱动力

在 21 世纪巨变的过程中,新的重大技术以及它们的频率、速度和潜在的替代影响,都是巨大变革的驱动力,决定着变革的方向、风险、复杂性以及驾驭变革的解决方案。

能够意识到这种重大变革所占的巨大比例,这是持续进行的变革过程提出的一个最艰巨的挑战。于是我想到了"愿景"这个术语。不管用在何处,它都应该具有这样的含义:为客户问题找到不随解决方案改变的定义的能力,以及栩栩如生地描绘替代动态的想象力。在我看来,这是真正领导力所不可或缺的一个要素。这两种能力都与讨论这些主题的众多平常书籍形成了鲜明的对比。

在这里,我们有了一个最重要的源头,它所引发的变革是世纪性的重大变革,会影响到整个行业、社会和文化,会导致危机、革命和战争,会让世界强国崛起或瓦解。

因此我们必须要问:对于假定的客户问题,在所有可能的和合理的解决方案当中,有什么是保持不变的?这样一来,即使不用任何特殊的方法或工具,不变的问题模式也可以具体化。不过,这肯定需要你对发明和创新保持开放态度,并且具备一些有关大转变时代的历史知识。另外,这还要求你在思想上暂时放下公司当前的活动,以理解各种变革对客户来说可能有什么意义。这既需要分析,同样也需要理性思考和探讨。

每个战略的成败都取决于战略制定者对不随解决方案改变的客户问题或用户问题的了解。如果没有采取这样的观点和立场,战略通常就毫无价值,而且除非在解决问题的过程中没有任何改变发生,否则战略就不可能奏效。然而,我们绝对不应该把"没有改变"看成是理所当然的,不管这些"平静期"到目前为止已经持续了多久。相反,我们必须这样假定:没有发生任何改变的平静期越长,即将发生重大改变的可能性就越大,因此公司也就越有可能被打个猝不及防。大多数公司倒闭的案例都有这方面的原因:对不随解决方案改变的客户问题缺乏了解,或者完全不知道它的存在,或者处理得一塌糊涂。

在 30 多年的战略咨询生涯中,我碰到过的所有公司里面,只有不到 20% 的公司真正把客户问题当作战略工作不可或缺的要素来进行专业性分析。其他大多数公司都不顾一切地把利润当作关键定向点,以至于完全察觉不到"外面"正在发生的变革。我亲眼见证了电信行业(当然也有其他行业)中戏剧性甚至悲剧性的案例:很多公司被计算机技术的进步搞得措手不及,一败涂地,最后丧失了整个电话业务,尽管就算是一个外行,也至少在 10 年前就该注意到了数字技术的出现。事实上,早在 20 世纪 40

年代，当数学家约翰·冯·诺依曼（John von Neumann）公布了他那开创性的研究时，数字技术的出现就几乎已成定局。直到20世纪90年代早期，在一场有关手机的讨论中，其中一家公司负责电信业务的董事会成员还用非常和蔼的语气教育我，说我对电信实在是知之甚少，手机这种东西绝不会普及，因为物理原因决定了我们根本不可能在大城市建立起稳定的无线电链路。到了2008年，还是电信行业，另一家公司长期任职的战略负责人告诉我，人们未能及早察觉到数字化的威胁。

有些公司的最高管理团队已经退化成了某种投资者，承担起了持股单位的任务，而把战略职责推给了业务单元，这就使得对关键战略问题考虑不周的情况进一步恶化了。战略工作的分散化本身并无不妥，但伴随而来的往往是业务单元的负责人缺乏战略训练。因此，借助于下面将要进一步详述的工具，企业还有巨大的改善机会可以利用，而且非常短的时间内就能见到成效。这样的机会，如果你不去利用，有战略头脑的竞争对手一定会抓住并占得先机。可以肯定的是，这样的空白总会有人来填补。

至此，请让我澄清两个潜在的误解：

首先，我不会自动地假定我的客户知道他们自己的问题，或者在被问及时他们能够详细描述那些问题。在大多数情况下，他们不能，或者至少就客户问题而言，他们的回答基本上没什么价值。正因如此，我后面要介绍的客户价值分析才显得格外重要。如今，仍有许多公司试图省掉这一步，或者满足于肤浅的分析，但它们不知道的是，它们迟早会因此付出惨重的代价。

其次，客户问题未必一开始就存在。相反，很多时候是新技术引发或揭示了新的问题，它们可以用这些技术来解决，但之前它们并不存在。然而，仅当有人愿意付钱时，一项业务才会出现。因此，必须是先有碰到问题的客户，然后我们去寻找相应的解决方案。

另一个与客户问题直接相关的因素是多元化的第一个源头。在战略语境下，多元化往往会引起热烈讨论，因为它会增大复杂性，从而对企业提出巨大挑战。

多元化最困难的方式是针对客户问题同时提供几种完全不同的解决方案，这些方案还基于不同的技术。一个例子是通用电气，它们不仅生产家用电器，还生产飞机涡轮以及很多其他东西；另一个例子是雀巢，它们拥有从咖啡到酸奶的众多产品系列。

解决方案技术

市场上现有的解决方案技术

在战略领域中，我们的下一站是 2 号格子：市场上现有哪些针对客户问题的解决方案？当前有哪些产品和服务，最重要的是有哪些基础技术可以解决客户问题？换句话说，我们评价的对象是市场中现有的解决方案相关的基础技术。例如，在大约 100 年的时间里，影像业中只有一种基础技术：胶片成像。然而实际上，摄影仅仅是几种基础成像技术之一。然后到了 20 世纪 50 年代，宝丽来的一次成像技术出现了，使得快速摄影成为可能。尽管这并不是一项本质上全新的基础技术，但它足以更好地解决客户问题的一个变体，也就是快速摄影。自那以后，数字技术和电子成像登场了，它们几乎取代了所有其他的解决方案。

如图 8-4 所示，2 号格子中的"解决方案"是非常广义的，指的是"可能解决方案的基本种类"。在这个更广泛的意义上，技术还包括销售渠道或服务类型的变体，比如"全服务餐厅"对"自助餐厅"。

自有解决方案技术

在此之前，我们一直着眼于外界。图 8-4 中的 3 号格子是企业内部的第一个变量，其内容是你自己公司中存在的解决方案技术。括号中写着"及其相对多样性"，指的是产品系列。这表明，这个框架可以帮助我们清晰地区分战略问题与运营问题，不然我们经常会把两者混淆。不同商品或产品变体的数量代表着运营的产品系列，而公司掌握的不同解决方案技术的数量则是一个战略变量。

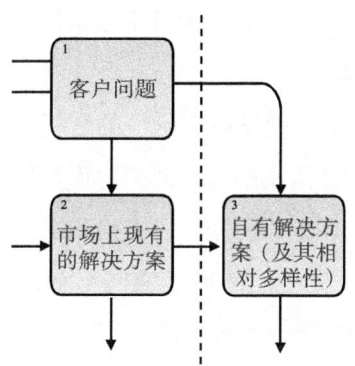

图 8-4　自有解决方案技术

在这个格子中，我们发现了多元化的第二个源头：用不同的解决方案技术解决同一个客户问题。这种多元化要比第一种容易一点，但是难度仍然足够高了。

未来的解决方案技术

4号和5号格子覆盖的问题领域是解决方案替代，也就是用未来的解决方案取代现有的。这些是创新管理的基本领域，跨越了企业能够展望的最长的时间跨度——正如前面指出的，根本不需要任何预测。好的战略不用做任何预测或推测，一切都取决于推理。与预测中的普遍情况不同，思路不是从现在开始一步步深入未来，而是反过来，先大胆地看向未来，找到新解决方案最初显露的迹象，然后跳跃回来，思考那些方案对现在有怎样的意义。

图8-5中的4号格子代表当前处于开发阶段的新解决方案技术，也就是说，研究基本上已经完成，上市前的开发正全面展开。等到开发完成之后，这些新解决方案技术就会变成市场中现有的解决方案技术。

5号格子代表仍然处于研究阶段的全新的、潜在的解决方案技术。请注意，我指的不是基础研究，而是应用研究，因为它已经和客户问题相关联了，而基础研究则和客户问题无关。

于是，如图8-6中的圆点虚线框所示，我们就得到了由上述互联要素构成的第一个子系统：从我们的导航系统的角度来说，它就是未来利润潜力子系统。

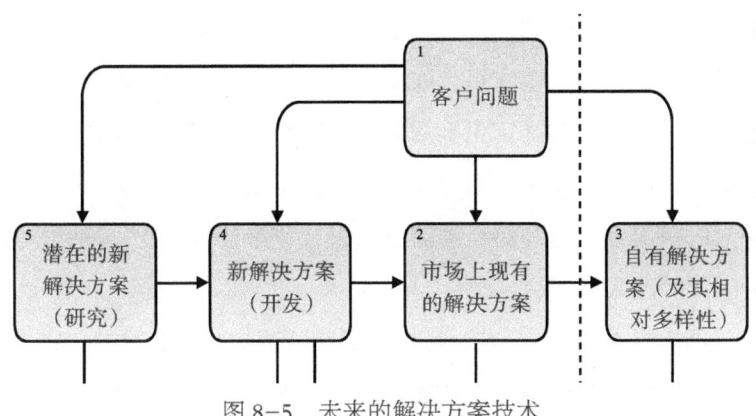

图 8-5 未来的解决方案技术

图 8-6 未来利润潜力子系统

要想准确描述这些潜力,最重要的工具是系统及替代动态的分析。这个分析工具是由意大利物理学家切萨雷·马尔凯蒂开发的,过去 30 多年里一直在改进和完善,稍后本书将专门拿出一章来讨论。[⊖]

如图 8-6 中的箭头指向所表明的,所有种类的解决方案技

⊖ Marchetti, Cesare: *Society as a Learning System—Discovery, Invention, and Innovation Cycles Revisited*, Laxenburg 1981.

术都由客户问题驱动,再次证明了客户问题的重要性。客户问题就是典型的阿基米德支点。如果不随解决方案改变的客户问题的定义弄错了,想要制定正确战略的所有努力都将付之东流,因为到那时,由于定义不对而导致的错误已经根深蒂固。另一个非常明显的事实是,与利润、营业额增长或股东价值等比,这种导航的时间跨度大多了。

图 8-7 中的 1、2、4、5 号格子受我所谓的 S 形曲线的"魔力"和"隐形发动机的脉动"支配。从一个格子到下一个格子,S 形曲线及其相互作用驱动着发展势头。到了第五部分你就会明白,我为什么要选择这样一种语言。

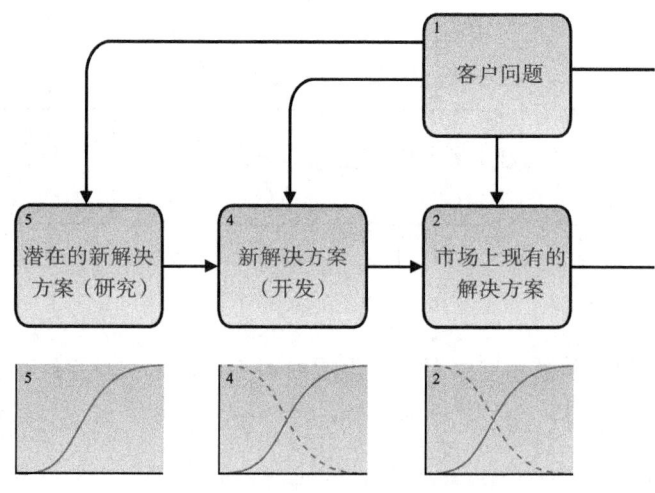

图 8-7　S 形曲线是驱动力

社会经济趋势

从逻辑上来说，6号格子就应该留给形势分析，也就是全面评价经济和社会的发展势头。与其逻辑位置相反的是，在时间和心理顺序上，形势分析通常是起点。4号和5号格子是社会经济趋势的主要驱动力，对此我稍后会详细阐述。此处的另外两个因素是危机的早期检测及其进程评估。

形势分析的频率取决于特定情境的动态。不管怎样，你们应该做好实时、持续地进行形势分析的准备，如果是处于转机和危机这样的情境下，甚至有可能每天都要进行这样的分析。在这里，我们的主模型"环境"为必要的讨论充当知识组织器和控制器——如果没有这样一个框架，讨论往往会失控。在我们的环境模型当中，清晰、完整、互联的逻辑可以帮助我们轻松、高效地控制原本会很脆弱的讨论。主模型"环境"如同一个网络，可以捕捉和组织数据、信息和知识的碎片（见图8-8）。

做好形势分析基本上不需要外推意义上的传统预测。就方法而言，有两点很关键：首先，要识别出动态模式；其次，要确定前提和边界条件。⊖动态模式的识别最好借助于某些形式的系统分析（比如敏感度建模和S形曲线分析），以及艾略特波浪理论（Elliott wave theory）和以此为基础的社会经济学。作为一个新兴的科研学科，社会经济学即将彻底改变人们对复杂社会系统的普遍认识，颠覆人们对社会过程传统的因果认知。⊜

⊖ See my book *Managing Performing Living. Effective Management for a New Era*. Frankfurt/New York, 2006, in particular the chapter on decision making.

⊜ Prechter, Robert: *Socionomics. The Science of History and Social Prediction*.

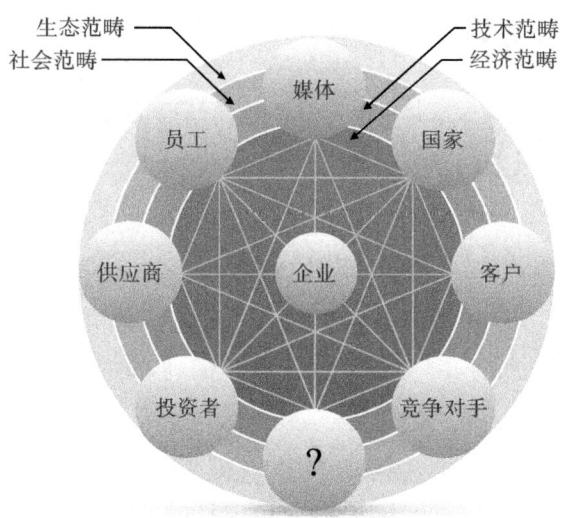

图 8-8　环境模型

市场地位

到目前为止，讨论过的子系统受不依赖于解决方案的客户问题支配。在现代混沌理论中，这被称为"奇异吸引子"（strange attractor）。系统进化的下一站将是以市场地位为中心的当前利润潜力，而首先我们将沿着替代时间曲线到达市场发展。

市场发展

如图 8-9 所示，7 号格子代表实际市场增长意义上的市场发展。出于战略考虑，市场必须尽可能地表示为数量单位，之后才能表示为货币单位。这样，经验效应才能确定，进而得到成本降低潜力。

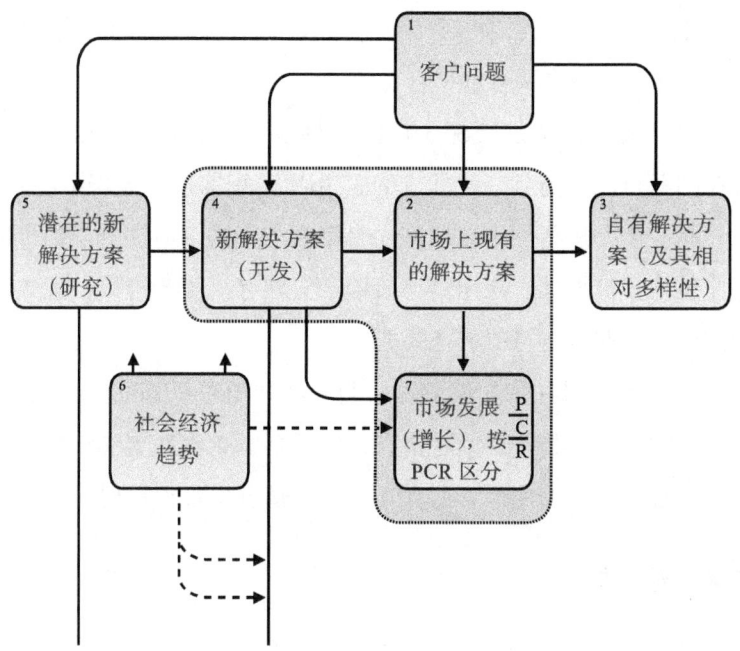

图 8-9　市场发展

从战略地图的逻辑可以看出，市场发展受 1、2、4、5、6 号格子影响，其中 6 号格子代表企业环境中的系统性趋势和倾向。与很多人的想法不同，市场发展处于企业外部，其主要驱动力不是营销（尽管营销的确会起到一定作用），而是针对客户问题提出的技术解决方案。

现在我们触及了又一个已用虚线框出的子系统，它就是所谓的替代时间曲线。它可以告诉我们，一项市场上现有的解决方案（2 号格子）还能继续推动市场发展多久，以及一项新的解决方案技术开始并最终完成替代需要多久。在这里，我们仍然可以利用切萨雷·马尔凯蒂的系统分析方法。

市场发展通常必须按照产品（P）、客户群（C）和区域（R）来结构化（见图中7号格子）。

这里还可以添加更深一层的结构要素，比如销售渠道。例如在制药行业，药店、开处方的医生以及医院这三个渠道必须考虑，有些药物还得加上互联网作为第四个渠道。再深一层的标准可能包括目标群体、应用情境、给药方法等。要想准确描述市场的结构，所有这些可能都很重要。

另一个值得注意的细节是，购买者并不总是等同于付款者，这意味着两个群体都必须考虑在内。最后，把消费者和不同的消费水平看成是一个实体，这在几乎所有情况下都很重要。

市场份额目标

接下来我们会到达导航系统的下一个子系统，也就是当前利润潜力（已用虚线框出）。

在此之前，我们一直专注于企业的外部世界（除了3号格子），以及企业无法影响或者影响非常有限的那些因素。现在我们正进入企业的内部世界，具体来说是要专注于市场份额目标。很显然，它们很容易受企业影响，因为企业就是它们的设定者。

要想取得长期成功，一项业务需要占有多大的市场份额？恰当的市场份额目标取决于两个变量：市场发展（7号格子）和自有解决方案技术（3号格子），当然，它还受竞争对手（8号格子）影响。就像市场发展一样，市场份额目标也必须按产品、客户群和区域来区分，或许还要按销售渠道、应用以及其他可能影响购买决策的标准来区分。

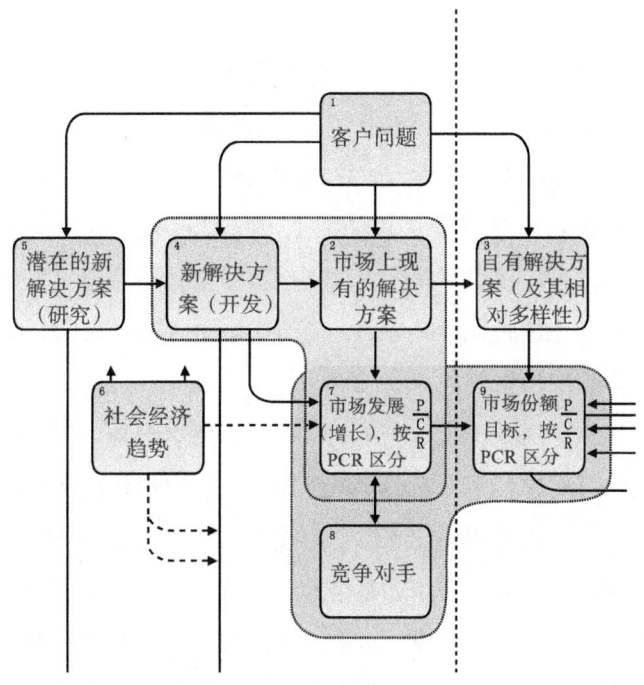

图 8-10 当前利润潜力子系统

因此,这个格子属于市场和竞争动态,属于竞争及其自发动态变化的逻辑和结构。最终,这些相互作用决定着企业能够达到的盈利能力,也就是潜在的已动用资本回报率——在马克利-盖维勒导航系统中就是标准投资回报率。

我前面已经指出,战略的目标必须是至少要取得可防守的市场份额,只有这样一项业务才可能为自身创造足够且勉强可持续的利润潜力。很多年前,当我创造出这个术语时,这些关系基本上还没什么人知道,但是成功的高管和企业家很快就意识到,这是他们取得业务成功的源泉。他们在直觉上理解了它,尽管他们还不能用语言描述它。

"可防守"是什么意思？必须防御什么或者防御谁呢？答案是：在市场饱和阶段，防御任何可能的竞争性进攻；所谓的饱和阶段，通常意味着竞争参与者之间的决赛开始了，其中有些参与者会遭到淘汰。这样的进攻往往通过价格展开。尽管营销、广告、质量、服务和很多差异化因素也很重要，而且会一直都很重要，但企业还是必须要考虑到，随着市场进入决赛阶段，价格可能会变得越来越重要。

很显然，在处于饱和阶段的市场中，所有参与者都仍然有能力满足客户要求，不然它们早就退出了，所以价格会变得越来越重要。因此，每个参与者都应该做好抵抗所有价格进攻的准备。只有当成本足够低、利润还有余地时，价格进攻才有可能。进一步而言，价格进攻要想成为可能，参与者必须拥有足够的市场份额以及伴随而来的经验——借助于后者，参与者可以把最低成本极限降至最佳水平。

多大的市场份额是可防守的呢？这取决于决赛阶段市场中剩余竞争对手的数量。经验告诉我们，这个数字通常是 7 ± 2，换算成临界的可防守市场份额就是每个参与者各占大约15%。在有些情况下，这个份额可以低到12%甚至10%，但是为了保险起见，参与者应该争取更大的份额。这个实例可以说明我一开始给出的战略定义怎样应用到实践中。我给出的定义是"甚至在你开始行动之前，你的行动方式就预告了长远的成功"，具体到此处，它意味着你的行动方式要确保你们将在决赛阶段占有至少15%的市场份额，这样竞争对手就不能通过价格战把你淘汰出局。在最安逸的竞争结构中,任何参与者都无法通过价格战来夺取市场份额,因为其他参与者也都足够强大,足以对抗这样的进攻。在这样的市场中,参与者往往能赚取最高利润,即使它们已经不再增长。

在这里,我们同时遭遇了两个关键战略问题:正确的市场选择与正确的增长程度。

优秀的战略家在选择市场时,会确保自身能够取得可防守的市场地位。如果市场过大,明智的做法是固守市场的一小部分。在这种情况下,最佳战略是更狭窄的专业化。

市场不总是也不单纯是顺其自然,到了某种程度,你会面临选择。到目前为止,市场选择的最佳原则是确保你能在其中取得独特的地位,而选择的最佳工具是最小因素聚焦战略(minimum factor focused strategy),或者称"瓶颈聚焦战略"(bottleneck-focused strategy)。基于自然进化的原则,这个工具能够完成非常精准的专业化。事实上,正是遵循同样的原则,生物的优点才能非常好地适应其生态位的特性,从而产生巨大的协同效应。有关这个主题的更多细节请参见本书第六部分。

自身增长

前面已经多次提到,公司的自身增长(11号格子)不是一个可以随意选择的战略参数,因此增长目标决不能用作战略规划的固定输入信息。其原因很快会变得更加清晰。增长的机会和需求并不仅仅取决于增长目标,还在很大程度上受市场结构的影响。因此,增长目标的设定必须把市场结构考虑在内(见图8-11)。

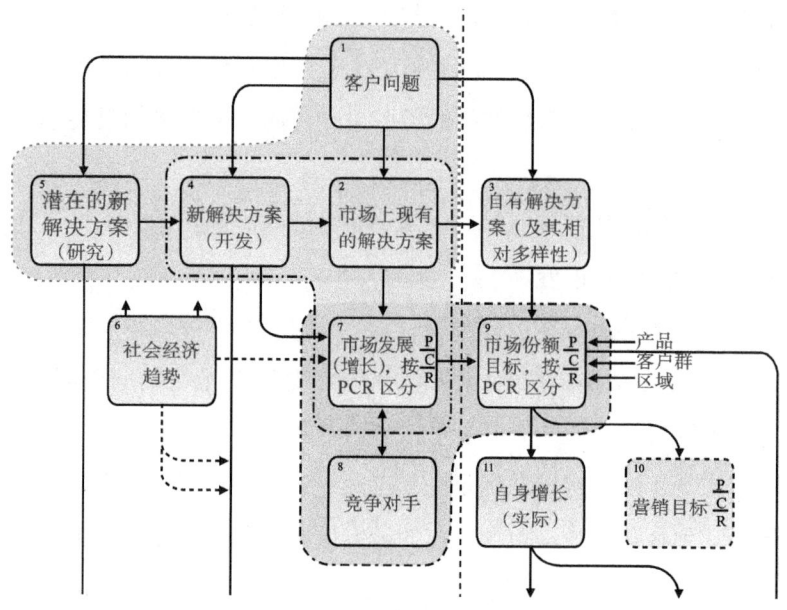

图 8-11 市场份额与增长

市场以及可防守的市场份额,它们的法则决定了一项业务可以增长到什么程度。只有基于市场地位的改善,销售增长才是健康的,然后业务才能做强而不仅仅是做大。战略的目标必须是实力而非规模,规模不一定等于实力。

更大的规模也可能意味着更弱的实力。例如,当销售增长的源头是产品系列的扩大或收购时,它对改善公司的市场地位就毫无帮助。

什么能让增长可持续?健康增长与不健康增长

记住规模不等于实力,我们就能非常清晰地描述正确的增长战略看起来什么样。我们已经谈到过可持续的增长。基于上面讨论的联系和规律,我们终于可以解开"可持续增长"这个一直模糊不清的谜团了。

增长不是战略的原生要素,这个事实至关重要,而且显然是来自于导航系统的逻辑。作为一个变量,增长依赖于此处讨论的所有更高层面的变量。这是区分健康增长与不健康增长的出发点,甚至也是为企业确定增长机会的出发点。以此为基础,我们还可以通过市场份额目标来确定合理的增长目标。

从设定增长和收益目标开始制定战略,这几乎一定是错误的。然而,企业通常就是这样做的,这也是它们犯下各种战略错误的主要原因之一。增长是有效战略的结果,是输出,而不是输入。如果增长和收益被定义为战略的输入信息,企业很可能会达成这些目标,但是这通常会牺牲战略实力。从运营的角度来说,数字可能会很漂亮,但企业的战略实力很可能会因此削弱。

企业能否增长,或者是否必须增长,抑或不得再增长,这同时取决于市场发展、竞争动态以及市场份额目标。只要尚未取得可防守的地位,一项业务就必须增长。如果增长有助于巩固其市场地位,业务就可以并且应该增长。但是,如果增长会削弱其市场地位,那么业务就不得再增长。例如,在进一步增长的诱惑下,企业可能会贸然进入一个新市场,但是却守不住自己的份额,因此将任由强大的竞争对手摆布。

就拿一家本地的啤酒企业来说:如果它尚未取得可防守的市场地位,那么它最好甚至必须在本地市场的范围内增长,因为这有助于巩固其地位。然而,如果仅仅出于增长的野心而不是市场的逻辑,这家企业就轻率地决定进军国际啤酒市场,那么它就极有可能失败，因为即使它继续增长了，其市场地位恐怕也仍然微不足道。

除了这个外在的逻辑，还有一个内在的逻辑，也就是我曾在第一部分指出的增长与生产率之间的关系。

营销目标

营销目标（10号格子）也按产品、客户群和地区来区分（见图8-12）。在这里，"营销"意味着战略营销。就产品系列来说，这个框架还能帮助我们简洁地区分战略营销与运营营销。这一区分在现实生活中非常重要，然而在管理文献中却难见踪影。战略营销的目标是市场份额，或者说市场地位，而运营营销的目标则是销售增长。

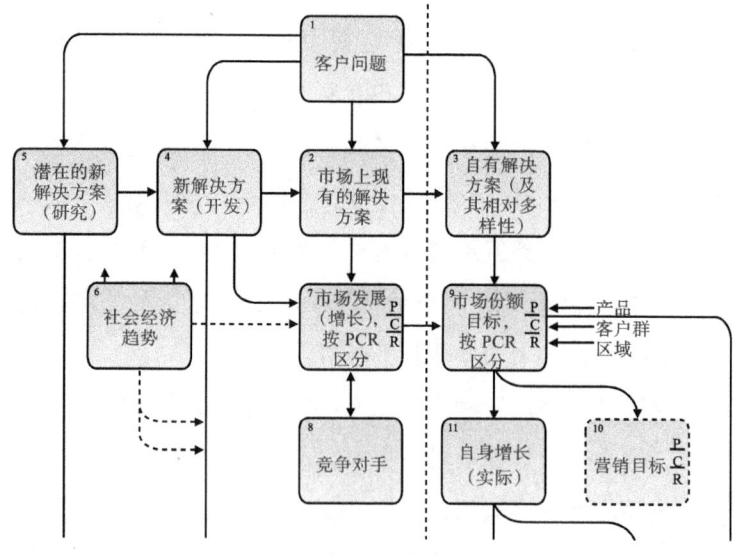

图8-12　营销目标

投资与成本降低的潜力

作为前述变量的衍生结果,企业自身的增长决定着任何有效战略的另外两个支柱:一个是产能要求及伴随的投资需求(12号格子);另一个是同样取决于经验曲线的成本降低的潜力(13号格子)。

所有这些变量都受市场份额目标驱动,旨在取得可防守的市场份额。通过增长,这个市场份额决定着理论上可以达到的最低成本极限,包括总体成本以及按研发(R&D)、生产(P)、营销(M)和销售(S)等职能分解的成本,如图8-13所示。

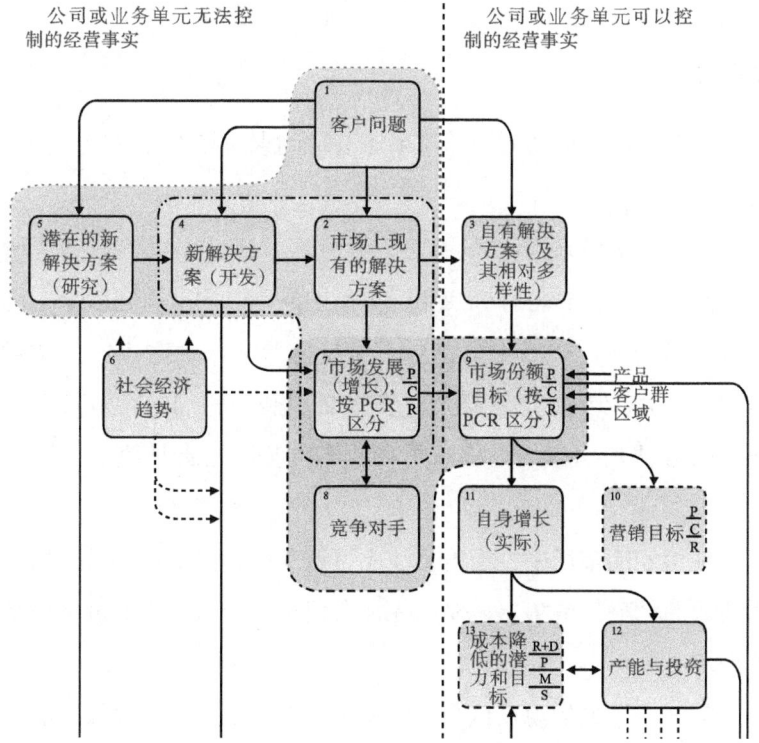

图8-13 成本降低的潜力

这里我要提醒你，根据经验曲线以及潜在的经验效应，累积产出每翻一番，成本降低潜力的增加幅度都会达到实际增加值的20%～30%。这还决定了定价范围。

这些成本降低的潜力能否真正得到利用，取决于成本管理的技巧和能力。不过通常来说，企业向市场提供服务的成本不可能低于经验效应确定的最低极限；如果存在这种情况，那肯定是由于外界因素（比如政府补贴或集团中错误的内部成本分配）。一般来说，市场份额较低的企业成本较高，因此在价格相同的情况下，所赚的利润会低于市场份额较高的竞争对手。

经验效应

经验效应是成功的战略中最容易遭到误解和误用的定向变量之一。

首先，很多人否认经验效应的存在。对此我只想说：市场份额更高的企业，总是有机会实现更低的成本。因此，它就更有能力打赢价格战，就能比竞争对手坚持得更久。绝对不能低估竞争对手利用成本优势的能力。前提必须是：我们的竞争对手迟早会想办法利用市场地位来扩大成本优势。这会让我们处于何种境地？

在饱和的市场中，当价格战不可避免时，竞争对手将开始利用他们的优势。事实上，他们往往会提早为即将来临的价格战做好准备。

另一个常见的观点认为，经验效应只存在于工业领域，而且只适用于大规模生产。对此我要指出，一个早就公认的事实是，生产率和成本效应在工业领域之外甚至更加显著，尤其是在知识产业，因为要想以正确的方式把知识工作和知识工人组织起来，从而实现经验效应，这显然更加困难。有些产业（房地产、矿业）的经济状况主要受地理位置支配，但是即便如此，市场份额高的企业也更有机会占得天时和地利。

研发目标

现在我们来到了战略地图中的14号格子——研发目标（见图8-14）。有人可能会觉得它出现得有些晚，但是从逻辑的角度来说，这里恰到好处。它取决于三个参数：头两个当然分别是4号格子的新解决方案（开发）和5号格子的潜在的新解决方案（研究）。

第三个可能不太明显，它就是13号格子的成本降低潜力。由此，我们可以得出一个对成功越来越重要的结论：即使是在研发阶段，随后的成本效应也必须考虑在内；或者换句话说，在开发新产品和新服务时，必须保证它们对未来成本的影响尽可能地有利。

例如，像汽车、家用设备或计算机这样的产品，其开发过程应该尽可能地保证它们后期几乎不需要维护，即使需要维护也能轻松快速地完成。

接下来的两步将带我们回到总图：依据"结构服从战略"这个行之有效的原则，战略的结果是组织的措施（15号格子），它们要求战略执行。这将是"管理：驾驭复杂性"丛书第四部的主题。

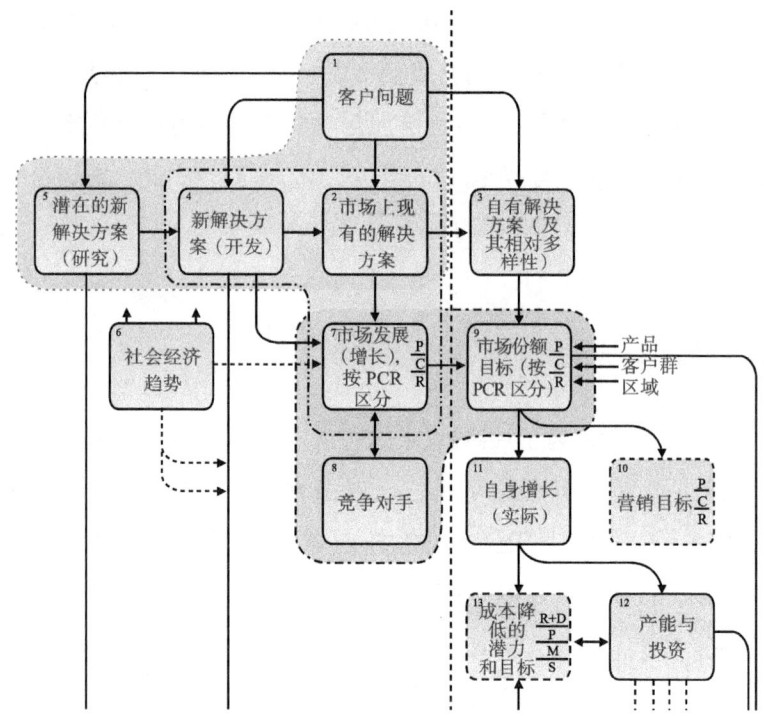

图 8-14 研发目标

财务与资产负债表的变量

在 16 号格子中,我们看到了前述所有其他因素的财务结果——现金流平衡。它来自战略的投资需求、折旧和利润、流动资金的变动、可能有(视行业而定)的预付订金及其变动。到了这里,整个战略在财务上是否可行就变得一目了然了。

这还可以非常清楚地表明,尽管财务要素很重要,是健康业务的基础,但是眼里只有财务要素的管理方法,必定会在战略上忽视所有需要监控的先导要素。战略地图总共有18个格子，财务要素到了16号格子才出现。如果至此管理团队才意识到犯了大错，再想采取对策通常已经来不及了。

另一个需要考虑的方面是，投资组合分析最初是为流动性和财务控制开发的，如今却因为误解而变得流行，并且几乎成了每个战略中的重要角色。它从来就不支持所谓标准战略（被称为明星、瘦狗、现金牛和问号）的制定，如今却被大多数作者和顾问用在那上面了，甚至已经变成了商学院中一个误导的标准论题。

投资组合分析几乎不适用于战略设计，它的用途是从总体上描绘战略的财务影响，从而使得企业的财务平衡可见且可以评价。

战略地图中剩下的格子包含了资产负债表工具（见图8-15）。于是，从不随解决方案改变的客户问题开始，到现在的流动性和资产负债表结束，我们完成了整个过程。㊀

接下来的两章将介绍战略地图中各个要素的界定、可操作化、评估和量化。利用我们的数据库以及其中来自25 000个业务年度的数据和经验，你就能可靠、优雅、迅速地完成这些任务。

马利克-盖维勒导航仪和MG战略地图是驾驭巨大复杂性和商业动态的理想工具。基本上，你可以在战略地图上的任何位置开始并完成导航，只要那里是你当时最感兴趣或最需要的地

㊀ 对于这个复杂但又逻辑清晰、简明易懂的过程，本书的印刷版无法传达其动态，所以请前往我们的网站（www.malik-management.com）查看动画版本。

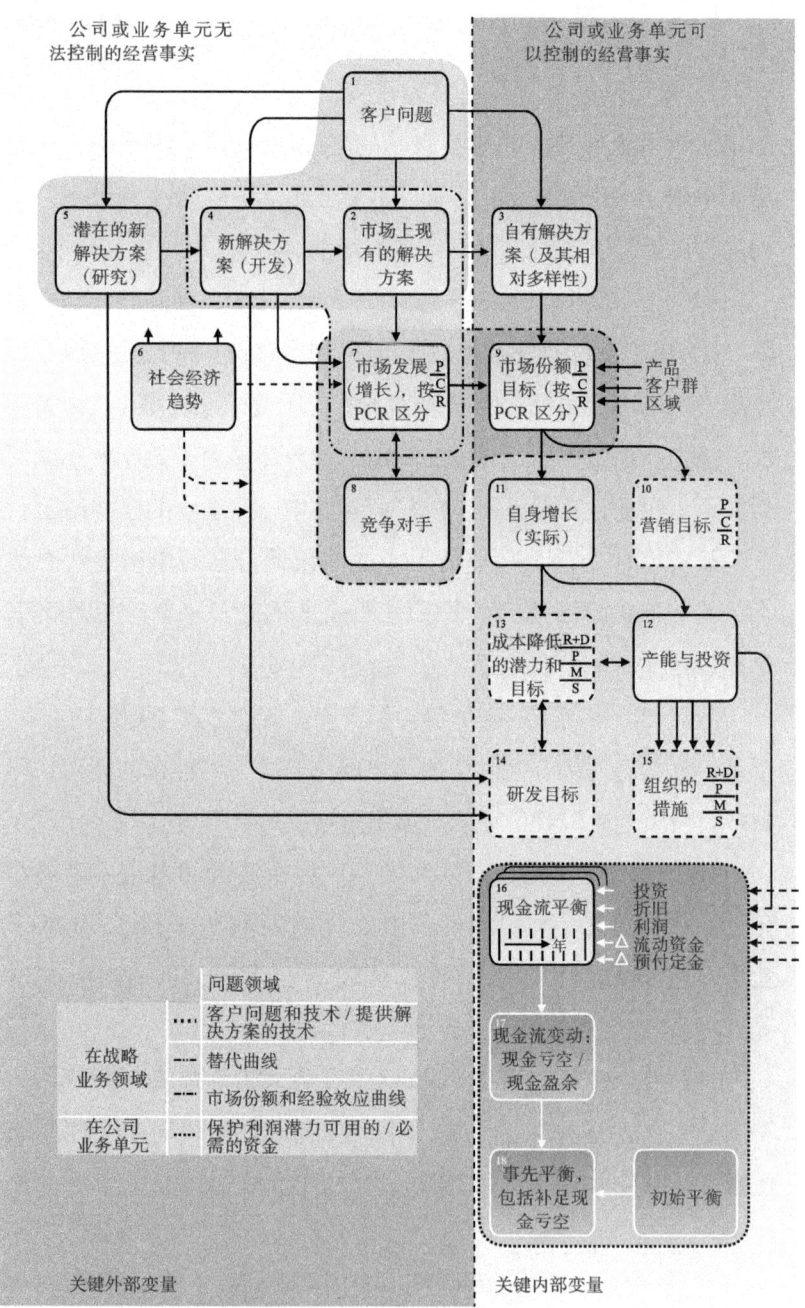

图 8-15 战略地图

方。你可以非常系统地依次完成，也可以根据你当前的管理状况，从一个格子跳到另一个格子。不管怎样做，你永远不会迷失方向，这是可靠导航的基本前提。

最后，请允许我发表一点感想：真正的专业人士会欣然牢记导航仪和战略地图这两张图，这样他们就永远不会迷失，总是能把看似无关的事物联系起来，保持整体观和发展观，成为技艺高超、能够应对艰巨挑战的领航员。

STRATEGY

第四部分

跟随变革：
当前业务的成功因素

> "当商业战略的历史写就时，PIMS 计划会成为其中的一个里程碑。"
>
> ——菲利普·科特勒（Philip Kotler），
> 现代营销理论的奠基人

战略的"是什么"还包括其实验证据相关的知识。第四部分和第五部分将介绍怎样利用 PIMS 计划的突破性研究成果以及基于这些成果的战略智慧模型，以最适合的精确度界定和量化战略。它们将被应用于第四部分的当前利润潜力以及第五部分的未来利润潜力。

CHAPTER 9

第 9 章

不再盲目飞行：PIMS——
战略制定的高级艺术

"循证思维会战胜一厢情愿。"

——基思·罗伯茨（Keith Roberts），

PIMS 计划主管，伦敦

21 世纪巨变将为很多企业及其业务带来新机遇。管理者将忙着让业务做好战略上的准备，重新配置企业，服务新的客户群，解决新的客户问题。这就是我所说的"跟随变革"。它还会给企业的结构、文化、流程、技术以及员工带来新的解决方案。这些变革很多将发生在巨大的压力之下，时间紧迫，不容犯错。面对这些艰巨的挑战，一个解决方案就是 PIMS 计划，也是本书第四部分和第五部分的主题。

"市场战略对利润的影响"（Profit Impact of Market Strategy，PIMS），是目前为止世界上最大的实验性战略研究计划。这个计划由通用电气在 20 世纪 60 年代后期发起，中间几易其主，其中包括哈佛商学院最终在 2004 年被我购得。自那以后，我一直在经营和改进它。

PIMS要解决的关键问题：哪些因素决定着战略运营单位的绩效？常用的绩效衡量标准是投资回报率，定义为总投资资本产生的总收益（息税前利润）。这个比率也是通用电气发明的，本身也是一项研究上的突破。与当前的用法（更准确地说是误用）相反，投资回报率从来就不是一个用于管理或评价的变量。实际上，通用电气发明它是为了让集团内部的不同业务可以相互比较。为此，必须确定息税前利润，因为各项业务的融资和征税方式不同。当然，如果对某项特殊的业务来说，投资回报率不是最相关的绩效指标，那么PIMS也有相关数据来衡量其他绩效指标。所谓特殊，可能是投资为零或为负值，或者业务需要专注于某个特定的因素，比如防止竞争对手进入，或者取得可生存的市场份额。

PIMS能给业务战略的制定带来很多巨大的帮助，比如能让你随时掌握自身的位置，准确定义你的目标和道路，尤其是在复杂情况下。过去，战略通常是个人经验、直觉、外推预测、咨询以及仿效竞争对手等的混合物，如今有了PIMS研究的帮助，战略已经提升到了更高的认识层次。⊖

即使遇上恶劣天气，基于卫星的全球定位系统（GPS）也能帮我们可靠地导航轮船、飞机和汽车；与之类似，作为全球最大的知识库和数据库，PIMS计划也可以帮助我们在21世纪巨变中引导公司战略。作为马利克战略情报计划（MSIP）的一部分，

⊖ Roberts, Keith: "Getting the right business metrics", Malik online letter, 2010.

PIMS 的知识库是驾驭复杂性最有效的工具之一，因为它能让我们迅速、可靠地回答哪怕是最复杂的战略问题。尤其是那些风险最高的企业决策，如今因为 PIMS 证据的存在而得到了前所未有的支持，这往往能让企业取得独特的竞争优势。

战略领导

对于卓越、有竞争力的战略领导而言，PIMS 的价值不可估量。与这个计划启动之初相比，它在当前的复杂情况下甚至更加意义重大。来自 PIMS 的深刻见解能让最高管理层把战略规划的精确度提高几个数量级，进而提升决策的确定性，尤其是针对困难的战略问题。这样一来，决策的速度会大幅提高，管理层就可以把更多的宝贵时间留给最微妙的战略动作，比如并购、创新、开拓新市场、发布新产品、投资和撤资以及潜力评估等。

有了 PIMS，管理者就可以做出正确的战略决策并严格地执行，从而为个人和组织的领导打下坚实的基础。为了取得更好的效果，你需要同时运用应对新世界复杂性的其他工具，比如用于模拟系统中控制论控制循环的敏感度模型，用于实现大集团的沟通情报最大化的协同整合，用于在企业内实施"神经药理学"的可生存系统模型（Viable Systems Model®，VSM®），以及用于准确描述增长动态和技术替代过程的逻辑系统分析（logical system analysis）（参见第六部分）。使用 PIMS 并不意味着企业家的分寸感、经验、远见和直觉将来会变得不那么重要，恰恰相反，它们会变得更加重要，因为它们现在有了更加坚实的基础，也就是

PIMS 研究 30 多年来持续扫描和分析全球战略领域积累下来的丰富知识和数据。

巨变时代要求战略满足三个关键标准：它们必须正确、精准、快速，因为我们往往时间紧迫，来不及做冗长的研究和分析，也不容许犯错。基于 PIMS 的数据和知识，这样的战略能让企业在很大程度上不受危机影响：它们不仅会渡过艰难时期，甚至还能趁机取得成功。本章和第 10 章将会详细介绍所需的知识和工具。

首先在本章我将说明，PIMS 的结果对当前业务尤其是对当前利润潜力来说意味着什么。我之所以把第四部分命名为"跟随变革"，是因为只要设法灵活地适应，今天的很多业务就仍能保持健壮和稳定。第 10 章将探讨所有战略的核心要素——客户价值，以及怎样利用 PIMS 分析和塑造它。第 11 章将阐释怎样利用 PIMS 创造未来利润潜力，以及什么样的创业和创新战略最适合。

PIMS 革命

PIMS 最初由通用电气设计和发起。[1]通用电气不仅在其他领域成绩斐然，在战略管理方面也做了很多开创性工作。在 20 世纪 60 年代后期，通用电气的最高管理层意识到，公司已经拥

⊖ See Buzzell, Robert D. und Gale, Bradley T.: *The PIMS Principles. Linking Strategy to Performance*, New York 1987. Also Ceccarelli, Piercarlo and Roberts, Keith: I Nuovi Principi PIMS, Mailand 2002.

有超过200多项业务,在这种多元化程度下,再想就投资或营销等重大事项做出理性决策,几乎是不可能的。没有谁能够看到整个业务的全貌,更别说理解它了。因此,最高管理层就开始琢磨,既然已经有资产负债率这样的东西了,能不能再为战略开发出类似的变量呢?

另外,通用电气已经犯了一个代价极大的战略错误,那就是试图挑战计算机领域的IBM:他们的分析表明,这是一个非常庞大、不断增长、有利可图的市场,而且在技术上也为新公司的进入留有短暂的机会。因为通用电气本身就是重要的信息技术使用者,所以他们觉得这是个理所当然的多元化方向。作为一家科技公司,通用电气一心想知道是否有证据能够证明,进入非常庞大、不断增长、有利可图的市场到底是对还是错。

当时,资产负债率这个工具已经相当先进了,利用它管理层能从法律关系的角度比较和评价众多的子公司。不过,他们对各个事业部执行的战略就不那么有把握了,这在一定程度上是因为,这些事业部在法律和资产负债结构上的可比性越来越小。作为当时公司规划和发展部门的天才负责人,西德尼·舍夫勒受命解决这个问题。于是就有了首个大规模的实验性研究计划,名为"PIMS:市场战略对利润的影响"。之所以这样命名,是因为当时管理层关注的主要是市场问题。不过,研究很快就扩展到了资本结构、增值链、生产率等更多领域,因为事实证明,它们是彻底量化战略工作所必需的。尽管如此,PIMS这个名称一直保留至今。

在20世纪70年代,通用电气扩展了其内部数据库,新增了

450项业务，其中包括很多《财富》500强企业。随后通用电气开始国际化，这使得PIMS成了全球规模最大、历时最久的战略研究计划。

PIMS的数据库、已取得的成果、创新的分析和建模工具，这些都是全球独一无二的，这个计划从一开始就在战略制定的创新方面处于领先地位。如今，PIMS的使用者只需点点鼠标，就能获得来自4500多个业务单元的海量数据和25 000个业务年度的经验。

业务单元层面上的战略

一个重大的进步在于，PIMS从一开始就捕捉到了业务单元层面上的数据。业务单元这个术语是PIMS的成员为了收集数据而发明的，后来变成了全球标准。在这个意义上，PIMS迄今仍是独一无二的，因为其他来源的数据大多取自其他层面，因此作用有限。

业务单元的数据是不可或缺的，因为只有在业务单元这里：

- 业务才会接触客户，或者说接触客户做出购买决策的经济现实；
- 投资和营销决策才必须接受现实的检验；
- 运营绩效和面向客户的增值才会实现；
- 客户价值才会被创造或被破坏。

"市场法则"的发现

PIMS 的发现不亚于普遍适用的"市场法则"。大多数人不会怀疑基本经济法则的存在，比如价格受供求关系驱动（尽管在细节上还存在诸多分歧）。但是，很多人却难以相信战略管理也存在所谓的基本法则。

如果你熟悉 PIMS 有关这些法则的研究结果，那么相对于缺少这方面知识的人来说，你可能就占得了先机。

就其特征而言，PIMS 的战略法则类似于自然法则，而且适用于一切竞争经济，不受时空和业务类型的限制。此外，它们可以解释业务的盈利能力和增长如何依赖于竞争力、价值链和市场吸引力。

它们还可以回答这些问题：为什么一项业务赚的钱很多，另一项则很少？某个特定业务总共能赚多少钱？要取得更优秀的长期业绩，资金必须投向哪些领域？反过来，有哪些领域按照传统标准看起来很有吸引力，但却不应该投资？

说到经营绩效，真正重要的是战略 PIMS 分析，而不是常常拿"我们的情况完全不同"当借口的所谓"特殊情况"。尽管如此，恰恰是通过遵循市场法则，每个业务才能以自己的方式变得独一无二，假如它正确地应用了 PIMS 的研究结果。因此，就像所有人类都服从相同的生物法则一样，所有业务成果也都服从 PIMS 的法则。就像一个人由于自己的生物学特征可以取得独特的地位一样，一项业务也可以通过应用 PIMS 的法则来取得实力难以撼动的市场地位。

本章和第 10 章将介绍那些特殊的 PIMS 战略模型，比如标准投资回报率模型、相似者模型（look-alike model）、客户价值地图（customer value map）以及创业战略模型（start-up strategy model），它们的精准度和重要性都是前所未有的。

借助于 PIMS，你能以最快的速度和基于事实的确定性就困难的战略问题做出高风险的决策。用传统方法需要几周甚至几个月才能解决的问题，用 PIMS 往往只需几天就能完成，这当然要归功于它的那些模型和高度有序的证据基础。

有了 PIMS，业务的竞争独特性就能如外科手术般精准地雕琢出来，业务的整个潜力就能得到充分的开发和利用。

一个绝妙的研究理念：驱动利润的是结构而非行业

PIMS 在知识和见解方面发掘出来的巨大财富源于一个绝妙的理念：不同业务的比较应基于它们的结构配置，而不是像通常的做法那样基于它们的行业特征。就某些用途而言，行业特征仍然很重要，但是对业务战略来说，结构配置的概念为战略规划开启了全新的信息维度；行业信息并不包含这些维度，但它们对战略的成功却必不可少。

什么是结构配置？它是每个业务都有的一组变量，无论什么行业都不例外。例如，每个业务都有其销售额、盈利能力、现金流、市场份额、增加值、生产率、投资强度、市场绩效和市场增长率等变量。按照 PIMS，这些因素决定着业务的结构，其中最重要的是决定盈利能力的那些。

PIMS给出了一个突破性认识：与行业特征相比，这些因素的结构配置与业务的盈利能力和增长有着更强的相关性（见表9-1）。这意味着，处于相关行业但结构特征不同的业务，能够产生完全不同的利润，而结构上相似的业务，即使处于不同行业，也会产生相似的利润。

表 9-1　结构比行业更重要

相关性		行业	
		相同	不同
结构	相同	高	高
	不同	低	低

换句话说，PIMS提供了证据，证明绩效更多地取决于结构配置的相似性，而不是行业的相似性。这意味着除了行业特定的因素之外，还有其他更重要的因素，也就是结构配置。在行业背景中，由于缺少可比性而无法实现有意义的比较和学习效应，现在换到结构配置的背景中，这些比较和学习效应就成为可能。例如，一个弱小的参与者面对一个强大得多的竞争对手，尽管因为行业背景相同，两者必须相互比较，但是在战略上，弱小的参与者没有任何东西可以向这个强大的对手学习。但是，它却有可能从其他行业的相似情况中有所借鉴，因为那些行业里也有弱小的参与者和强大的对手竞争。结构配置的概念与生物学和医学密切相关。每一个人，无论性别、国籍、职业和种族，都有自己的血压、脉搏，以及胆固醇、尿酸、糖、钙和铁等的含量水平，还有各种酶类和很多其他组分，这些变量可以用来确定一个人是否健康，而教育程度、职业和种族等其他变量就起不到这样的作用。

同样的道理，因为有了 PIMS，战略研究终于可以与自然科学平起平坐了，并且驱散了笼罩在头上的个人经验、传统和民俗说的迷雾。

基于生物模式的新基准评价

这些认识不仅对狭义的战略工作非常重要，而且对基准评价（benchmarking）也很重要。尽管在过去的 20 多年里，基准评价已经变成了一个最常用的方法，但是有的时候，它会得出极其荒谬的结果。PIMS 及其结构数据带来了全新的基准评价，使得比较的完成类似于形态生物学。

例如，仅仅因为大象很大，而追求成长的蚂蚁想知道一个动物到底能长多大，所以就拿自己与大象比较，这显然没什么道理。毫不夸张地说，这基本上就是传统基准评价遵循的逻辑。因此，看到有人试图把大象的体型和猎豹的速度或骆驼的储水能力结合起来，也就不足为奇了。

继续说这个比喻。正因如此，蚂蚁需要与其他昆虫比较，也就是说，要跟结构相似的生命形态比较。

利用 PIMS 的基准评价工具，尤其是所谓的相似者分析，全球的基准评价项目已经让企业对"相似同行"有了全新的认识，这对企业的帮助远远超过了基于任何行业特征的传统评价方法。⊖

⊖ Roberts, Keith: "Good benchmarking versus bad benchmarking", *Malik Online letter*, 2010.

PIMS 数据库套件

前面曾提到，PIMS 不仅是全球规模最大的战略研究计划，而且还是历时最久的。从 1972 年至今，这个计划就一直有人维护，并且多次扩展，今后仍将继续进行。

与此同时，它积累了超过 25 000 个会计年度的经验，数据来自大约 4500 项业务，涵盖了几乎所有主要的行业、国家和业务类型。为了能够恰当、高效、创造性地使用，这些数据从一开始就被精心地组织了起来，因为新的研究问题总是会不断地出现。出于种种原因，包括迈克尔·波特、彼得·德鲁克和菲利普·科特勒在内，很多世界最优秀的战略思想家都和这个数据库有过合作。

正如美国著名的管理类畅销书作者汤姆·彼得斯（Tom Peters）所说："PIMS 拥有全球最大的战略信息数据库……能就企业战略是否有效提供令人信服的量化证据……它是一个无与伦比的数据库。"

图 9-1 给出了 PIMS 数据库的构成，以及业务单元基于投资回报率的统计分布。可以看到，这些业务单元的投资回报率在 -25% ~ 80%，回报率更低的业务不存在——它们要么已经好转，要么已被剥离。

如图 9-1 的左侧所示，PIMS 的研究者首次查明了各种业务究竟能赚多少钱，仅仅这个信息就能让使用者处于优势地位，因为大多数从业者都不知道。在 30 多年的高管培训生涯中，我一直在收集这样的经验证据。我有不少同行在讲授大学水平的企业经济学，就连他们也大多不能提供这些数字，除了极少数足够熟悉 PIMS 的人。大学生就更不知道了，当然这不能怪他们。正因如此，有关金融市场及其回报的各种传说和流言才会满天飞。事实上，平均投资回报率是 18%，中位数是 16%。请注意，PIMS 使用的是总投资回报率，也就是息税前投资回报率。

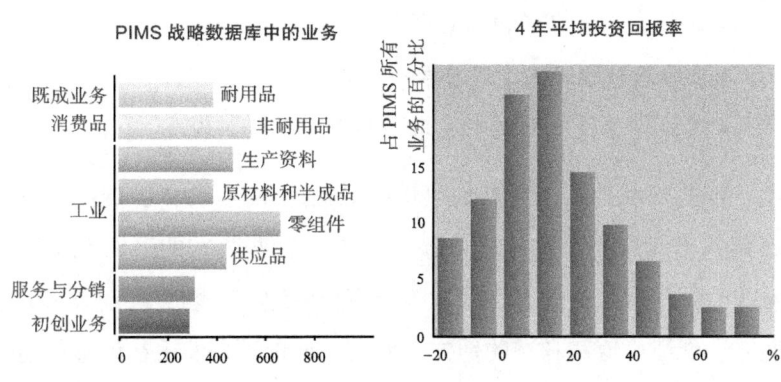

图 9-1　PIMS 数据库的构成

也有一些业务实现了接近于 100% 的投资回报率，尽管其发生率快速递减。在上市公司当中，这样的金矿很稀有，它们通常是大型家族企业，由企业家管理，不受金融市场的限制，我称它们为"企业家管理的企业"（EME）。

一个特别有趣的问题是：为什么你在一项业务中能赚 30%，而在另一项业务中只能赚 10%？诸如此类的问题引出了一些最重要的战略认识。

因为 PIMS 发掘出了海量数据，所以恰当的知识组织方法在计划的早期阶段就开发了出来。除了主数据库，还出现了很多子数据库，利用它们可以非常完美地分析某些专门领域，完美到几乎没有任何战略问题尚未解决。

在它们之下是业务单元层面的数据库，适用于：

- 面向新业务的创业战略以及与创新战略相关的一切；
- 品牌、品牌产品和品牌创新；
- 销售、销售组织和销售团队；
- 业务的典型间接费用参数；
- 人力资源、信息技术、采购和财务等职能领域。

前面曾经提到，与其他可用的数据库不同，PIMS 的数据是在业务单元层面上收集的。换句话说，这些数据的采集源头正是战略行动发生的地方、企业争夺客户的地方、购买决定做出的地方、创造价值和利润的地方。所有这些都不是发生在证券交易所，而是在客户付账的地方——如果客户得到满足，他的账单就会按期支付，没有任何扣减。

普遍有效的因素决定着 75% 的利润

PIMS 很早就得出了一个关键结论，那就是利润和利润差异始终取决于相对少数的一组因素。如今可以确定，在全世界的任何行业和任何业务中，75% 的利润差异取决于十几个因素及其相互影响。除了其中一个因素，企业可以控制其余的所有因素，并且能够塑造它们以确保战略的成功。所有这些因素以及它们对利润的影响都是可以测量的，其中有 8 个因素尤其重要。

这些认识是成功战略管理的核心。只要你了解和使用 PIMS

因素，你就最有可能做出正确的战略决策。对企业及其管理团队的领导力来说，几乎没有任何东西比这更重要了。

如果企业想要保持长期的繁荣和成功，那无论如何都要掌控这些战略变量。如果这些变量全都状态良好，那么业务在战略上就会足够健壮，足以应对其他领域可能存在的缺陷；相反，如果这些关键因素存在缺陷，那其他领域的优势再大也无法弥补。如图 9-2 所示，这些关键因素可以分成三组：有 30% 取决于"竞争实力"这组的 5 个因素，还有 30% 取决于"供应链的健康"这组的 5 个因素，另外有 15% 取决于"市场吸引力"这组的 5 个因素。剩下的 25% 取决于很多额外因素、运营效率以及或多或少的运气和巧合。

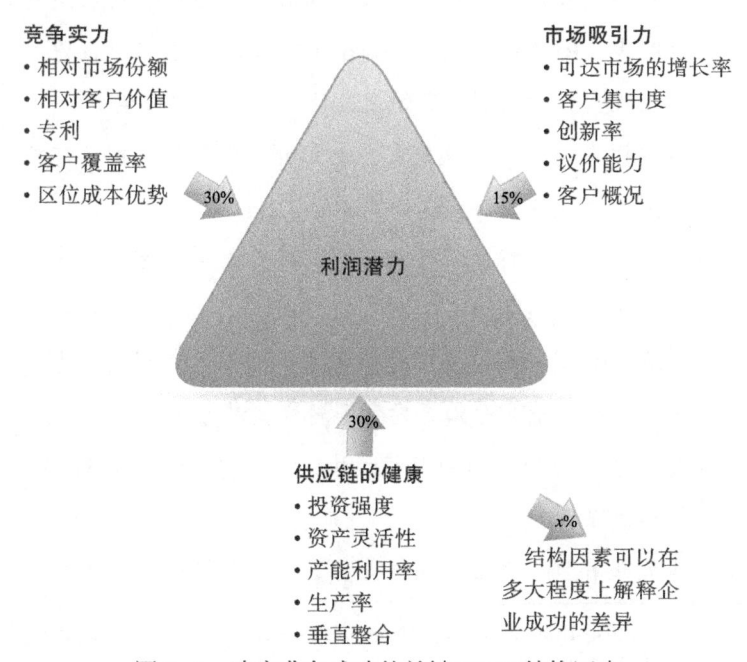

图 9-2　决定业务成功的关键 PIMS 结构因素

这些因素中的每一个都可以准确地定义和量化，其对盈利能力的影响也是已知的。而在 PIMS 出现之前，它们大多数完全不为人所知。

回答关键的战略问题

因为有了这些认识，有史以来我们第一次能够准确、可靠、快速、基于事实地回答那些对业务成功至关重要的战略问题⊖，比如下面这些：

- 影响企业利润的关键战略因素有哪些？要怎样定义和测量它们？这些因素怎样影响投资回报率（ROI）、已动用资本回报率（ROCE）、销售回报率（ROS），以及增长的水平和稳定性？针对个别因素做出的改变要多久才会生效？
- 这些因素怎样相互联系？企业怎样才能改变它们，并把它们用于战略规划？
- 成功的战略怎样区别于失败的战略？怎样才能确定和测量这些区别？
- 与当前利润相比，基于这些特殊驱动因素的利润潜力有多大？怎样才能充分地开发和利用这些潜力？
- 在一个企业的不同业务领域中，战略创新的比率能够／必须达到多高？
- 多元化和创新项目（初创业务）必须怎样设计，才能让成

⊖ See also Roberts, Keith: "Nine basic findings on business strategy", *Malik online letter*, 2010.

功机会最大化？为此必须创造哪些可量化的战略条件？这些项目需要多久才能产生回报？
- 怎样才能凭经验确证"自制或外购"决策？
- 收购对象的利润潜力是什么？可以量化的协同效应有哪些？恰当的收购价格是多少？整合购得企业的最佳战略是什么？
- 相对于营业额和市场规模，用于战略营销、研发、销售和其他职能的费用能够/应该达到多少？
- 为了确保企业获得可持续的长期生存能力，把增值、垂直整合、生产率和投资强度的目标数字设定为多少才恰当？

由于有了 PIMS 的研究成果，本章探讨的各种战略问题都可以得到正确、精准的回答。要想得到正确答案，PIMS 是唯一选择。

8 个关键的成功因素

表 9-2 给出了 8 个最重要的因素及其对盈利能力的影响。

表 9-2　盈利能力的 8 个最重要的影响因素

	因　素	定　义	影　响
对长期盈利能力来说，重要性或影响递减	1. 相对市场份额	自身市场份额与三个最大竞争对手的市场份额总和之比	较高的相对市场份额总是有利的。营销或研发强度越高，或者经济形势越差，较高的相对市场份额就越重要

（续）

	因　素	定　义	影　响
对长期盈利能力来说，重要性或影响递减	2.生产率	每个员工创造的增值	较高的生产率总是有利的。如果投资强度高，较高的生产率就不可或缺
	3.投资强度	创造单位增值需要的投资	较高的投资强度会对企业的盈利能力造成灾难性影响
	4.相对客户价值	相对于竞争对手，结合相对价格定位，企业提供的产品、服务和形象的质量	有利于一切财务数据。在市场份额小的情况下，较高的相对客户价值不可或缺
	5.创新率	上市时间不到3年的所有产品创造的销售额占总销售额的百分比	如果所贡献的销售收入超过一定比率，创新就会对投资回报率产生负面影响
	6.可达市场的增长率	可达市场按价值百分比计算的增长	较高的增长率对绝对利润是正面影响，对相对利润是中性影响，对现金流是负面影响
	7.客户集中度	贡献了50%销售收入的直接客户的数量	极少的客户数量是有利的（尽管这取决于行业特征），如果做不到，广泛的客户群更好
	8.垂直整合（实际净产出比）	单位销售收入创造的增值（增值＝销售收入－相关服务）	在成熟稳定的市场中尤其有利

CHAPTER 10

第 10 章

战略核心知识：真知灼见的宝库

市场地位

市场份额越大，投资回报率就越高。绝对和相对市场份额都与投资回报率保持着强烈的相关性，而且正如前面多次提到的，这种相关性不分行业、国家和技术。作为 PIMS 的早期成果之一，这个结论已经证明了自身的普遍有效性，驳斥了所有的怀疑和异议。

没有经验证据可以证明，市场份额与投资回报率存在 U 形相关，尽管我们经常听到这样的说法。仅当忽略相关市场的定义时，U 形相关才可能存在。但是，这会让一切战略陈述都失去意义，因为相关市场这个参考点已经不存在了。为了说明市场份额与投资回报率之间所谓的 U 形相关，人们常常拿梅赛德斯（Mercedes）和丰田（Toyota）做例子，说梅赛德斯的投资回报率高是因为市场份额小，丰田的投资回报率高则是因为市场份额大,市场份额处于中间地带的公司赚钱最少。尽管这种"卡在中间"的理论相当流行,但却没有实际证据,因为梅赛德斯与丰田几乎毫无可比性。此外,放在相关市场中来说,梅赛德斯的市场份额非但不小,反而相当大。

图10-1还包含了更多的信息,那就是相对市场份额与销售回报率之间的相关性,以及市场份额对业务增长率的影响。

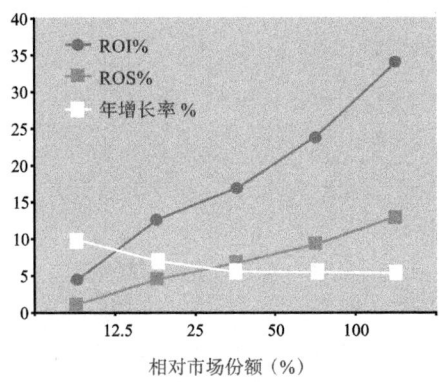

相对市场份额是企业或品牌的市场份额与三个最大竞争对手的市场份额总和之比。

ROI=投资回报率=息税前收入/(固定资产净值+流动资金)×100%

ROS=销售回报率=息税前收入/销售额×100%

年增长率=价格不变的情况下业务销售收入的年增长百分比

图10-1　相对市场份额增强盈利能力,但不会促进增长

研究成果的时间稳定性

图10-2揭示了一个令人震惊的事实:市场份额与盈利能力之间的相关性一直很稳定,或者更准确地说,自PIMS启动以来40多年过去了,它们之间的相关性一直很稳定。

在图10-2中,从左到右,我们看到横轴上是相对市场份额,纵轴上是销售回报率。以最前面的一排柱子为例:如果相对市场份额是200,那么业务的销售回报率通常会在15%~20%。

这种相关性体现为 4 排柱子，分别代表 4 个 10 年，最前面是 21 世纪头 10 年，向后则依次是从 20 世纪 90 年代、20 世纪 80 年代和 20 世纪 70 年代。我们可以看到，在这 40 年里，绝对值有差异，但相关性本身没有变化：相对市场份额越大，收益率、投资回报率和销售回报率就越高。

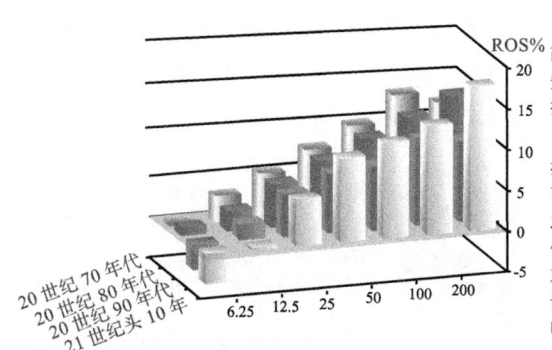

我们最感兴趣的是不随时间改变的影响；这样我们就可以安全地假定这些影响将继续保持稳定。

这张图告诉我们，就投资回报率与相对市场份额的相关性而言，不同年代（从前到后）之间的差异非常小，相对市场份额对投资回报率的影响（从左到右）也相当稳定。这个结论适用于所有的 PIMS 关键影响变量。

图 10-2　市场份额与盈利能力在 40 多年里一直保持稳定的相关性

这个研究结论的意义非常重大，因为在过去 40 年里，商业领域发生了那么多变化，没人会料到这种相关性居然保持不变。人口特征、技术、材料、制造方法、分销系统、客户需要、质量标准、竞争、价格、成本、立法、货币状况、利率、通胀以及人们能够考虑到的很多其他因素，全都已经今非昔比。因此，一个更有帮助的问题是：还有什么始终没改变？答案之一就是：相对市场份额与投资回报率之间的 PIMS 关系。

看似反常的现象揭示出一个新因素

图 10-2 的确揭示了一个看似反常的现象，那就是有大约

25%的业务尽管市场份额很小,但是投资回报率却很高。这怎么解释呢?难道PIMS并没有发现一条普遍规律?就像其他高质量研究中常常发生的情况一样,对这个特殊区域的详细分析揭示出一个之前未知的干扰因素,而且事实证明,这也是PIMS最重大的发现之一。

这个发现就是,市场表现以及由此产生的广义上的客户偏好具有至高无上的重要性(见图10-3)。因此,只要具备质量上的优势,即使市场份额很小,业务也能取得很高的投资回报率。

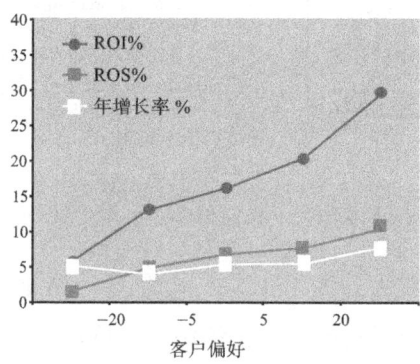

真正重要的是客户的看法。我们确定了产品、服务和形象这三个属性,并根据它们各自对客户的重要性进行了加权。
- "胜"意味着在某个属性上得到客户评分高于竞争对手。
- "败"意味着得到的评分不如竞争对手。
- "平"意味着双方得到的评分一样。

客户偏好=涵盖所有非价格属性和所有竞争对手的(胜% - 败%)加权平均值,忽略所有"平"。

图10-3 客户偏好驱动盈利能力和增长

创新是好事吗

关于创新,PIMS的证据会告诉我们什么?变革要求创新并且以创新为基础。创新活动会对收益率和增长产生什么影响?甚至确定创新率(横轴)的定义都是一项重大成就:上市时间不到3年的所有产品创造的销售收入占总销售额的百分比(见图10-4)。

对于不同的行业，这个定义的适用程度多少有些差别，并且可能会随具体应用而改变。

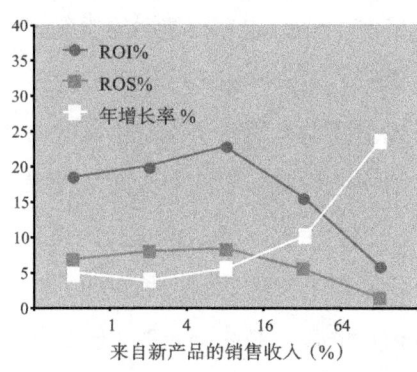

创新率是新产品（上市时间不到 3 年）创造的销售额占总销售额的百分比。

从客户或技术的角度出发，新产品意味着明显的进步。

渐进的产品改善、产品线的扩展或审美上的改变，这些都不能算作新产品。

图 10-4 适度创新最有利于盈利能力，高度创新最有利于增长

这一次，PIMS 的普遍结论也非常清楚：创新率有一个最优值，约为 12%，再高就会对投资回报率和销售回报率产生负面影响，因为创新要花很多钱。此外，创新率是最重要的增长驱动因素之一，有助于提高市场份额。以此为背景，第五部分将阐释最佳创新战略看起来什么样以及如何才能迅速占领市场。

很多业务会在何处丧失盈利能力而毫无察觉

很多管理者甚至不知道，供应链、制造、资本支出和生产率有一个最重要的驱动因素。它会对这些以及其他因素产生极大影响，甚至能让企业错过最佳市场机会而毫无察觉，因为它几乎不会体现在控制报告中。⊖它就是投资强度，已投入资本与运营增

⊖ Roberts, Keith: "Hard working capital?", *Malik online letter*, 2008.

加值的比率。这里的关键问题是：为了获得 1 美元的增加值，你们需要投入多少美元？

请注意，与此相反，主流经济学理论认为，理性的投资者会对资本生产率较高的业务增加投资，对资本生产率较低的业务则会减少投资。根据这个理论，投资回报率相对于投资强度的曲线将始终是平的，而销售回报率则将随投资强度的增大而增长。然而，现有的证据表明，业务之间的竞争并不是这样进行的（见图10-5）：由于投资强度高，你就必须出售你能制造的东西，而不是反过来，于是定价就会变成相互摧毁，等同于自杀，因为所有竞争对手都会努力填满各自的产能。更糟糕的是，银行就愿意借钱给投资密集型的业务，因为它们只看到资产负债表上大量的有形资产，却没看到有限的未来现金流的潜力。

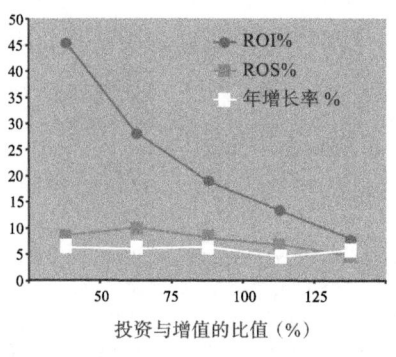

投资是业务占用的流动资金、固定资产的账面净值以及任何其他资产的总和。

增值是销售额减去所购买的产品和服务（原材料等）。

图 10-5　投资强度是影响投资回报率最强因素之一

市场增长有多重要

一个反直觉的发现是市场增长与图 10-6 中三个比率之间的

关系。对于令人不满意的经营业绩，管理者最常用的借口是市场增长乏力或完全没有增长。这个借口通常会被每一个人所接受，因为它听起来好像很有道理。PIMS 的研究结果却揭示了截然相反的事实：不管市场在增长还是在萎缩，只要经营得当，业务就可以获利。⊖

图 10-6 给出了实际市场增长与投资回报率、销售回报率以及扣除通胀因素的销售额增长率之间的经验关系。毫不意外的是，增长的市场也会驱动销售额的增长；反过来，萎缩的市场会导致业务增长放缓，但是只要其余的战略驱动因素状态良好，增长放缓的程度就会小得多。这个发现使得 PIMS 对通货紧缩的市场以及危机时期来说具有重大意义，而这也是人们对未来几年的期待。

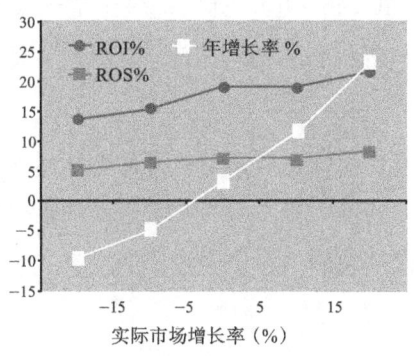

实际市场增长率是价格不变情况下可达市场的增长率

图 10-6　增长的市场会温和地推动盈利能力，强烈地促进销售额增长

如果所有其他经济条件不变，即使市场萎缩超过了 15%，销

⊖ See also Ceccarelli, Piercarlo; Ferri, Andrea und Martelli, Carlo: *La crescita sostenibile nei mercati maturi*, Milan/Rome 2008 (*Sustainable Growth in Mature Markets*, so far published in Italian language only).

售额也只会因此减少10%。

既让人意外又反直觉的是，对于所有其他参数来说，市场增长远没有人们想象的那么重要。即使是在快速萎缩的市场中，投资回报率也几乎达到了15%，而在市场增长率达到20%的情况下，投资回报率也不过高于20%。销售回报率也是类似情况。

这意味着即使是在停滞的市场中，企业也可以通过得当的经营来赚取可观的利润。在初次接触这些认识时，很多管理者会激烈地否认这个事实。按照PIMS的研究结论，以市场增长乏力为绩效不佳的借口已经站不住脚了。

PIMS因素的系统互联

这些仅仅是对导航至关重要的PIMS研究结果中的一小部分。PIMS的数据库中还有许多这样的认识珍宝，等待着英明的战略制定者去发掘和利用。

各个因素与投资回报率的相关性，仅仅是这方面的知识就能让你在战略规划上取得关键的竞争优势。因为有了这样的相关性研究，这些因素之间的互动以及它们与投资回报率的联系就多了一个全新的认知维度。

图10-7给出了两个最重要的战略因素——相对市场份额与客户角度的相对质量——之间的关系，以及它们对盈利能力的共同影响。

如图10-7所示，每个格子中投资回报率的数值都是两个因素共同影响的结果。可以看到，平均38%的最高投资回报率是最高质量与高市场份额结合的产物。市场份额小但质量高的业务，可以实现大约17%的投资回报率。如果市场份额很高，那么平均来说，即使质量较差，业务也能达到大约30%的投资回报率。

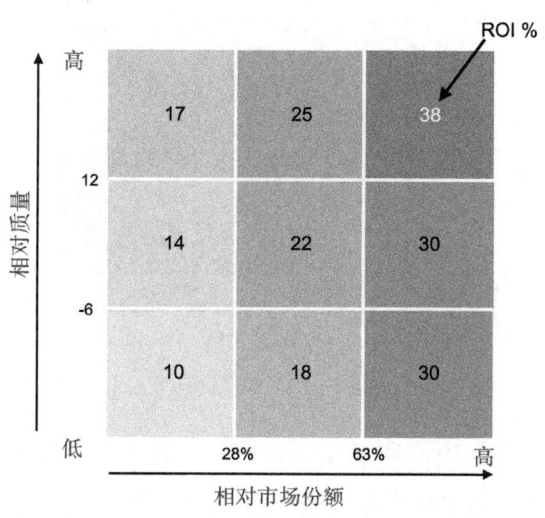

图10-7　相对市场份额和相对质量的共同影响

这是PIMS最重要的研究结果之一，而且一点儿都不明显。对很多中小型企业来说，它意味着希望和战略选项。有了规划得当的质量战略，即使市场份额很小，它们也能实现平均17%的投资回报率。相比之下，市场份额小且质量也差的业务几乎毫无希望。它们最多也就能获得10%的税前收益，再扣掉资本成本就不剩什么了。

与图10-7类似，图10-8给出了相对市场份额与投资强度的关系，以及它们对投资回报率的共同影响。高投资强度结合小市场份额会导致收益暴跌。

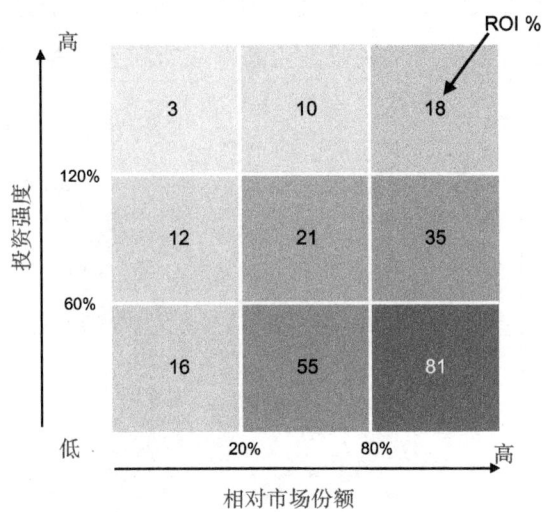

图 10-8　弱市场地位加上高投资强度是利润的灾难

为了精准地确定和量化战略措施，我们将以几乎同样的方式利用在其他的相互依存关系，比如市场份额与营销支出之间、质量与研发支出之间、增值与生产率之间、生产率与流动资产之间等。

PIMS 与 6 个中央绩效控制变量

所有 PIMS 因素都相互作用、相互影响，并与经济现实保持一致。众多相互作用的因素动态互联，这是复杂性的一个主要来源。考虑到 PIMS 已经给出的研究结果，任何依赖于直觉和常识并因此承受巨大风险的战略工作，都像用药时不考虑副作用和后遗症一样过时。在第六部分，我将介绍怎样借助控制论的敏感度模型来把这种复杂性变成竞争优势。

该模型的另一个巨大优势在于，它的变量允许我们把中央绩效控制复合体与 PIMS 的研究结果整合起来。

在第一部分，我曾简要地介绍了中央绩效控制变量及其在管理系统中的地位。有了 PIMS，我们现在就能知道各个绩效领域中哪些因素是重要的，尤其是对市场地位、创新绩效和生产率而言。另外，PIMS 还允许我们量化这些因素，并把它们放在一个安全的经验基础之上。

PIMS 战略制定的控制论

前面已经多次表明，PIMS 计划从一开始就具有极强的系统论和控制论特征。也正因如此，计划中所用的研究方法大多类似于生命科学中常用的方法，比如结构配置分析，它允许我们探究模式或"完形"。更不用说，该计划从一开始就采用了动态模型，因此能够区分有效战略和无效战略。

图 10-9 给出了一些系统论–控制论关系——在它们的动态相互作用中，我们必须描述这些关系。

综述：PIMS 的研究成果带给最高管理层的好处

- 有很多重要的战略因素，它们对当前和未来财务绩效（投资回报率和现金流）的影响以前只能模糊地估算，如今则可以相当可靠地量化，这使得战略构想的经验验证成为可能。

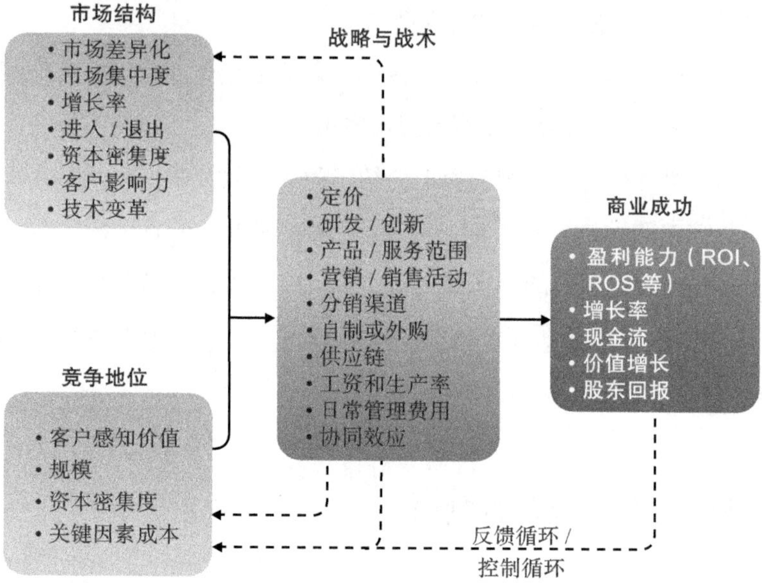

市场结构
- 市场差异化
- 市场集中度
- 增长率
- 进入/退出
- 资本密集度
- 客户影响力
- 技术变革

战略与战术
- 定价
- 研发/创新
- 产品/服务范围
- 营销/销售活动
- 分销渠道
- 自制或外购
- 供应链
- 工资和生产率
- 日常管理费用
- 协同效应

商业成功
- 盈利能力（ROI、ROS等）
- 增长率
- 现金流
- 价值增长
- 股东回报

竞争地位
- 客户感知价值
- 规模
- 资本密集度
- 关键因素成本

反馈循环/控制循环

图10-9　PIMS为有效战略提供可测量的证据

- 让企业对什么可行、什么不可行有了更深刻的认识，为制定切实可行的战略和运营目标奠定了更坚实的基础。
- 使得企业可以系统性地从其他具有相似结构特征、处于相似竞争处境的企业身上吸取经验和教训。
- 使得企业能够模拟自身战略和行动的效果，从而选择最理想的战略变体。
- 另外，还使得企业能够量化相关竞争对手的战略选项及其对自身业务的影响。
- 使得企业能够分析潜在的并购对象及合作伙伴，弄清楚它们当前的战略地位和未来的前景。利用基于控制论的规划和辅助技巧，再结合协同整合方法，知识和技能就可以最大限度地被激活。多个组织层面上的管理者和专家，都可以视情况有选择地参与正确战略的制定。这样一来，战略思维就会在公司文化中牢牢地扎根生长。

- 有效地控制这些问题解决流程，企业就能以建设性的方式克服变革阻力，在全体员工中间建立起共识、理解和承诺，为有效的战略执行创造必要条件。

对 PIMS 计划的批评

长期以来，PIMS 的方法和结果同时受到了支持者和反对者的各种批评。这是预料之中的，因为 PIMS 的很多结果都与当时企业经济学和工商管理学中不容置疑的观点相悖。因此，我们非常欢迎真诚的批评，因为它有助于进一步探讨和澄清事实，并引出新的研究问题。所以，PIMS 相当得慷慨和开放，只要可信地传达了潜在的研究兴趣，任何人都可以获取 PIMS 的数据资料。有很多批评为 PIMS 的进步做出了重要贡献，还有很多战略专家可以使用 PIMS 的数据库，其中包括迈克尔·波特、彼得·德鲁克、菲利普·科特勒。

PIMS 的关键研究结果至今未曾被驳倒。虽然出现过那样的传言，但它们从未得到证实。一些反复出现在文献中的批判性观点，其实仅仅是不值一驳的推测。

大部分的负面批评是因为对 PIMS 本身或其所用的统计方法缺乏了解。例如，人们常常毫无事实根据地指出，这个历时 40

多年、吸引了众多著名科学家的国际性研究计划，实质上一直是由一群统计学的业余爱好者在操弄。如果真是那样，那也就暗示着多年来，所有为 PIMS 数据库做出贡献并应用了其研究结果的企业，其中还有几家《财富》500 强的上榜者，它们一直都在忍受或忽视了这样一个严重的错误。这种批评显然没什么分量，哪怕它被一次又一次地重复。

大多数批评者来自学术界，他们苛求的精确度对企业战略管理的实践而言毫无意义。相当有说服力的是，这些批评者至今还没有谁能够提供合适的替代选项。

尽管如此，PIMS 的内行也愿意承认，应用这种方法时有两种情况需要谨慎：一是业务依赖于区位特定的资产（比如房地产或矿业），并且绩效实质上取决于资产的质量；二是受管制的垄断（比如供配水或铁路），其绩效被管制者的决策所限制。

万变之时，仍然有效的是什么

就像自然法则始终不变一样，有些战略规律即使在变革时期也仍然有效，可以引导组织平安渡过变革。巨变中的变革越大、越动荡，了解这些保持不变、仍然有效的规律就越重要，因为它们能提供做出高风险决策所必需的定向。

因为有了 PIMS，不管是对今天的业务还是对未来的创新业务，战略的规律以及不变量才得以发现和利用。

就此而言，PIMS 还证实了我以前提出的一个观点：不管在哪里，正确的管理在本质上都是相同的；要想顺畅运转，所有商业组织都需要同样的因素。美国与欧洲在战略方面存在天壤之别，这种经常听到的论调已被反驳得体无完肤。另一个被证伪的观点是，在战略上，不同的业务领域，比如生产资料与消费品，必须区别对待。然而，PIMS已经不容置疑地证明，这两个行业的战略参数在基本结构上完全相同。如今，知识既是资源也是生产工具，甚至是产品本身，其重要性已大到无以复加，尽管如此，这至今尚未给PIMS得出的真知灼见造成任何可以预见的改变。

CHAPTER 11

第 11 章

打破战略障碍：
来自 PIMS 的三个开创性模型

PIMS 的发展过程充满了创新和先进的认识。它首先发明了一些之前并不存在的术语，因为后期的进展离不开它们。在 PIMS 的众多发现中，那些非常高效的模型开辟了战略规划的新天地。本章我将介绍其中的三个模型：用来确定业务潜力的标准模型（par Model），用来完成比较分析的相似者模型（look-alike model），用来优化客户价值的客户价值模型（customer value model）。

确定业务的潜力：PIMS 标准模型

标准杆（par）原本是高尔夫运动里的一个术语，指的是职业高尔夫球手击球进洞所需的平均击球次数。换句话说，它给高尔夫球手提供了一个衡量自身表现的基准。基本上，PIMS 的标准投资回报率就是衡量业务表现的标准杆。

可靠地确定实际投资回报率，是会计职能的例行任务。然而，就像其他财务比率一样，这个指标的意义非常有限，因为它是纯粹的运营变量，对战略意图而言往往具有误导性。人们常常忽视这样一个事实：最重要的比较基准是业务的利润潜力。

利用标准杆模型，PIMS就能非常准确、可靠、快速地提供这样的信息。此外，如果潜力是未知的，那么在盈利能力目标、投资、战略业务单元的人员配置或奖励制度等事项上，相关的战略决策就只能相当武断地做出。如果可以得到这样的信息，那么过去的失败战略有很多都将是不可接受的。

有了PIMS标准模型，我们就可以探讨战略选项的全新维度，进而优雅地解决这些问题。所谓的标准投资回报率，指的是所有机会都得到了真正的开发和利用后，一项业务能够实现的回报率。它可以低于或高于实际投资回报率，对此我稍后会给出解释。因此，PIMS标准模型可以测量业务的回报潜力，进而可以回答业务的管理是否足够得当，全部潜力是否真正得到了充分利用等问题。另外，它还可以确定有助于管理团队达到标准杆的优点以及妨碍达标的缺点。

在此，我不想再赘述这种方法，相反我会单独列出一些实际的影响，因为标准投资回报率会让我们对战略管理有新的认识。关于方法，我只想说，确定PIMS的标准投资回报率，类似于要确定一个人的预期寿命，当然要把此人的身体素质和生活方式考虑在内。

PIMS的标准投资回报率奠定了一个全新的、非常坚实的基础，可以服务于战略和商业计划的评价、运营目标和战略目标的制定，以及肩负利润责任的管理者的绩效考核。业务能否通过运营措施来改善，或者是否需要战略变革，这些必须有了标杆才能确定。

战略 · STRATEGY

绩效评价、奖励、人员配置决策以及企业文化

假设我们有 A、B、C 三个业务经理，其业务单元创造的投资回报率分别为 10%、25% 和 30%。每个经理的绩效有多好？哪个应该得到最高奖励？哪个将来有可能成为首席执行官？按照传统的标准，答案显而易见：C 将是优胜者。但是事实上，基于这些数字根本无法确定。要想做出恰当的决定，你必须知道各项业务的潜力，或者说 PIMS 的标准投资回报率。

假如标准投资回报率分别是 10%、15% 和 45%，那么 A 就是其中最优秀的经理，他应该得到最高奖励和升职，尽管他实现的财务结果最低。A 或许在经营一项应该放弃的业务，但他却最大限度地开发了业务的潜力，表现出了卓越的管理绩效。

相比之下，B 实现的回报是 A 的两倍多，但其代价是牺牲未来。他在过度开发业务，已经远远超出了业务的潜力。这些业绩将是不可持续的，因为当标杆降低时，实际回报率倾向于下滑至标杆。这样的业务往往会一夜之间崩溃，因为它们的内部早就变得非常脆弱了，尽管运营数字上体现不出来。B 有可能削减了开发成本或员工培训费用，或者降低了质量，或者定价过高。这些做法短时间内可能有效，但是不会长久。

然而，真正的问题在于经理 C。他实现了最高回报率，而且按照传统标准，他将获得相应的奖励，甚至有一天他很可能会被任命为首席执行官。你或许已经看到他得意扬扬、神气活现地在办公室中走来走去了。实际上他是一个糟糕的经理，因为他浪费了 1/3 的潜力，他的效率仅为可怜的 66%。他掌管着一座金

山，但却没能充分地开发和利用；相反，他沉浸在高回报的聚光灯下，而那所谓的高回报，如果参照潜力来衡量的话，最多也只能算平庸。如果业务原本能创造 45% 的回报率，那么从中取得30% 的回报率很容易，根本不需要管理者是个天才。

如果使用了标准投资回报率而不是实际投资回报率，立竿见影的好处包括奖励的公正性、恰当的人力资源政策以及卓越的绩效——因为经理 A 会被派去负责业务 C。企业的员工会因此拥有更高的激励水平和更积极的文化，因为他们很可能早就明白 A 才是真正优秀的执行者。

表象的欺骗性：不同的业务单元需要什么战略

图 11-1 演示了标准模型的逻辑。会计提供的实际回报率在纵轴上，按 PIMS 标准模型计算得到的潜在回报率在横轴上。在对角线上，实际投资回报率与标准回报率重合，或者说实际绩效等同于潜在绩效，图中业务 C 就是这种情况。

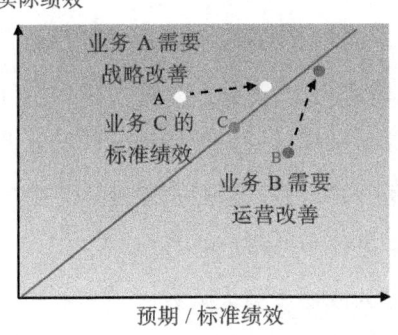

实际绩效与标准绩效的差异源自管理的好坏以及暂时因素。

长期目标：通过改善战略定位、运营效率和管理效果，业务单元可以向右上角移动。

图 11-1　基于潜力的措施

业务 A 的实际投资回报率高于标准，然而这是不可能持久的。除非采取对策，否则这样的业务往往会一落千丈，因为它们的实际绩效没有战略支撑。因此，这个业务需要战略因素上的改善，备选方案可以用标准模型来评价。业务 B 的情况正相反：其实际投资回报率明显低于标准，所以这个业务还有相当大的潜力。它需要改善利润的运营措施，这些措施同样可以借助标准模型来确定。

向成功者学习：PIMS 相似者模型

PIMS 相似者模型是最为强大的战略管理工具之一，因为它的出现使得不同业务之间的有用比较成为可能。也正因如此，它可以帮助管理者确定业务的最佳战略以及落实战略所需的战术。总而言之，它相当于两个最重大的战略创新合二为一。

这例证了 PIMS 数据库的独特性，以及"按结构参数而不是传统的合理性或行业标准来组织业务"这个想法的力量。

第一步，确定你们的相似者。在某种意义上，它们是你们的"战略同侪"。它们都是数据库中的业务，从整个参数概况的角度来说与你们的业务最相似。换句话说，要找到这样的业务单元：它们在市场份额、创新率、客户偏好、投资强度等方面与你们相似，因此有着相似的标准投资回报率（见图 11-2）。

第二步，把这些相似者分为成功者与失败者——前者是蒸蒸日上，后者是每况愈下。对那些需要运营改善的业务，这意味着实际投资回报率的提升；对那些需要战略改善的业务，这意味着标准投资回报率的提升。

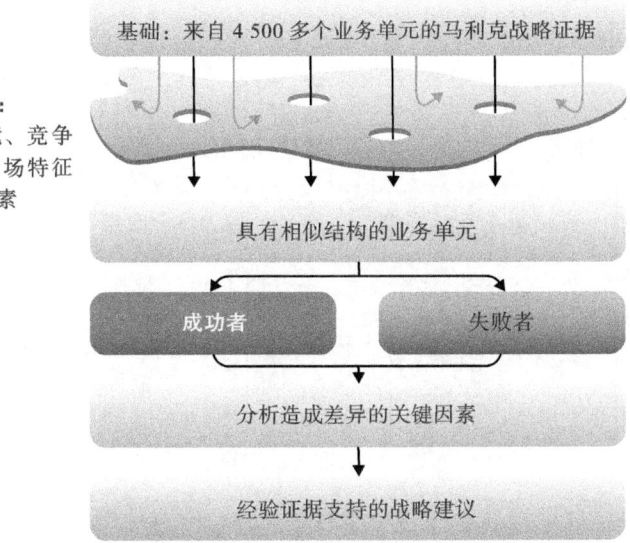

图 11-2　相似者过滤器以及成功者与失败者的区分

向成功者学习

成功者是指所有这样的相似者：它们从一个差不多的处境开始，一段时间后取得了远远好于其他类似业务的实际投资回报率和标准投资回报率。如图 11-3 所示，位于顶部区域的相似成功者改善了自身的处境，其标准投资回报率从 2004 年的 26% 提升至 2007 年的大约 40%。同一时期，相似失败者的标准投资回报率下滑至 21%，相似平庸者的这一指标仅仅从 26% 提高到 29%。

图 11-3 还给出了这个具体案例中成功者与失败者的区别。这给你制定自己的业务战略提供了非常有趣的可能性。事实证明，这样的成就并不是特殊的例外，即使是从相似的处境起步，

只要采取聪明的战略举措，你也能将其变为现实。看到了这样的证据之后，你现在就可以考虑其中的哪些成功要素可以移植到你的业务当中。

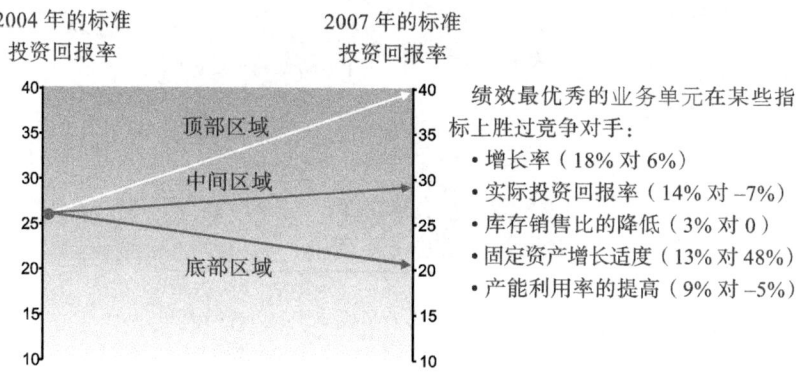

图 11-3　绩效最优秀的业务单元也能做得更好

成功战略与失败战略之间的关键差别，几乎总是源于几个需要平衡的要素之间的相互作用。解决方案几乎不可能存在于个别措施中，因为其他同侪很可能早就发现那些措施了。在本例中，解决方案是一组措施：

- 专注于重视优质服务的客户；
- 为了促进增长而大力支持销售队伍，但销售队伍的扩大要有节制；
- 提高服务质量，简化服务；
- 降低采购成本，尽管制造成本因此略有上升；
- 与供应商签订更大的合同，让他们产生更强的依赖性，从而提高自身的购买力；

- 让销售增长始终高于销售队伍的增长（4% 对 2%）。

事实再次证明，对于真正有效的管理而言，以前的单因果思维已不再奏效。系统性的互联和互动，措施的精细微调和完美配合，处处可见。本书第六部分将说明怎样利用敏感度模型来达到上述目的。因为每项业务都不同于其他业务，所以如果采用传统方法，这样的分析和战略设计会非常耗时。然而，新世界的工具往往能把所需时间减少到大约 1/10。

这一切怎样整合：MG 导航系统和 PIMS 标准模型

图 11-4 给出了本书前述各个要素怎样整合在一起的逻辑。MG 导航系统中的利润这个控制变量，驱动着 PIMS 标准模型的绩效图中实际投资回报率在纵轴上的位置。更高层面的利润潜力可以用标准模型来计算，并置于图的横轴上。如前所述，由此我们可以推出相似者分析的步骤。

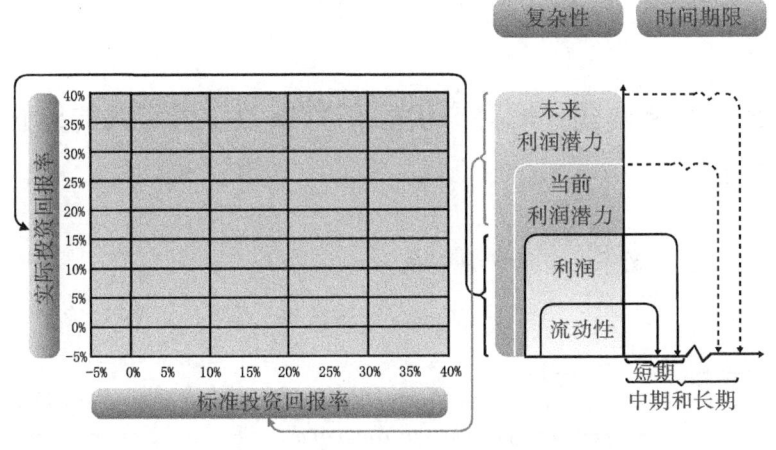

图 11-4　MG 导航系统与 PIMS 标准模型的整合

战略·STRATEGY

　　标准模型和相似者模型这两个工具，都能提供无与伦比的效率、精度和速度，可以用于并购、战略重定位和维度重定义等活动。它们能给出更快速、更准确、更恰当的结果，胜过我所知道的任何其他方法。

　　PIMS 标准杆概念还会彻底改变投资银行和私募股权业务。在探讨私募股权业务及其在 21 世纪面临的挑战时，培德拉姆·法尔施策茵（Pedram Farschtschian）已经在其书中相当准确地证明了这一点。法尔施策茵以严谨的逻辑描述了 MG 导航系统与 PIMS 的整合，其中包括其与标准模型的对接。他还指出，PIMS 的应用将彻底改变私募股权业务，因为与过去常用的评价标准相比，利用 PIMS 能更加迅速、高效地确定股本权益的价值。到目前为止，私募股权业务一直依赖于实际绩效数字和粗略的估计。现在，既然标准价值（或者潜在价值）已经知道了，投资目标、谈判策略、投资金额、投资对象的后期管理以及投资者的退出战略等，这些显然会发生巨大的改变。⊖

客户价值地图：把客户价值和竞争力作为可靠的指路明灯

　　　　"企业的唯一目的就是创造客户。"

　　　　　　　　　　　　——彼得·德鲁克，1954 年

⊖ Farschtschian, Pedram: *Private Equity fur die Herausforderungen der neuen Zeit. Strat- egische Innovation fur das Funktionieren von Private Equity im* 21. *Jahrhundert,* Frankfurt/New York, 2010.

与前面讨论过的两个模型相比，这个 PIMS 模型需要大一点的空间。㊀在此，请回想第二部分有关公司目标的两个假设：

- 客户价值而不是股东价值；
- 竞争力而不是价值创造。

到目前为止，我们已经探讨了很多东西，从公司目标、业务使命、中央绩效控制，到 MG 导航系统、战略地图及其阿基米德支点、不随解决方案改变的客户问题等。现在，我将介绍实践中如何确定客户价值。㊁就战略而言，有两个变量是客观的：客户和竞争。因此，对于企业的总体管理及其战略来说，也就存在两个可靠的定向点：客户价值和竞争力。尽管这两个变量都是"移动靶"，只要掌舵人始终盯住这些指路明灯，他就能让企业之船保持在正确的航线上，不管周围发生什么变化。

因此，首要战略目标必须永远是"比任何竞争对手都更好地服务于客户"。然而，让客户满意不一定非得放弃市场绩效，因为"更好地服务"不等于"更廉价地服务"。客户价值不仅有价格维度，还有质量维度，在越来越多的情况下，后者比前者重要得多。此外，竞争对手也对赚大钱的生意感兴趣。在市场经济中，根本不存在放弃这个选项，因为客户通常更喜欢经济上足够健康持久的供应者。

㊀ Gale, Bradley T.: *Managing Customer Value*, London, 1994. Bradley Gale was a close associate of Sidney Schoeffler, the "father" of PIMS at GE, and then for many years headed the Strategic Planning Institute in Boston, which was driving the PIMS research effort at the time.

㊁ Roberts, Keith und Chussil, Mark: " The meaning and value of customer value" , *Malik Online letter*, 2008.

客户价值地图：客户价值相对论

应对这个挑战的解决方案是来自 PIMS 计划的客户价值模型。它会引出客户价值相对论，这可以帮助我们轻松地驾驭众多战略问题。

客户价值有两个维度：一个是市场绩效的质量；另一个是其价格。这两个维度必须与竞争对手的对比，因此这是一个市场绩效的相对质量和相对价格的问题。可以说，客户价值包含战略管理的双重相对论：价值既相对于客户又相对于竞争对手。

用图来描述（见图 11-5），我们就得到了战略的客户价值地图。它可以反映与竞争对手相比，我们能给客户提供什么价值。对角线代表始终如一的客户价值——公平价值线。然而，价值线并不总是对角线，它也可以更陡或更平。对于质量敏感的市场绩效，价值线会更陡，甚至很小的质量改善都可以创造不成比例的价格上涨空间；相反，那些价格对质量改善不敏感的产品，其价值线会更平。

让我们跳过所有中间步骤来看结果：通过把业务放入价值地图，我们可以看到相对于客户的"世界观"，企业自身与竞争对手之间由客户价值驱动的战略关系。它是一张调查地图，反映从客户的角度出发，企业在争夺客户的竞争中的相对成败。这几乎是最具战略重要性的东西，正因如此，这种分析会引出最重大的管理结论和措施。

很显然，"相对论"这个术语在此有双重的相对含义：价值地图中包含的信息既是相对于客户的，也是相对于竞争对手的。

此外，这些信息在两个更深层的维度上也是相对的：相对于质量和相对于价格。图 11-6 给出了一个实例。

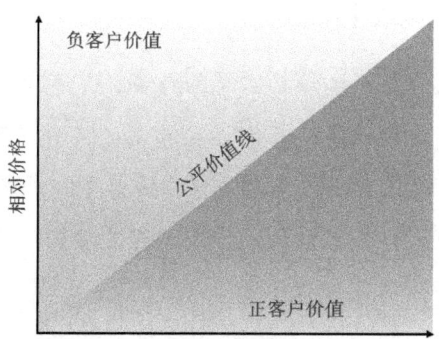

1. 从客户角度出发的质量
2. 用产品或服务的特性来衡量
3. 驱动客户的购买决策
4. 与主要的竞争对手做比较

图 11-5　客户价值地图

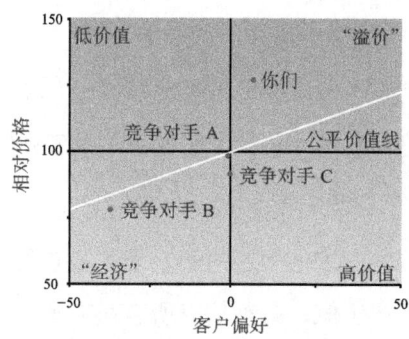

这四个位置代表不同的价值类别：

低价值 = 高价格，低客户偏好；通常会失去市场份额，尽管花费巨大努力营销；利润低。

"溢价" = 高价格，但是客户认为质量出众；一般通过创新和高强度营销来保持市场份额；利润合理。

高价值 = 低价格，强烈的客户偏好；通常利用适度的营销活动来赢得市场份额，但并非总能盈利。

经济 = 低价格，低质量；通常能保持市场份额，但频繁的促销会毁掉利润。

"公平价值线" = 价格与质量的权衡：平缓意味着价格敏感，陡峭意味着质量敏感。公平价值线与业务位置点之间的垂直距离 = 价值差异。

图 11-6　客户与竞争对手整合分析实例：客户价值地图

价值地图是个通用工具，因为它所提供的关键信息多于其他工具。关键问题和对应的答案都整合在了一个概念和一张图中，对此我们应该这样解读：

- 我们有一个价格敏感的业务，即使其相对质量或客户偏好有很大提高，其价格也只允许很小幅度的上涨。这时公平价值线就不再是对角线，而是更加平缓。
- 处于公平价值线下方或者说右侧的所有经营者，其价格与绩效的比率是正值，也就是说，其客户价值出众。正如PIMS所证明的那样，这些经营者将在平均2~5年内赢得市场份额。
- 处于公平价值线上方或者说左侧的所有经营者，其客户价值不如竞争对手。这些经营者将失去市场份额，还将失去投资回报率，因为尽管价格较高，但是要想保住一席之地，他们必须付出高得不成比例的营销和促销费用。
- 从博弈论的角度来说，价值分析还会引出极为重要的深层战略问题，比如竞争对手会怎样行动和反制我们的战略举措，哪些竞争对手会更容易打击。

这些理由足以让我们相信：客户价值地图是最重要的战略管理工具；必须始终关注和监控客户价值；必须培养所有员工的客户价值意识。

第一个维度：双重相对质量触发客户偏好

我要再次强调：质量越好，业务的盈利能力就越高。然而，

"质量"是个复杂的概念,需要正确地理解,不然很容易犯下代价高昂的错误,尤其是在这个领域。

"质量"绝对不应该仅指产品质量,而是必须包含业务整个市场绩效的质量。后者既包括产品的特征,比如技术规格、性能参数、材料特性、设计、工艺等,还包括相关的服务要素,比如准时交货、易于购得、用户友好、售后服务、一般可靠性、金融工程等。

这些服务要素正变得越来越重要,因为尽管企业在差异化方面做了诸多努力,产品还是变得越来越相似。如今,所有供应者都能实现技术质量,否则他们几乎连参与竞争的机会都没有。因此在很多行业里,左右购买决策的不是产品特征,而是包含在市场绩效中的服务。

客户怎样看待这个世界

第二个要点在于,基于价值的质量几乎从来不是研发或其他科技职能所认为的质量:它永远是而且只能是客户所感知的质量。换句话说,必须永远把"质量"理解为客户感知质量。这个原则没有例外。因此,它也定义了沟通、促销和广告等活动的目标和宗旨。

客户感知往往与经济学家所谓的理性相去甚远。经济学中只有一种客观性,那就是客户的主观性。不管客户的行为在技术人员、物理学家或计算机专家看来多么不理性,那都是他们的理性。唯一重要的是客户怎么看。客户被定义为"可以说'不'的人"。

在 B2B 关系中,购买者也是"专业人士",也就是说,客户就是采购人员。在这种情况下，主观性的重要性略有减弱，对供应者来说，理性因素更容易预期和评估。

前面提到过，质量不仅是相对于客户的，还是相对于竞争对手的。就像在大多数运动中一样，在商业中，仅有绝对意义上的优秀还不够——要想胜出，你必须比竞争对手优秀。你必须自问："我们是好于还是不如竞争对手？"这对非常注重技术的企业来说格外重要。很多工程师倾向于去做技术上可能的东西，不管客户想要什么，也不管竞争对手提供什么。过度设计所导致的损失和成本，很可能已经超过了财务或人事等方面的错误。

最后一个要点是：质量评价绝对不能把价格考虑在内，因为价格是另一个单独的维度。人们常常把有竞争力的价格看成是质量的一部分，这是错误的。当然，在少数奢侈品市场中，缺乏竞争力的价格被认为是可取的，但即使是在这些市场中，客户真正想要的也是独特性和声望，而不是过高的价格本身。

第二个维度：相对价格

相对价格是价值地图的第二个坐标，是供应者自身与最重要的竞争对手之间的价格对比。因此，它最适合用指数来表示：100意味着"我们刚好跟竞争对手一样贵"，110意味着"我们比竞争对手贵10%"，90意味着"我们比竞争对手便宜10%"。

把相对质量和相对价格这两个维度结合起来，我们就能得到"双重相对价格绩效比"，完美地对应于客户价值这个复杂概念。

四重价值分析：自我形象与公众形象、客户与潜在客户

我们的客户价值分析永远是四重的：既面向客户，也面向潜在客户；既面向企业的自我形象（由员工队伍决定），也面向企业的公众形象（由客户决定）。

在这里，业务使命的逻辑再次发挥作用，就像第二部分曾经解释的那样。

员工通常很难从客户的角度探讨和评价质量。另外，他们的看法都是片面的：例如，工程师眼中的质量不同于营销人员，而销售和分销专家则另有不同的观点。对于质量评价，一个严重的障碍是，员工对产品潜在的认同有时甚至到了热爱的程度，然而很不幸的是，这意味着他们无法再从别人的角度看世界。

因此，我们必须去问客户，这样才能更加贴近他们的现实，说到底，这才是购买决策的驱动因素。在越来越多的情况下，甚至问了客户也不够，因为他们往往自己也说不清为什么买这个而不买那个。由此得到的结论是，我们需要抓住一切机会观察正在购买的客户，研究他们的购买和使用情境。在客户使用产品时观察他们，我们就能得到最佳结果。

当我们对现有客户已足够了解时，我们还有必要看看"潜在客户"，这要求更高的专注度。但是，这样做既有意义又有乐趣，因为如此简单的方法就能让我们获得很多新认识。

图 11-7 不言而喻；当你为自己的业务做这样的分析时，我建议你要非常仔细地研究。它的重要性不亚于一支领导有方的军队使用的军用地图，同时显示了己方和敌方的位置以及所有相关细节。

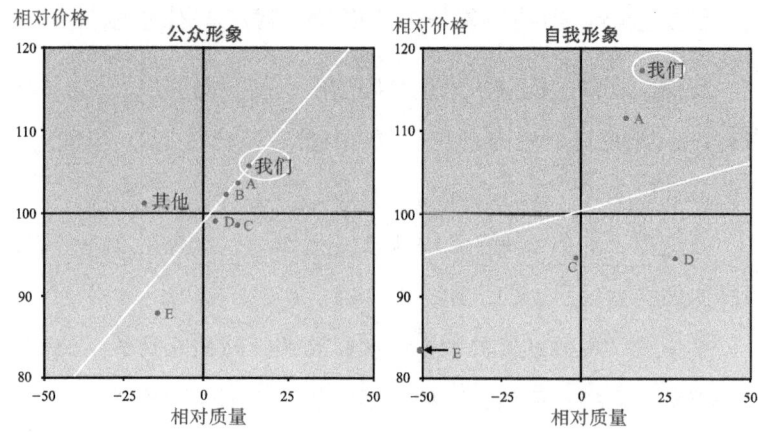

图 11-7　一个典型客户价值分析中的自我形象和公众形象

在实例分析中，自我形象与公众形象的差异并非总是这么大。尽管如此，在成千上万的分析案例中，仅有几例是自我形象和公众形象的一致程度超过 70%。换句话说，有 30% 的关键购买因素被习惯性地忽视了。这种错误代价巨大，但现在它也是一个良机，只要你能更好地理解和消除这些差异。

什么驱动着购买决策

客户价值分析使用的 PIMS 工具是属性图（attributes chart），其中包含可能驱动着购买决策的价值标准。这些标准按照重要性和完成度来评分，当然也是相对于客户和竞争对手。事实证明，在整个过程中，不仅对各个属性的评分结果差异巨大，甚至对某个标准能否作为客户价值的属性也存在分歧。

详细描述各个属性需要完整的案例研究。图 11-8 中的每个数字都代表市场绩效的一个质量属性，可能驱动着购买决策。无须深入研究也能看出，有些属性在自我形象和公众形象中的评分相去甚远。

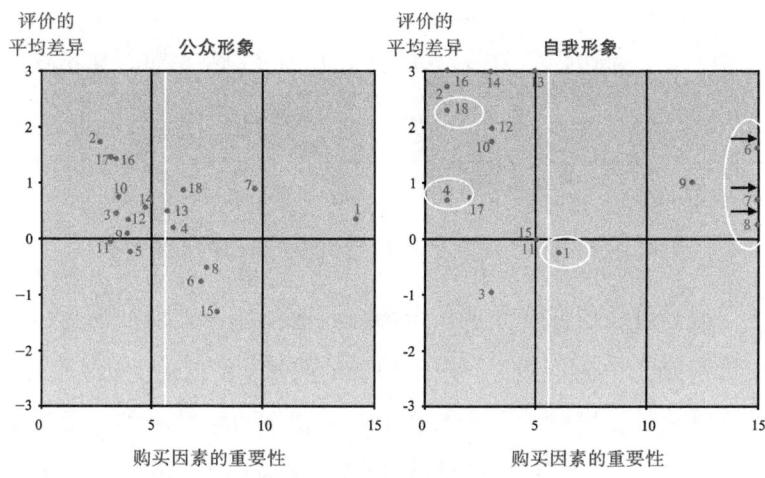

图 11-8　同一实例的客户价值属性图

这样的客户价值分析是最重要的战略设计工具，分析过程及其结果为企业更加了解自身业务提供了绝佳机会。每次探索引起不同感知的原因，都像是一次深入客户和竞争对手的陌生世界的探险。此外，几乎没有其他方法能让经营者如此全面地了解自身。

不断反馈直到价值正确

基于上述分析，我们启动了一个双重调整的过程：同时调整质量评价和质量本身，直到消除所有差异，自我形象与公众形象达到一致（见图 11-9）。

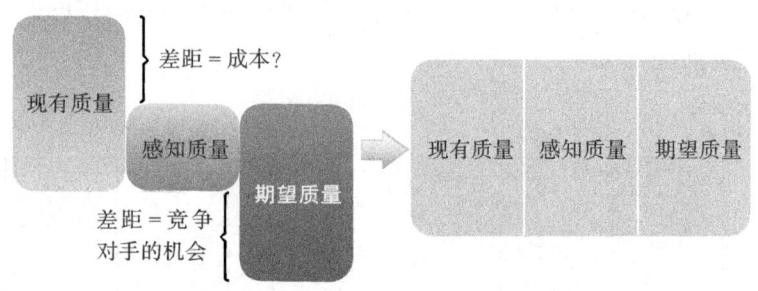

图 11-9　期望价值、现有价值和感知价值的不断调整

这个过程通常会涵盖从市场绩效的重新设计到市场沟通的改变等所有内容。这样一来,"浪费的质量"造成的"成本差距"就可以消除,同时又不会给竞争对手留下可以填补的"质量差距"。另外,既可以调整市场绩效的质量以匹配客户感知,也可以通过沟通来改变客户感知,还可以双管齐下。

这些管理客户价值的努力绝对值得付出,其对绩效的成本维度和价格维度有着巨大的杠杆效果,往往能让企业的利润率提高几个百分点。出于某些理由(比如为了股东价值)忽视客户价值管理,这就等于是拿企业的生存冒险,最终也会给股东造成损失。

STRATEGY

第五部分

领先变革：
新业务的成功因素

"我们不相信进步，我们实践创新。"

——彼得·德鲁克

第五部分将阐释怎样在战略上领先于变革，怎样积极地触发变革，以及怎样利用 PIMS 的研究成果来制定成功的创业战略。

CHAPTER 12

第 12 章

变革潮流中的不变量

变革是自发的还是人为的？答案：两者兼有。变革既不是纯粹的混乱与巧合，也不完全是计划和制造的产物，而是这两个维度以不断变化的比例和程度相互作用的结果。社会系统属于至今仍认识不足的所谓"自发秩序"的范畴，有其自己的动态并且不断地自我重组。有关这一主题的更多内容，请参阅我的著作《公司策略与公司治理》。

我们显然无法真正理解如此复杂的系统，它们仍然是神秘的黑箱。令人惊讶的是，尽管如此种种，变革的确有它自己的系统模式和动态秩序。它们从诸多因素高度复杂的互动中浮现出来，并且可以利用动态系统分析的某些要素来确定。这非常像是在探索新大陆，你可以称为复杂系统的知识大陆。这也正是本章探讨的主题。

对于我们的时代以及 21 世纪巨变而言，本章的主题是最重要也最神秘的问题之一。本章的核心内容是战略地图中最复杂的那些格子，将被用来处理已经如火如荼或暂时尚未到来的巨大变革,它们的诱发因素以及它们将会呈现的模式。

如图 12-1 所示,本章的重点是不随解决方案改变的客户问题与创新和替代过程之间的系统关系,也就是图中的 2、3、4、5、7 号格子。

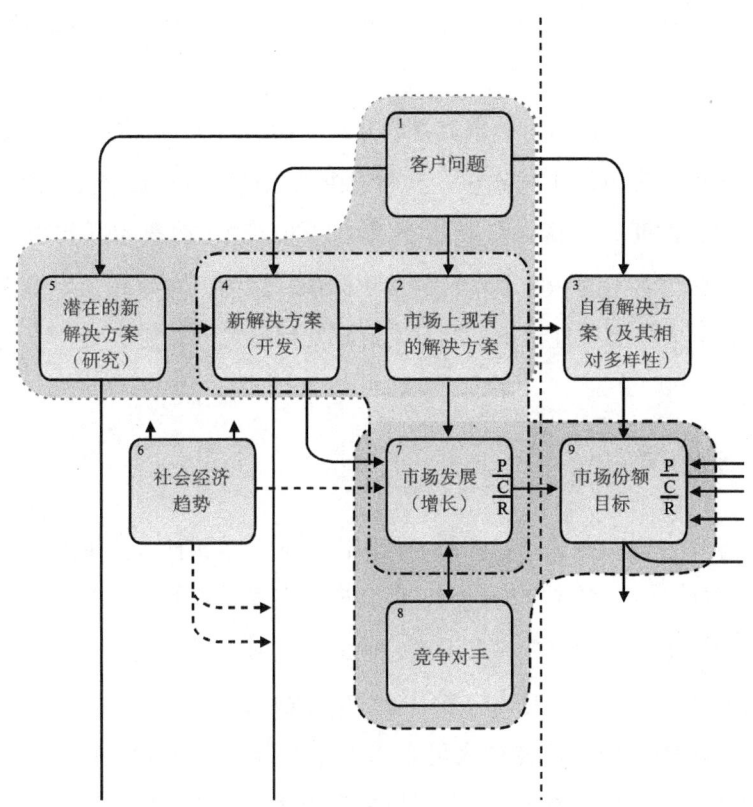

图 12-1　确定巨变的驱动因素

谁能窥探到表象背后的本质,谁能在不断变化的潮流中找出不变量,谁就能在争夺领先地位甚至谋求生存的激烈竞争中取得巨大优势。只有具备这些知识,你才有可能找出可行的解决方案。这样的知识既是救生圈,也是你在新世界中确立新地位所需的工具。有了这些知识,企业家和高管不仅能更好地定向,甚至还能利用变革的复杂性,因为对于那些不知情的人来说,这样的复杂性似乎永远无法理解。具备了这些知识,对这种复杂性及其背景的理解,很快就会变成全新解决方案的发射台、发动机和加速器。

我经常与彼得·德鲁克讨论非常复杂的创新管理问题,以及应对重大变革的正确战略。只有极少数人能和我一起谈论技术、科学、发明、创新以及成功营销之间的互动,德鲁克是其中之一。探讨这些问题需要广泛的历史知识,因为只有熟悉其历史联系,你才能真正地认识从初始创意到实用技术的转变。

模式的魔力

意大利物理学家切萨雷·马尔凯蒂对技术和社会变革的 S 形曲线模式做了系统分析研究,而我碰巧很早就接触到了他的这一开创性工作。我立刻就意识到,他的研究成果以及他分析复杂系统的方法对于重大的战略决策有着重要意义。

之所以会有这样的先见之明,是因为我一直非常关注文化和技术历史之间的联系,从早期的高级文化到罗马和中国直到当代。这种联系贯穿古今,从古代文化的灌溉技术、大型建筑和军队组织,到现代研究实验室的系统方法,再到用于问题解决、决策和巨变管理的革命性社会技术——也就是第六部分将会介绍的协同整合。

在这些问题上,切萨雷·马尔凯蒂与德鲁克不相上下。我曾多次邀请他来演讲和讲学,与他讨论绝对令我和听众兴奋不已。如今他居住在托斯卡纳,以他新颖独特的方式研究着达·芬奇的生活和工作。

马尔凯蒂极为优雅地刻画出了复杂变革过程的进展模式和动态秩序。在他所研究的3000多个案例中,有很多变革过程的时间跨度达到了数百年,然而它们的确有一个完美的韵律。它们就像是一首交响曲,由一位隐形的音乐大师指挥着;或者,存在一个"隐藏的控制系统",它驱动着发明、创新、替代和开发利用的整个过程——从创意到上市,直到最后被新的解决方案所取代。

我立刻就意识到:这类变革和重组过程的阿基米德支点,必然是原始的、不随解决方案改变的客户问题;掌握这些知识的人能够自由驾驭变革的浪潮,因为他们能看清把所有系统及其子系统联系起来的模式。甚至是在以前没有联系的事物中,他们也将开始看到内在的逻辑连贯性,因而能够安全地导航。

现在,对于"不随解决方案改变的原始客户问题",我可以赋予它一个全新的维度,因为这个阿基米德支点不仅是特定个体或目标群体的客户问题,而且还可以扩展到整个社会领域。我已经非常清楚地认识到,整个社会的原始挑战,比如生存、进化适应、生存能力以及正常运转等,可以作为我们思考和研究的重点。

我们也会被取代：创造性破坏

对于任何组织而言，一个最大的挑战是针对同样的原始问题，从一种解决方案到另一种解决方案的转变。这恰恰是巨变的本质。纵观各个历史时期，没有哪个解决方案是永久不变的。所有解决方案都是暂时的，也就是说，持续时间是有限的，而且其重要性也是暂时的。同样，没有哪个产品是市场不可或缺的，因为总会有替代品。

因此，作为战略思维的基础，其中一条公理就是：

"今天存在的一切都将改变，即使我们现在还想象不出改变的方式。"

这也是"自我重组的系统"这个术语的内涵之一。从这第一条公理可以得出第二条，也是一个基本的战略前提：

"我们也将被取代，尽管我们现在还不知道何时以及被什么取代。"

产品离原始的客户问题越远，这两个假定就越重要。请记住，每个衍生出来的解决方案都将重复前一个的命运，也就是说，它迟早也将消亡。

这些公理包含着一个最重要的变革思想，也就是美籍奥地利经济学家约瑟夫·熊彼特提出的"创造性破坏"的概念。迄今为止，他是第一个也是唯一一个认识到商业领域的更新和取代过程无比重要的经济学家。这种认识构成了其经济理论的核心。在其他的经济理论中，几乎从未有人提到企业是社会的生产子系统，企业家是功能细胞。这些理论关心的是价格和成本、商品和货币，但是从来不关心那些冒险创新和投资的人们，那些靠借贷来实施自己的计划因而让整个商业保持活力的人们。

这些转变让我们把关注的焦点投向了变革的动态及其进展模式：非线性和复杂互动的关系，几乎总是遵循 S 形曲线的基本模式，其参数往往可以及早确定，足以让我们在一个坚实的基础上做出重大、长期的战略决策。除此之外，别无他法。

图 12-2 给出了两条重叠的 S 形曲线，分别代表当前和未来的利润潜力。它们解决的是同一个原始问题，只不过方式不同。

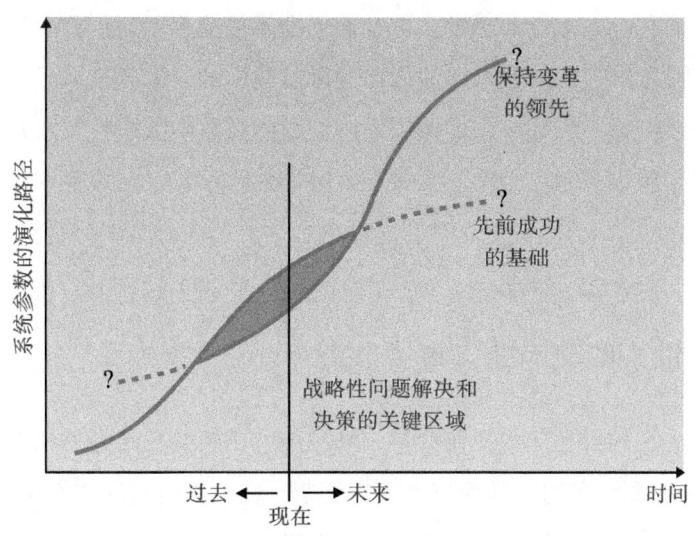

图 12-2　双波浪变革模式

从马尔凯蒂的分析中我们可以得出结论，商业和社会是两个"学习系统"，因为它们不断地破旧立新，不断地适应和自我更新，不断地获得和吸收新的行为、知识、工具和方法。S 形曲线不是增长的典型进展模式,而是学习过程的典型进展模式。很多领域都有生动的例子,比如生物学和行为科学。这些转变过程可以描述创意怎样变成发明和创新,然后变成产品和服务,通过市场进入人们的生活,从而影响人们的行为,最终又从社会上消失。这些过程就是主控,社会系统通过它们来实现长期的自我构造和自我控制。它们足够稳定,可以充当定向辅助。正因如此,即使是最深远的变革也不会真正地"意外"到来。只有那些不知道怎样解读预兆的人,那些对重组过程的潮流不够熟悉的人,才会对它们的发生感到意外。

还有一些人也会感到意外:他们拒绝接受变革,声称一切都在控制之中,坚决不承认他们自身以及他们的决策都从属于更庞大、更广泛、有其内在规律的系统。我能在早期阶段就发现从旧世界到新世界的21世纪巨变,S形曲线是功不可没的基本原则之一。

S形曲线的交响曲:看清未来

在其科研生涯中,切萨雷·马尔凯蒂用系统分析的方法考察了3000多个案例,其中有些极为复杂。在几乎所有这些案例中,他都发现了同样引人注目的模式和连贯性。

为了更清晰地阐释那些基本模式,证明它们的普遍适用性,本章将从他的数据库中选择少数来自不同领域的典型案例,再从我们自身的实践中挑几个实例作为补充。这会让读者感受到自我重组的复杂系统及其变革过程的动态中存在的规律性。至于系统分析的方法问题，在此不做讨论。

马尔凯蒂的研究涵盖了范围庞大的系统分析，涉及各种不同的领域，比如汽车业、交通运输基础设施、供电系统、城市发展动态、艺术家和科学家的智力创造过程、人口和生态系统、气候问题、发明和创新浪潮的动态等。

S形曲线有时也称为逻辑曲线或逻辑功能，是健康的自然增长的基本模式。它一开始进展缓慢，随后呈指数加速，到达拐点之后趋于平缓，最终达到并稳定在系统的饱和水平。健康的增长是S形增长，任何其他类型的增长都是不健康的。

这种认识使得魔法般的未来愿景成为可能。正如我在本书第一部分指出的，这种愿景完全不同于传统的预测方法。这种预测描述的不是个别变量而是模式，然后使得个别模式因素的确定成为可能。换句话说，它从惯常的线性外推转变为探索复杂系统的行为模式。⊖

简单增长过程

第一个实例源于自然界，它就是向日葵的生长。向日葵在

⊖ 弗里德里希·冯·哈耶克（Friedrich von Hayek），大多数人只知道他是个经济学家，但是事实上，他探讨复杂现象及自发秩序的理论著述更加重要。在我1976年发表的教授资格论文《复杂系统的管理战略》（*Strategy of the Management of Complex Systems*）当中，我曾引用过他的观点。我的这篇论文基本上为我的管理理论奠定了理论基础。哈耶克对模式解释和模式预测等主题的探讨参见："Degrees of Explanation", in *Studies in Philosophy, Politics and Economics*, Chicago, 1967.

85天内不断生长，一直长到大约2.4米高。根据生命形态的不同，增长的持续时间和参数细节可能大不相同，但是健康增长的模式总是相同的。不管是培养皿中的细菌菌落还是向日葵，其增长模式都是S形的（见图12-3）。

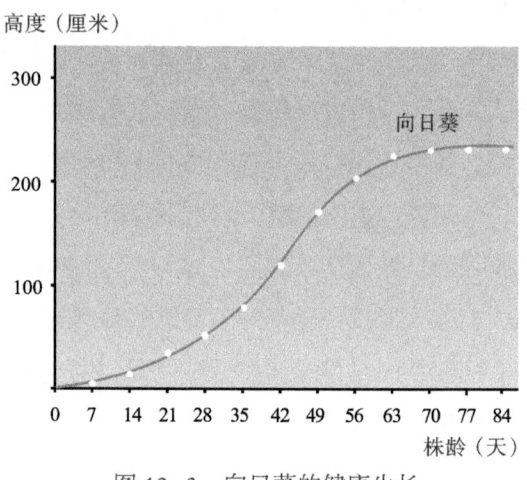

图12-3　向日葵的健康生长

因此，预测增长过程是可能的。即使只有少量数据，我们也可以相当准确地预测对商业战略至关重要的三点：第一，绝对数量达到什么水平，增长就会停止；第二，S形曲线的拐点出现在什么位置，这是确定增长率的关键；第三，整个过程会持续多久。换句话说，我们可以基于增长模式来为商业战略做出评估：市场和销量能有多大，市场和销量的增长率能有多大，达到这些参考点需要多长时间。

这些参考点对战略决策而言价值巨大。这些参数的测定可能达到的统计精度往往令人惊讶。然而，就实际应用来说，这并不像有些人想的那么重要,因为他们总想证明 S 形曲线做不到的那些事情。毫无疑问,这个条理清晰的工具也有其局限性。意识到这一点,就像知道这种模式探索能带来哪些好处一样重要。

只要还在合理的范围内,统计精度就不如系统模式本身重要。例如,没有必要一开始就做出几十年后才会变得重要的关键决策,比如针对达到饱和水平后的制造能力等。聪明的做法是跟着市场一起增长,尽可能晚而不是尽可能早地做出高风险的决策。增长的进程越深入,单个数据点就会越准确;或者,我们可能会意识到,模式已不再稳定,曲线改变了方向。两者都是定向的线索,如果没有它们,我们通常只能在黑暗中摸索,不得不武断地做出高风险的决策,包括"什么都不做"的决策——这往往正是风险最高的决策。

同样的增长模式也存在于社会技术系统中。例如,1950～1990 年意大利等国家汽车的绝对数量(见图 12-4a),以及 1990～2000 年奥地利手机占电话市场的份额(见图 12-4b),都是按照这个模式增长的。如果观察数据资料时你头脑中有 S 形曲线,那你很快就会识别出这种模式,或者能够留意它的出现。

有人可能会质疑说,这些都是事后分析,当事后诸葛当然不容易犯错。确实如此,但是既然这些模式如此频繁地出现,几乎没有例外,那它们就必然可以事前预测。因此问题在于:通过探索这些数据资料,我们在哪个时点上能得出什么结论?在复杂情境下,每多一点点信息都很宝贵。

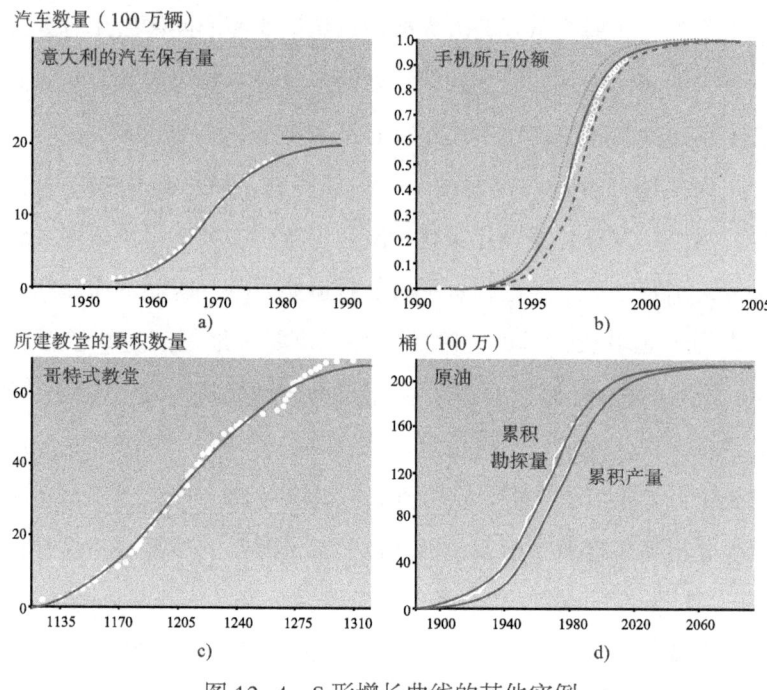

图 12-4 S 形增长曲线的其他实例

在图 12-4c 的左下区域,我们可以看到过去 200 多年欧洲哥特式教堂的增长模式。这里的测量变量是所有已建成和预计那时会建成的教堂的累积数量。在图 12-4d,给出了一个尚待证实的例子,其中油田勘探与原油产量的增长曲线是平行的,都呈 S 形。两条曲线都从 1900 年开始,但最早的数据可以一路追溯到 1850 年,因此时间跨度约为 200 年。累积勘探量和累积产量都应该在 2020 年或 2030 年前后达到饱和。

最后一个例子追溯了莫扎特的创作生涯,测量的变量是其作品的累积数量(见图 12-5)。这条曲线也遵循同样的逻辑进展模式,与马尔凯蒂分析过的很多其他的艺术家和科学家一样。想到可以从中得出的结论时，这种模式真的发人深省——不过，那不是本书的主题。此处的重点在于，我们已经证明了 S 形曲线描述的现象及其覆盖范围，以及从战略工作的角度来说，我们能从中学到什么。

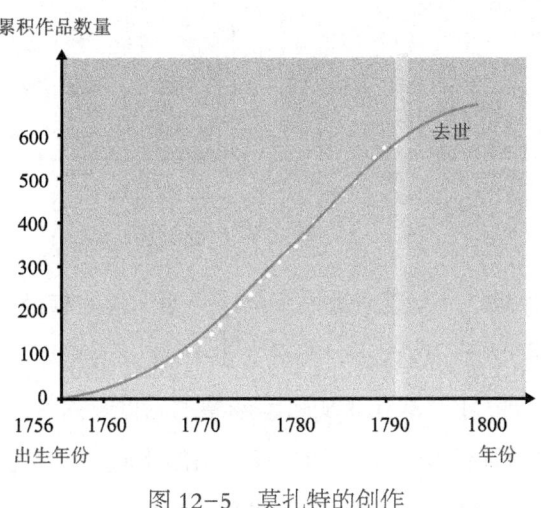

图 12-5　莫扎特的创作

从增长到替代

现在，我们将从简单的增长过程进入更加复杂的替代过程。遵循同样的模式，从 1900~1930 年，在美国作为运输工具的马匹被汽车所取代。[⊖] 在欧洲，针对"运输"这个不变的客户问题，轨道车作为一种技术解决方案取得了一定的进展，但是在很长一段时间内，这些轨道车还是要由马匹拉动。在 1900 年的美

⊖　Nakicenovic, Nebojsa: *Transportation and Energy Systems in the United States*, Laxen- burg (Austria), 1986.

国,马匹仍然是最主要的运输工具,占据了几乎100%的市场份额(见图12-6)。

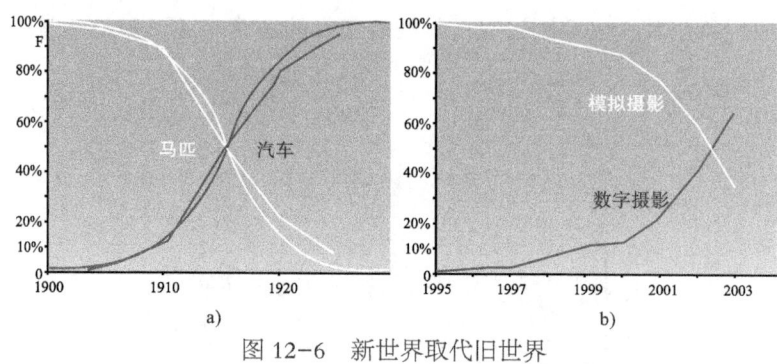

图12-6 新世界取代旧世界

同一时期,汽车逐渐进入了全球交通运输的舞台。在沿着S形曲线征服市场的过程中,汽车在1915年就夺取了一半的市场份额,到1930年就取代了城市运输中的马匹。这并不意味着在美国就此看不到马匹了,恰恰相反,马匹比原来更多了,只不过它们现在被用来解决其他的客户问题。

数字摄影替代模拟摄影的过程(见图12-6b)也遵循同样的S形曲线。还记得我前面提到的那个故事吗?在1995年,一些来自模拟摄影行业的人参加了我主持的一个战略论坛,他们认为,数字摄影可能会取代模拟摄影的想法非常可笑。如果只基于市场份额数据以及传统的思维方式,那么当时谁也不敢断言彻底的替代即将来临,整个模拟摄影行业将近乎消失,而且整个过程将在10几年内就尘埃落定——这个时间太短了,各大公司根本来不及做出反应。

相比之下,如果当时有人熟悉此处描述的创新循环,那么他们就可以确认灾难正在迫近。因为这项技术本身已经相当成熟，只不过尚未出现在市场中，所以战略设想必须涵盖这一潜在的替代，回答这样一个问题：如果这一替代真的发生了，我们的企业会有怎样的遭遇？

模拟摄影当时独霸市场的地位，并不能防止自身被新的解决方案技术所取代。模拟摄影的当前利润潜力注定会消失，因为它的未来利润潜力已经是个虚拟现实了。模拟摄影的旧世界必将灭亡，因为数字摄影的新世界已经浮现。

这些例子非常清楚地表明，新世界的出现不是因为旧世界已经停摆，而是因为新的解决方案比旧的更好。马车被淘汰，不是因为马车变差了，而是因为汽车正在进入舞台，马车必须给汽车让路。这同样适用于21世纪巨变。

相互竞争的几个系统

那些多重替代的案例格外令人兴奋。一个令人叹为观止的实例是美国的交通运输基础设施的交替——从水路到铁路，然后到公路，最后到空中航线，未来还有可能出现高性能的磁悬浮列车（见图12-7）。这种列车起源于德国，如今在中国已经投入使用。有些初步的设想认为，可以考虑修建磁悬浮洲际列车，比如从中国到欧洲；或者，它也可能是别的东西，比如远程呈现（telepresence）和3D打印，同样可以满足"让人或物体置身异地"这种不变的需求，而且无需物理搬移。

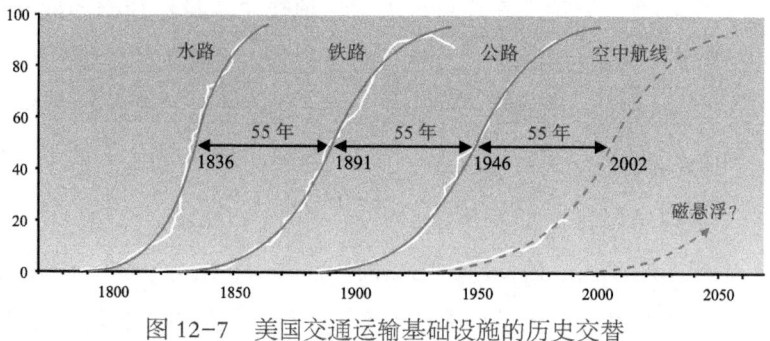

图 12-7　美国交通运输基础设施的历史交替

前后交替的两种大型交通运输基础设施，其间隔存在非常显著的规律性：从一个中心点到下一个中心点，所谓的"半衰期"每次都跨越了大约55年。这让我想起了另一位先驱尼古拉·康德拉季耶夫（Nikolai Kondratieff），稍后我会介绍他。如果这种基本模式保持不变，那么下一项技术将在21世纪50年代末达到其中心点：到那时，这些基础设施将会蓬勃发展，一个以此为中心的全新产业将会建立起来。这是一个极为复杂的过程，其时间跨度超过了200年，然而借助于逻辑系统分析，我们仍然能非常清晰地描述它的逻辑和动态。在没有人能够测量的无数细节背后，一个有序的体系逐渐显现。

另一个例子是美国初级能源的替代。当我们用对数标度描述各种初级能源的市场份额时，我们得到了一个显著的模式。从木材到煤炭，然后到石油和天然气，再到核能以及可能接班的某种绿色能源"solfus"（前途尚难预测的"太阳能制氢"），一个能源浪潮接着一个，呈现出了让人难以置信的规律性。

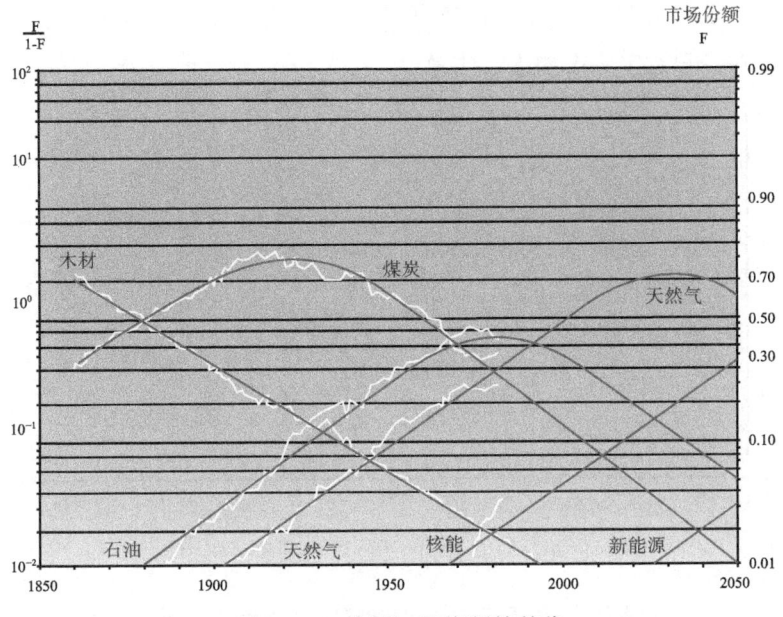

图 12-8 美国初级能源的替代

发现划时代变革的神秘驱动力

现在，我们将进入神奇 S 形曲线交响曲的高潮，揭示重大的经济和社会变革背后的驱动力：一个接一个发明和创新的浪潮。

在分析创新浪潮广泛、长期的进展之前，作为预热，图 12-9 给出了格哈德·门施（Gerhard Mensch）在 20 世纪 70 年代精心确定的基础创新的批次发展。第一个积累高峰出现在 1770 年前后，第二个在 1830 年，第三个在 1850 年，最后一个在 20 世纪 30 年代。很显然，基本创新呈现为一个个独特的浪潮，而这些技术浪潮每次都引发了深远的商业和社会变革。同样，前后两个浪潮的波峰间隔也是 55 年左右——这让我们对事物怎样联系在一起有了一个初步的印象。

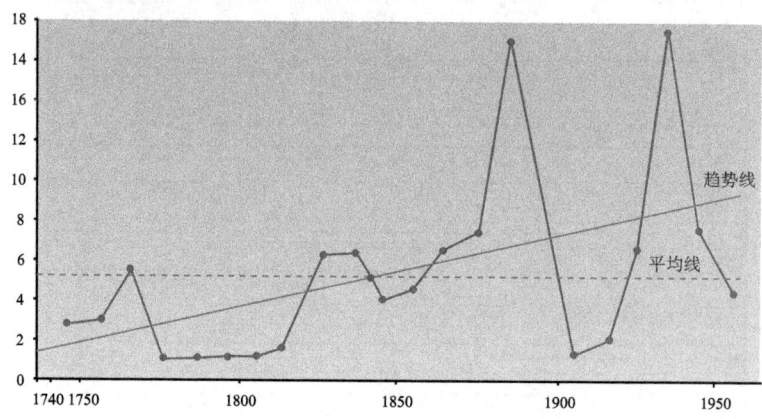

图 12-9　1740 ~ 1960 年的 220 年里基础创新的频率㊀

马尔凯蒂从上述观察中推断出了四个连续的技术浪潮,它们有着惊人的规律性,决定着从 1700 ~ 2100 年 400 年间的巨大变革。㊁

观察图 12-9 时,请注意纵轴使用了对数标度,这样 S 形曲线就会转变为直线。换句话说,这些图中的所有直线在正常的坐标系中都会变成 S 形曲线,和之前的图一样。

㊀ Mensch, Gerhard: *Das technologische Patt*, Frankfurt, 1977.

㊁ Marchetti, Cesare: "Society as a Learning System—Discovery, Invention and Innovation Cycles Revisited", in *Technological Forecasting and Social Change*, Vol. 18, 1980. Marchetti, Cesare: *Pervasive long waves: is human society cyclotymic?* Prepared for the Conference "Offensiv zu Arbeitsplatzen", Cologne: Weltmarkte 2010, September 14-15, 1996.

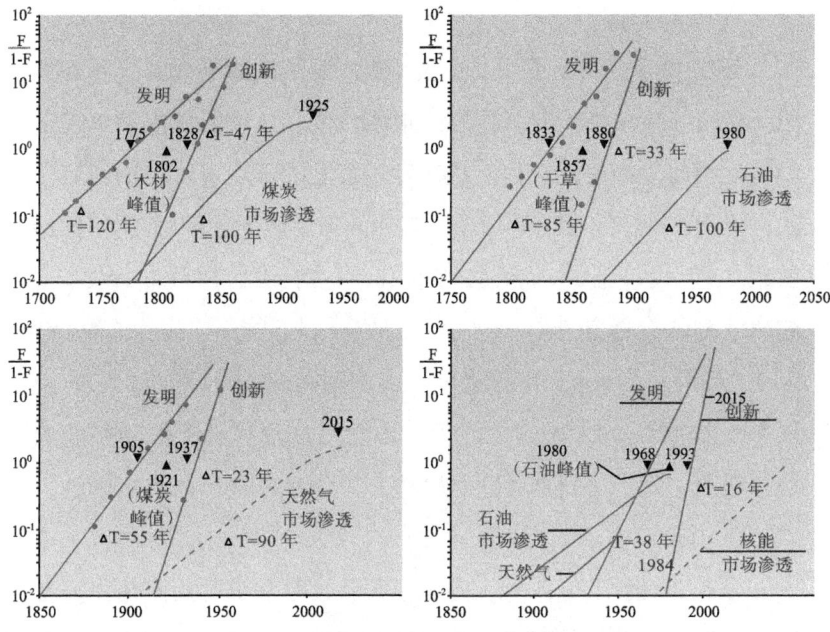

图 12-10　四次发明和技术浪潮的进展模式

百年周期：发明—创新—替代—开发

要想理解 21 世纪巨变及其提出的战略问题，我们现在应该处理四次革新浪潮（其中三次已完成，一次仍在进行中）及其显著的规律性和时间常数。以门施的工作为基础，马尔凯蒂已经对它们进行了研究。很多经济上的重大事件有着显著的协调性和同步性，这非常令人感兴趣，值得我们更深入探究。

历史上三次浪潮的中心点分别是 1802 年、1857 年和 1920 年，而当前这次的中心点是 1980 年。这些浪潮的时间分布具有惊人的规律性。在某种意义上，它们以共同的节奏律动，就像一个生命系统。

马尔凯蒂得以重建了上一次 S 形发明浪潮的进程。只要人类创新和吸收新事物的方式不发生根本改变，这第四次浪潮看起来仍将延续此处描述的进程。这次发明浪潮的开端可以追溯到第二次世界大战前夕，其中心点落在 1968 年。这次创新浪潮始于 20 世纪 70 年代，至 1984 年达到了 10%；等到了中心点 1993 年，这次浪潮的全部创新有一半已经完成；剩下的一半发生在 20 世纪 90 年代；在 2002 年到达了 90%。图 12-10 中的"T"代表从 10% 进展到 90% 所需的时间。由发明浪潮和创新浪潮构成的整个浪潮，其中心日期（也就是两个子浪潮的 50% 时点之间的中点）是 1980 年。

早在 20 世纪 70 年代，马尔凯蒂就预言从那之后石油作为初级能源的市场份额将下滑，将日益被天然气所取代。这个预言无疑已经成真：就绝对数量而言，我们仍在消耗更多的石油，但其他初级能源占总消耗量的份额日益增大。20 世纪 80 年代的这波创新浪潮将再次推动经济的回升，尽管在时间上会有相当大的滞后。在那之前的这段时间将是 21 世纪巨变的关键阶段，期间必然会有动荡、经济困境和企业倒闭，但是也伴随着巨大的创新活力，使得旧世界过渡到新世界、以前的秩序转变为另一种新的全球秩序。

马尔凯蒂还大胆地设想了两次延伸到 2100 年之后的浪潮。按照他的推算，2040 年前后天然气的市场份额将达到顶点，之后将逐渐被核能取代，而后者将在 2090 年前后达到顶峰。马尔凯蒂认为，到那时太阳能聚变应该已经足够成熟了，将逐渐取代核能。

图 12-11 中的虚线代表 S 形发明浪潮，带点的虚线代表相关创新的发展。这些线变得越来越陡，意味着每个浪潮内的发展在加速。然而，前后两个浪潮的间隔始终大约是 55 年，符合康德拉季耶夫周期（Kondratieff cycles）。图中的实线代表与特定浪潮相关的初级能源（木材、干草、煤炭、石油、天然气、核能）市场份额的上升、顶点和下降。每种能源的市场份额顶点都与相关的发明-创新浪潮的中点重合。

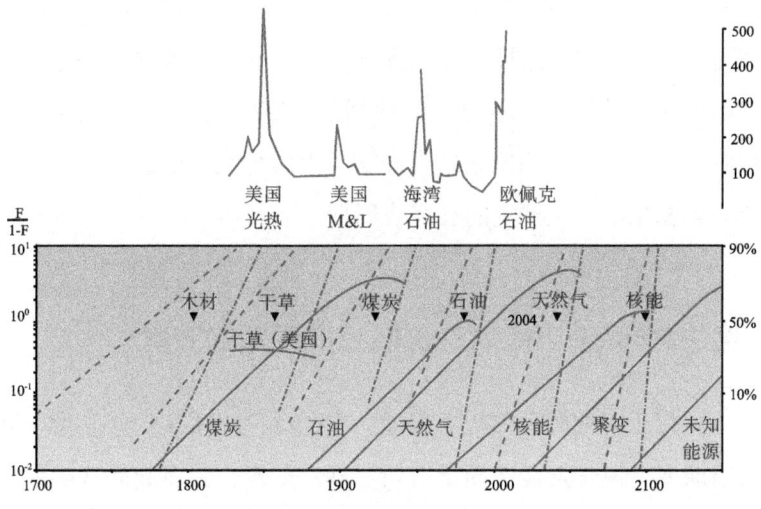

图 12-11　由发明和创新构成的 400 年大转变的模式

在图 12-11 的顶部，我们可以看到对应浪潮中能源价格的变化。根据这些数据，自 1980 年以来，以定值美元计算的能源价格应该是下滑的。但是表面上看起来，以名义美元计算的话，结果似乎是相反的。另外一个因素是，异常值（比如油价在 2008

年和 2009 年出现的对冲基金高峰）本质上是短暂的。低于 20 美元的油价是很现实的未来场景。在紧张状态下，比如爆发了全球金融危机或战争，超级复杂的系统可能会在其整个波动范围内做出不规律的响应。统观全局，把那些异常值放在大背景中考察，我们才能理解它们；如果只看细节，那就很容易迷失方向。

这些过程的基础似乎就是人类获取知识（研究）、传播知识（教学）、运用知识（创新）以及最终利用这些创新实现经济效益的方式。

从各个图表中可以看到，发明和创新的曲线变得越来越陡。每隔 100 年左右，进展的速度都会增加一倍。令人惊讶的是，到目前为止，前后两个主要浪潮的间隔一直是 55 年左右。这在持续时间上等同于康德拉季耶夫周期，也就是俄罗斯经济学家尼古拉·康德拉季耶夫确定的长经济周期。

康德拉季耶夫正确吗？长期经济周期的节奏

要想正确地评估形势并导航，我们必须对所谓的康德拉季耶夫周期或者说长期经济周期有所了解。如今，大多数经济学家几乎不知道或不看重长期经济周期，因为它们很难跟这些人所用的数学公式整合。然而，它们的确符合我们对自然的洞察：不存在永恒、一贯的增长，只有与季节交替类似的规律变化的模式。

从 20 世纪 80 年代中期开始，当我在论坛和演讲中谈到马尔凯蒂和康德拉季耶夫时，在所有到场的管理者和企业家当中，大约有 1/3 的人会感到茅塞顿开：突然之间，长久以来隐隐的感觉变成了真实的画面；还有 1/3 的人觉得那就是胡说八道，深信万能的人类有力量按自己的意志塑造一切；另外 1/3 的人则陷入了忧思，通常想获取更多的相关资料回去查阅。在 1993 年 6 月的《管理通信》(*Management Letter*) 中，我就康德拉季耶夫浪潮发表了相当详尽的分析，其中包括它们在实体经济和金融领域的交替，以及它们引起的心理和群体心理的转变。作为心理学教授，我的同事琳达·佩尔兹曼博士 (Dr. Linda Pelzmann) 是该领域全球少有的几位专家之一。她在哈佛大学以及奥地利的维也纳大学和克拉根福大学授课，经常在我的《管理通信》上发表文章。⊖

在 20 世纪 20 年代，俄罗斯经济学家尼古拉·康德拉季耶夫在仔细研究了价格波动之后提出，在商业的短期周期性波动背后隐藏着另一个模式，那就是时间跨度约为 57 年的大浪潮或者说长期经济周期。一些相关的统计问题在此不做讨论，因为它们并不影响他的基本思想。

如今，要想在事件的漩涡和变革的动荡中找出定向点和潜在模式，有把握地做出复杂、冒险的决策，康德拉季耶夫的发现意义非常重大。他对历史上的四个周期做了深入研究：

1722～1784 年	62 年
1784～1842 年	58 年
1842～1896 年	54 年
1896～1949 年	53 年

⊖ Pelzmann, Linda: "The Triumph of Mass Manufactured Will—Circumstances and Rules", Malik Letter (previously M.o.M®-Letter) (11/02), and Pelzmann, Linda: "Collective Panic", *Malik Letter* (02/03).

这个结果与马尔凯蒂的发明–创新浪潮惊人得一致。看起来，康德拉季耶夫周期是创意、发明、技术、创新和商业开发等这些潜在驱动因素的经济结果。

假如历史真以这种方式不断重演，那么当前的康德拉季耶夫周期应该始于 1949 年，并在 1980 年前后达到了顶峰，然后在 2000 年前后进入稳定期，之后基本上一路下行，并且将一直持续到 2013 年或 2015 年左右。

根据所选择的历史上的康德拉季耶夫周期长短的不同，当前这个周期的结束日期也将不同。然而，这其实和战略制定的实践关系不大，因为一个康德拉季耶夫浪潮结束之时，未必紧跟着就是下一个增长浪潮。康德拉季耶夫周期的波谷很长，所以很可能要再过多年之后，上升的势头才会逐渐强劲到足以让大众有感。

在前几次类似的情况下，这是因为人的心理以及普遍情绪。不过，有些新方法（尤其是第六部分将要介绍的协同整合）可以帮助我们在短期内诱发积极的情绪变化。以前的使用者认为，这种方法的效果堪称"奇迹"。这一革命性创新方法的全面应用可能并不会立刻改变经济现实，但它一定会改变人们的态度。至少在这一点上，历史不必非得重演。

自我毁灭与自我创造的系统

所有先前的康德拉季耶夫周期都有一个共同特征：每个周期都关联着股票交易明显、长期的牛市。这些牛市都发生在康德拉季耶夫周期的稳定期，最后在下降期以严重的熊市和暴跌告终。在第一个康德拉季耶夫周期,股价在高点过后下跌了70%,在第二个、第三个、和第四个周期中则分别下跌了80%、50%和90%。这些暴跌通常会发生在康德拉季耶夫浪潮的最后1/5或1/6的阶段——看起来出乎意料,因为当时经济运行良好,一派繁荣景象。实际上,系统深层次的变化早已发生,只不过其暗流被经济数据所掩盖,或者未被人们放在恰当的背景中正确地解读。

每次金融过度的影响都远甚于实体经济的波动,这既是现有市场经济体制的悲剧,也是人们对其某些要素认识不足的悲剧。因此,经济衰退会变成经济萧条,不管各国政府及其机构(比如央行或财政部)在做什么。康德拉季耶夫浪潮的进程中,金融部门会越来越远地脱离实体经济(生产部门),形成自己的势头,使得金融数字远远超过了企业实际投资和贸易需求的数百倍甚至数千倍。

一个越来越明显的事实是,与普遍看法和经济理论相反,金融市场其实根本不是真正意义上的市场,因为供求法则在这里不适用。股价涨得越高,股票就卖得越好,而股价跌得越狠,股票就越难以脱手。在真实市场中则恰恰相反:汽车或西红柿卖得越贵,销量就会越小,反之亦然。实体经济会自我调节,而金融领域则不断地恶化直至自我毁灭。

一个潜在的机制是过度债务的累积。这些债务不再是为了实现任何的生产目标,只会在金融系统中制造泡沫。借贷再也收不回利息和还款,只能靠通货紧缩来消减,这常常会导致企业和政府的大规模破产,以及长达数十年的经济萎靡。

时至今日,我们仍不知道为什么康德拉季耶夫周期和马尔凯蒂浪潮总是持续 55 年左右。一个原因可能在于人类的世代更替以及人们学习、传授和遗忘知识的方式。

这个时间常数似乎跟群体心理情绪㊀和社会情绪有关。这些主题是社会情绪经济学(socionomics)这个新分支的研究范畴,㊁我对其有浓厚的兴趣。目前已有的研究成果令人着迷且意义广泛,因此我们可以期待这个学科会取得革命性的突破。社会情绪经济学的核心概念就是,在社会系统中,因果关系需要颠倒过来。

这个理论认为,导致或触发人们行动的不是外部事件,相反,人们行动的原因在于自身:他们的群体心理情绪决定了他们的行为,不管外部事件如何发展。这是从集体乐观到集体悲观或者反过来的内生变化。

据分析,内生的情绪和情绪骤变还决定着人们怎样评价自己对事件的看法。这意味着人们对同一事件所持的态度不同,他们采取的行动就不同。在这里我们看到了一个典型的控制论反馈循环,可以说,如果按照传统的物理学家思维,我们的期待会完全相反。

㊀ See, e.g., Pelzmann, Linda in various issues of the Malik Letter (previously M.o.M®- Letter), as well as Malik, Constantin: *Ahead of Change. How Crowd Psychology and Cybernetics Transform the Way We Govern*, Frankfurt/New York 2010.

㊁ Prechter, Robert Jr.: *The Wave Principle of Human Social Behaviour and the New Science of Socionomics*, Gainesville, 1999; Casti, John F.: *Mood Matters. From Rising Skirt Lengths to the Collapse of World Powers*, New York, 2010.

CHAPTER 13

第 13 章

面向 21 世纪巨变的创新：
怎样预设成功

在自我组织和自我重组的系统中，重大的变革过程有时会跨越几个世纪。在由这些过程构筑的舞台上，创新行动遭遇了历史和社会的最大挑战。在所有社会领域的各个层次上，所有组织都必须为了生存和成功而创新，必须在变革颠覆一切的时期精准地做出关键决策。经验在其他时期可能很宝贵，但是在这样的变革时期，经验几乎是最没有价值的东西。马车夫的经验对开汽车能有什么用呢？根据自然法则，有些因素会在复杂系统的动态中保持不变，而在这样的变革时期，最可靠的导航辅助就是我们对这些恒定因素的深刻认识。

一切都在改变：舞台在改变，演出的戏码在改变，各个组织扮演的角色也在改变。与康德拉季耶夫周期的下降阶段或过渡阶段相比，上升阶段为战略设计提供了完全不同的背景。正因如此，即使是长期以来都非常奏效（甚至被认为是普遍有效）的战略概念也会失败，因为它们成功的基础正在逐渐丧失。一个战略过去在康德拉季耶夫浪潮的上升阶段越有效，到了伴随着大规模的紧缩计划、通货紧缩和金融崩溃的下降阶段，它就会越没用。

由于有了基于系统论的整体化方法，我们就能够统观全局并考察各个阶段共有的那些不变量。我们的导航系统适用于所有可能的发展阶段，比如上升阶段、下降阶段和过渡阶段。要想安全地度过21世纪巨变，我们必须利用如下一整套工具：

- 马利克综合管理系统（MMS）；
- 马利克－盖维勒导航系统（MG导航系统）；
- 战略导航地图；
- PIMS研究结果；
- 其他PIMS工具：客户价值分析和客户价值地图；
- 与基础发明和基础创新驱动的巨变过程有关的重要研究结论；
- 它们对经济的影响：康德拉季耶夫周期。

在着手面向新时代的战略之前，我们还有最后一步要做：避免一些从旧世界传下来的错误。在一段时间内，这些错误仍将继续主导教科书以及咨询框架，并会严重阻碍新的复杂性条件下创新的成功。在这一步之后，我将探讨成功的创业战略及其量化，还有实施管理应当遵循的原则。

创新：从艺术到技艺

创新是管理文献中频繁出现的主题，但它很少被置于正确的大背景中。

在当前这个康德拉季耶夫浪潮中，创新在20世纪70年代末作为经济衰退的一个结果被"发现"。然后在20世纪80年代，创新成了一种热潮并一直持续到90年代。像大多数管理热潮一样，这次的创新热潮也裹挟着大量的表演和空话，以新经济过剩的形式达到顶峰，然后以泡沫破灭的形式消失。然而，创新并未就此终结。如今，真正重要的是实施创新以驾驭21世纪巨变中的变革。

这将是历史上最广泛、最持久的创新时期。在此之前，最具创新性的时期是18世纪中段的30多年，期间商业和社会都发生了史无前例的变革。新创意不断涌现，几乎每个月都有发明和创新问世，而且它们的实施也快于历史上其他的创新时期。因此，很多当代观察家的看法是错误的，当前这个以快速的突破性变革为特征的时期并不是历史上首次出现。

但是，这一次与18世纪那次有一个重大区别：那时的创新者是冒险进入"荒无人烟的"新领域，无论是在地理的字面意义上，还是在商业的比喻意义上。美洲的发现以及欧洲以外的帝国主义殖民主要发生在19世纪，当时几乎没有什么组织，除了勉强符合现代标准的政府及其行政机构、军队、教会，以及少数鹤立鸡群的组织，如东印度公司（East India Trading Company）。

当时的经济空间非常空旷，而如今不管你到哪里，都会遭遇激烈甚至拼死捍卫其领地的"居民"。那时的发现和发明几乎全都催生了基本上没什么竞争的全新产业，这里仅举三个例子：1850年前后，水杨酸的镇痛效果被发现，如今的制药行业就此兴起；然后，发动机的出现催生了电气工业；最后，第一家现代意义的银行动产信贷公司（Crédit Mobilier）也是在此期间创立的。

战略 • STRATEGY

这些发展的触发者都不是组织,都是个人。但是,这些个人很少是发明者或发现者,而是创新者。例如,与大众的看法相反,白炽灯的发明者并不是托马斯·爱迪生:爱迪生在1882年提出的专利申请,其实早在40年前,弗雷德里克·德莫林斯(Frederick de Moleyns)就已经取得了我们所知的首个白炽灯专利。爱迪生发明的不是白炽灯,而是"万家灯火的城市"和电力工业,这些全靠白炽灯的商业化利用。他不是发明者,而是创新者,发明与创新是两种完全不同的职能。

在逐渐形成的组织中,掌舵人是那些因声望和巨大财富而赢得赞赏的先驱者。这就致使人们深信,创业的成功和创新是一门艺术,要求特殊的天赋、直觉等。

这种信念至今犹存,并且被颂扬那类人的文章和传记反复地助长和刷新。这种观念不仅是错误的,而且会产生灾难性的影响,因为它会致使人们从创新传奇的错误角度看待创新。

即使承认在个案中特殊天赋是经济成功的关键,对今天的我们来说也没什么帮助。如今,每一家企业以及几乎每一个管理者都必须创新。我们需要把创新从艺术变成技艺,只有这样,我们才能有希望实现未来所需的数不清的巨大创新。

顺便说一句,把艺术变成技艺并不是什么新鲜事,尽管有些人或许会认为那不可能。事实上,整个人类的进步都要归功于这样的实例:少数人的艺术变成了多数人的技艺。这正是现代医学、建筑学、航空以及现代管理的发展道路。

有关创新的误解

从艺术到技艺，再到专业的创新管理，第一步就是要消除误解和错误。下面我将探讨其中五个误解。

误解一：创新是在实验室和研发部门完成的

没有哪个创新是在实验室、研发部门或大学里实现的。在这些地方，人们会创造出同等重要的东西，比如创意、原型、发明或发现。然而，这些东西不同于创新。眼里只有创意乃至创造力，这对创新来说是几个错误的出发点之一，会让我们的所有努力都倾注在错误的方向上。

要想正确地创新，我们必须严格、坚决地专注于市场。创新唯一正确的定义就是市场成功。只有坚持这个出发点和这个定义，我们才能有机会找到正确的战略。只有当某个新东西对市场产生了影响时，我们才能允许员工称为创新。一切相关的考虑、规划和判断都必须以此为出发点。

我们不必非得占据很大的市场份额，因为这对新东西来说很不现实。即使它暂时只是萌芽期的市场成功，那也仍然是早期成功的关键特征。只有这样，我们才能正确地定义和判断从创意到市场成功的每一步。

创意当然很重要，但即便是突破性的创意，它也仅仅是个开始。与普遍的看法相反，我认为创意是创新过程中最容易、最简单、最廉价的部分，困难和挑战还在后面。

在创意产生之后，我们必须弄清楚它是否行得通。这时就必须开发原型，设计并完成关键的实验。这比创意阶段困难得多，需要投入的资金和时间也多得多。原型阶段过后，下一步就是面向批量生产的设计，这需要花费更多的成本和时间。从开始到现在，企业只有支出，收入还遥遥无期。

只有在那之后，我们才能开始营销，当然还伴随着比创意阶段高得多的成本和时间投入，以及涓涓细流般的第一笔收入。这才是创新真正开始的时刻。一般来说，在创意阶段过后，每前进一个阶段，支出都将增长 10 倍。这会让你对需要考虑的财务规模有个印象。

误解二：创造力是关键因素

毫无疑问，创造力很重要。但是与普遍看法相反，创意的缺乏几乎从来不是问题。我们缺乏的不是创意，而是得以实现的创意。即使是在最"缺乏创造性的"企业里，我们能找到的创意通常也会多于有可能实现的创意。如果你不想偏离正轨，那么只有得以实现的创意才能称为创新。

在真正富于创新的组织中，创造力几乎不成问题。它们没时间谈论创造力，因为它们在忙着创新，也就是说，它们要解决创新管理的技术方面和专业方面的问题。他们专注于创意的实施。这甚至也适用于时尚产业：设计出有创意的时装比推出畅销的时装更容易。

误解三：创新纯粹是或基本上是高科技

伴随着电子工业的兴起和数字化的开端，这个错误观念产生于20世纪90年代,并造成了灾难性的影响。高科技对大多数企业来说很重要,但幸运的是,到目前为止,它还不是对所有企业都重要,因为对高科技领域的创新而言,难度、风险和成本都是最高的,失败率也远远高于其他领域。另外,高科技并不等同于高利润。

这种错误观念的危险在于,当你寻求创新时,它会分散你的注意力,致使你忽视那些没什么科技含量的领域将会提供的数不清的可能性。

例如,在过去30年里,一个规模最大、最重要、最赚钱的领域是各种形式的贸易。在几乎每个领域都发生了销售渠道的彻底重组,但是只有那些熟悉内情的人注意到了。在论述创新的书籍和杂志中,这个现象很少有人提及,因为大多数人都把目光投向了高科技创新。贸易中的创新与高科技本身关系不大,尽管高科技在贸易领域也起着一定的作用。

即使是在最富于创新的科技领域,创新也肯定并不总是局限于技术本身。在这里,关键创新往往也涉及市场、社会或人类行为等方面的改变。如果一项新技术不能对这些方面产生影响,那么它往往会卡在开发阶段。

就没什么技术含量的创新而言,其他的例子包括快餐、方便食品和保健食品,甚至小吃和宠物食品也属于这个范畴,玛氏(Mars)和雀巢(Nestlé)等企业已经把它们变成了市场成功。相比之下,有机食品尚未取得同等的地位,但其前景仍然光明。

重要的是,我们绝不能被高科技产品误导。我们的消费有70%~80%由那些平凡、往往没什么智能的产品构成,而且这一点将不会改变。未来与现在的区别仅在于，即使是这样的产品，也将以非常不平凡、高度智能的方式生产和营销，这里往往正是创新的主场。因此，千万别被高科技蒙蔽，别犯糊涂。高科技能在媒体上制造头条新闻，能让工程师们神魂颠倒，但不可否认的事实是，令人着迷、吸引眼球的东西不一定就是最重要或最有前途的。

误解四：只有小公司才富于创新

人们总在谈论大公司的迟缓，进而赞扬小公司的灵活。这种观点并不完全合理。的确，小公司往往有创造力，因为它们的决策路径短，所以能很快做出决策。它们往往能非常迅速地进入原型阶段。不过，规模小的优势也就这些了，接下来说说主要的劣势。

小公司往往有两个问题：一是资金不足，二是管理不善。原型阶段过后，接下来的一系列生产和营销要困难得多，小公司既没有足够的财务手段，也没有足够的人力资源，很难管理好这些步骤。正因如此，许多小公司说到底不过就是令人感兴趣的收购对象，最终会被那些具备财务手段和专业管理知识的大公司所收购。一旦原型阶段完成，或者是少量试产开始，小公司通常就会失去动力。它们是优秀的起跑者，但不是优秀的撞线者。它们喜欢并且也擅长提出创意的短跑，然而有效的创新是一场耐力赛，是长跑，成功的关键是你后半程还剩多少力量。

认为大公司不能创新也是错误的。很多大公司已经证明自身有能力完成彻底的创新。一个典型的例子就是通用电气，当然类似的例子还有很多。正是这些大公司（而不是那些小公司）能够教会我们创新的技艺。有了新世界的方法，比如协同整合的社会"技术"等，即使是规模最大的公司也可以变得敏捷，从而一再地突破增长障碍。本书的第六部分将就此展开更详细的论述。

另一个应该牢记的因素是，未来的很多创新将要求巨大的资本支出和持久力，因此小公司将不得不一开始就靠边站。这一点适用于新能源、生态创新、航空航天、农业、交通运输以及很多其他领域。只有大公司才有能力为这种规模的投资筹措到所需的资金；在很多情况下，甚至连规模最大的公司也无力独自承担，只能与其他公司联合。

然而，这并不意味着小公司就不能创新。只要方法得当，他们也能创新。但是跟大公司相比，小公司甚至更加依赖于专业的创新技艺，因为恰恰是小公司负担不起专家们通常最为强调的开拓精神、热情和创新浪漫主义。大公司能够承受偶尔的错误，小公司则往往经不起一次打击。

误解五：创新需要某种性格

之前我曾批判过所谓的"先锋人物"。一个非常普遍的看法认为，创新需要积极主动、有创造力、充满活力、乐于创业、敢于冒险的先锋。不用说，这样的"全能型天才"肯定是少数，而我们将来所需要的创新者，也肯定要远远多于可能找到的这种"全能型天才"。不过幸运的是，创新不必依赖于先锋人物，我们有创新的技艺，还有足够多的人能够学会这门技艺。

我并不是说任何人都能成为创新者,但是在所有潜在的管理者当中,有大约 1/3 的人可以成为创新者,还有大约 1/3 的人至少能为创新做出重大贡献。

这些年来,我遇到过成千上万的创业者和管理者,其中的确有几个这样的先锋人物。然而,他们中有些人恰恰因为自身的开拓精神而成了组织的负担:他们把自己的创造力和主动性用错了地方,因而阻碍了组织的发展和繁荣。不过,在我遇到的这些人当中,更多的人是有才能的实施者,他们一般非常务实,脚踏实地,没有丝毫的创新浪漫主义;他们一步一个脚印,一丝不苟地规划和思考创新,然后凭着毅力和坚持把创新变成现实。

还有一点需要考虑的是,所谓的先锋人物往往是死后被传记作者推上神坛的,他们原本往往是很平凡的人。如果你在他们取得明显的成就之前,让别人预测他们后来的成功或失败,那么大多数人都不会认为他们能成为先锋人物。事实上,其中有很多人甚至让周围的人觉得古怪或孤僻,丝毫不像是光辉的偶像。然而,仔细观察后你会发现,这些人有一个共同点,那就是他们工作起来非常有条理,非常细致,一丝不苟。我们可以向他们学习创新的技艺。

因此,关键问题不是"这些人都有谁",而是"这些人做了什么以及他们是怎样做的"。这样一来,我们就可以把一门需要天赋的艺术变成一项可以学会的技艺。即使是米开朗基罗,也必须非常谨慎、专业地解决静力学、搭脚手架和调配颜料等麻烦事,如果没有这些动手能力,他的艺术杰作恐怕依然还是纯粹的理念和想象。

另一方面，创新不可能仅凭技艺产生，伟大、独特的东西肯定还需要更多的能力。但是，创新并不总是伟大的、独特的。我们的生活中有很多地方需要不那么壮观的创新，它们要求技艺和专业素养，而这些是我们可以教授、学习和实践的。

CHAPTER 14

第 14 章

驾驭未知：
PIMS 创业战略

在这里，PIMS 的另一个关键优势开始发挥作用：由于对初创业务做了具体的分析，并用专门的创业数据库对相关数据进行了整理，PIMS 已经确定了最佳创新战略。正当高层管理者面临最大的挑战和最复杂、最具风险的决策时，PIMS 研究用可靠、实证的数据告诉他们，为了最大限度地确保创新的成功，建立一个永久健康的业务，创新从一开始就应该如何设计。

让我们从创业战略中常见的典型错误开始。它们的影响是灾难性的，这也正是 80% 的创新注定会失败的原因。如表 14-1 所示，创新中普遍存在的问题会造成巨大的代价以及数不清的破产。

表 14-1 典型的创业错误

涉及领域	例 子
竞争优势	• 不存在 • 不恰当的价格定位 • 错误的市场细分 • 一些关键属性上需要更大的差异化

(续)

涉及领域	例　子
竞争者反应	• 本该"迂回调动",却发起了"正面进攻" • 所瞄准的细分市场有可能会遭到淘汰 • 对代价估计不足
分红潜力	• 过于乐观或过于悲观 • 产能不足,给竞争对手留下机会 • 过早停止营销 • 没有第二波创新
长期利润	• "急于盈利"的心态 • 对成本/价格动态缺乏正确认识

因此,失败存在共性。那么,成功是否也有共性呢?成功的初创业务有哪些不变的特征?对于新业务来说,成功战略的精髓可以总结为一句话:㊀对初创业务的成功而言,最重要的因素是市场渗透的广度和速度。㊁

创业是几门艺术的综合:创新成功的秘诀

在管理得当的情况下,你在市场中进展越快,销售额增长越快,那么由于经验效应,你的利润就会提高得越快,相对的营销和研发支出就能削减得越多。一旦业务趋于成熟,市场份额就是稳定盈利能力的关键前提——有了这个前提,利润几乎不可避免。

在初创阶段过后,再想夺取市场份额会困难得多。此外,初

㊀ Dörner, Dietrich: *The Logic of Failure. Recognizing and Avoiding Error in Complex Situations*. New York, 1989, 1997.

㊁ Roberts, Keith: "Evidence on start up businesses: take off requires full throttle", *Malik Online letter*, 2007.

创阶段市场份额的快速增长可以降低市场进入的成本。

表 14-2 给出了对初创业务的成功至关重要的所有因素。图表的左侧是关键因素，右侧是缓慢市场渗透和快速市场渗透各自对应的结果。在新世界中，要想满足我们对战略设计的要求（正确、精准、快速和连贯），目前最好的方法就是利用 PIMS 的这些研究成果。这也再次例证了猜测怎样被洞察所取代，一厢情愿怎样以证据充分的决策为坚实的基础。

表 14-2　创业成功的关键因素

		缓慢市场渗透	快速市场渗透
营销姿态	可达市场 相对营销支出	低 落后	高 领先
创新	四年后新产品所占百分比	无	稳定
产品独特性	相对客户偏好 相对企业形象 相对价格 相对产品范围	低 差 高/低 窄	高 好 平价 宽
分销渠道结构	客户数量	很多	很少
管理经验	对营销需求的熟悉程度 对技术的熟悉程度	不太熟悉 完全不熟悉	非常熟悉 非常熟悉
满足需求的能力	保证产能	低	高
市场环境	实际市场增长 竞争对手数量 最大竞争对手实际的市场份额增长	慢 多 低	快 少 高

PIMS 的数据库量化了以往成功的创新，存储并整理了相关的知识。有了这些知识，甚至未知因素也能可靠地量化。利用战略地图的逻辑，我们就可以为成功的创业管理绘制一份特殊的路线图。仅此一点就极为重要，因为创新涉及巨大的风险。任何

有助于成功的信息都非常宝贵，而 PIMS 可以提供很多正确的信息。作为定位提示，接下来你将再次看到战略地图以及创新的关键因素（见图 14-1）。

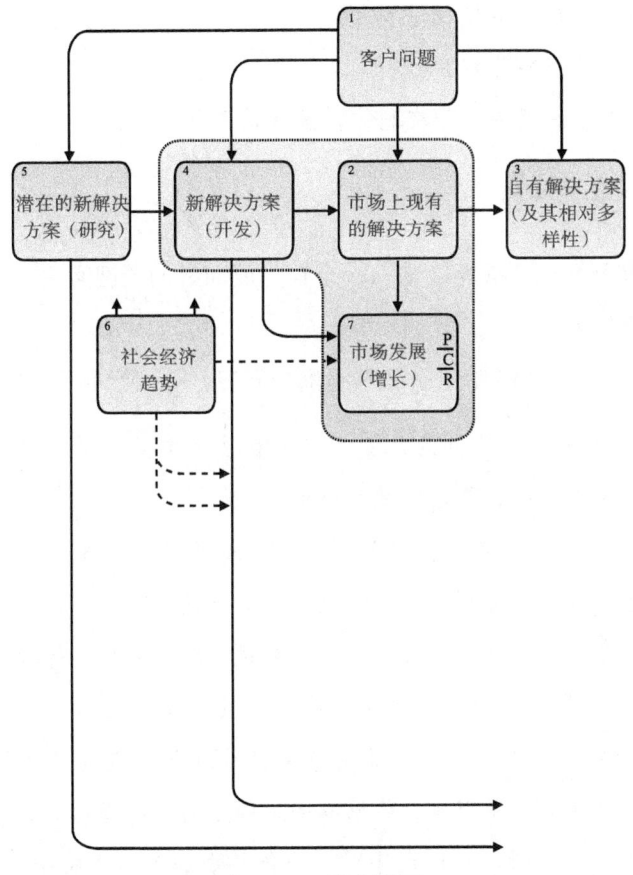

图 14-1　战略地图

基于 PIMS 的研究成果，我们可以肯定地回答如下关键问题：

- 我们有哪些竞争优势？

- 我们能够取得多大的市场份额？
- 业务成熟后我们能赚多少钱？
- 创业成功需要耗资多少？
- 创业成功需要耗时多久？
- 最佳战略是什么？
- 哪些一般条件是有利的，哪些是不利的？

新业务新在何处

在开始创业战略之前，一个首先要回答的关键问题是：新业务新在何处？

对此，PIMS给出了简单明确的回答，下列标准至关重要：

1. 如果一项业务的产品、市场和技术中至少有两样对管理团队来说是新的，那么它就是新业务。

2. 此外，如果当前有计划的投资是为了赚取未来利润，所以有意放弃了当前利润，那么这项业务就是新业务。从创业战略的角度来讲，任何以改善当前利润为目标的业务都不是新业务。

3. 如果客户和竞争对手认为一项业务是新业务，那么它就是新业务。例如，一个产品绝不能简单地代表现有产品线的扩展。就创业的逻辑而言，给原有的果脯系列产品增加一种新的水果，这不是创新。相比之下，一个低热量的产品线将是新东西，也很可能会被客户和竞争对手看成新产品。

关键在于，它对我们（生产它的企业）来说是新的。这个产品是否在别处已经存在不重要，因为我们的企业刚开始开发它，别人的经验我们无法利用。就像在生活的其他领域一样，每个人都必须积累自己的经验。尽管如此，我们也可以从别人那里学到很多东西，比如 PIMS 的研究成果给我们的启示。

这些标准的运用不必像学术界对待科学一样严格，尽管在学术界整个博士论文就是围绕这样的问题写出来的。在实践中，这个问题可以简单、务实地解决：在存疑或模棱两可的情况下，我们就当它是新业务。对待一项任务，高估总好过低估。在这个意义上，高估基本上不会造成负面影响；然而反过来，低估可能会毁掉整个业务。

创业成功需要耗时多久

那些年股市的暴涨已经让投资者失去了耐心，他们不仅想赚大钱，而且想马上就赚到。然而，如图 14-2 所示，大多数创新的成熟都需要一定的时间，而且不能随意加速。尽管如此，一场革命可能即将发生，因为协同整合的方法能让某些耗时的创新阶段大大地加快。

典型的初创业务在市场投放的初期会陷入巨大的赤字。不管在账目上怎样处理，在战略上，开发成本和市场投放成本都必须视为沉没成本。根据 PIMS 数据库中所有初创业务的平均数据来看，在第一年结束时，初创业务的投资回报率将为 −40% 左右。初创业务需要大约 5 年时间才能达到盈亏平衡，其中只有 1/3 能在 3 年内达到，有 1/4 则需要 8 年。仅仅这一点就足以把管理者的思想引到正确的方向上。然而，其中有些人拒不接受这样的认识——他们咄咄逼人地反对这些得到验证的研究结果，要么因为他们就是不想相信，要么因为他们从中意识到了自己犯下的错误。这样做通常会让他们错失最佳机会。

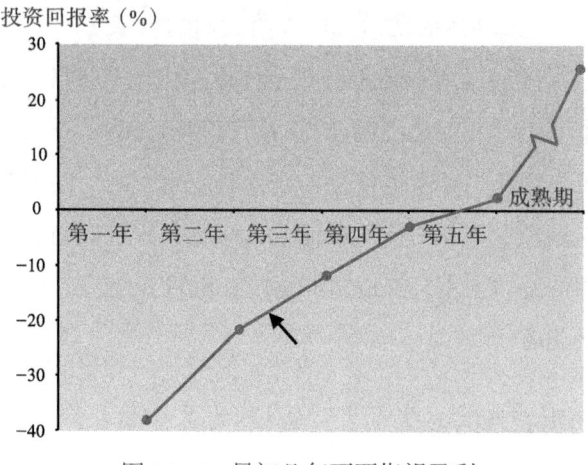

图 14-2　最初几年不要指望盈利

基于 PIMS 的知识你会发现，很多原本你会怀着勇气和希望去启动的项目其实是徒劳的。这样一来，PIMS 就帮你避免了原本可能造成巨大损失的错误决策。因此，我们可以从一个完全不同的角度处理创业战略，如果它们的确满足下面的标准，那么它们的成功（而不是失败）或许已成定局。这也再次例证了正确、精准、快速对战略来说意味着什么。

怎样把新东西投放市场？最佳创业战略

对于这个富有挑战的问题，PIMS 确实给出了一个可靠、独特的答案。

原则上，我们在第四部分探讨的适用于既成业务的那些成功因素，同样也适用于初创业务。这并不意外，因为结构配置相关的深刻认识适用于所有业务。另外，有一个非常特别的地方需要注意：在创业战略的情境下，这些因素必须按照确定的时间顺序来观察或发展，如图14-3所示。

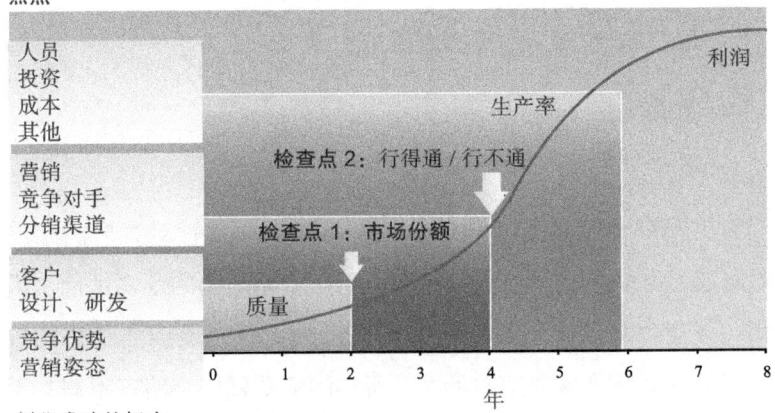

创业成功的标志：
- 2年后已达成4年市场份额目标的大约60%
- 4年后已实现成熟期市场份额的大约60%

图14-3　初创业务的成功之路

请注意四个连续的阶段：第一个阶段是确保市场投放期的质量和客户价值，目的是尽快夺取市场份额。只有完成了这两个阶段，才能在第三阶段提高生产率和降低成本，进而在第四阶段实现可观、可持续、有把握的收益。如图14-3所示，在这些阶段中间有两个重要的检查点，需要管理者根据具体情况做出"行得通"或"行不通"的决策。图的横轴代表战略的持续时间，纵轴代表主要的活动领域。

第一阶段

对于创新而言，市场进入的关键是市场绩效的质量。正因如此，有时财务负责人最好不要出席初创会议。利润、现金流、收益、股价、股东价值等财务方面的考虑必须往后站：如果用财务标准和投资者的期望来衡量，那么没有哪个创新从一开始就是成功的。

因此，创业初期的准则应该是：

- 质量比现金流更重要。
- 市场份额比利润更重要。

出发点一定得是客户价值，绝不能妥协。针对客户问题的新解决方案必须优于以前的方案，这是战略地图的逻辑延伸。因此，与竞争对手的差异化以及新方案的优越性是创业战略的核心。根据创新具体类型的不同，所需的活动领域会略有不同，不过通常来说，主要的活动领域是研发、设计、市场地位和竞争优势。正如后面我们将会看到的，在创新的情况下，客户价值主要源于广泛及系统意义上的解决方案的质量，而不是源于价格。

从逻辑上来说，正是在这里，我们要利用第四部分介绍的客户价值地图以及属性分析这个工具，来谨慎地确定关键的购买因素。至此我们可以非常清晰地看出，这些循环怎样周而复始地运行，所给出的工具怎样以多种方式相互补充和强化。我们的方法不是顺序的、孤立的，而是构成了一个协同的整体系统、一个有条理的工具体系，其效果要远远大于独立的工具。这要归功于从顺序性到同步性的转变，对此我们在第六部分会看得更清楚。这对现代物理学发现全新的宇宙特性也起了一定作用。

第二阶段

质量、客户偏好和客户价值有助于建立参加决赛所需的市场实力。市场地位是可持续成功的关键，因此初创业务需要迅速夺取市场份额。

在这种情况下，初创业务的首要目标一定是快速增长，以便取得可防守的市场份额。在这个阶段，焦点领域是营销、客户服务、销售渠道以及竞争情报。

那么，要以多快的速度取得多大的市场份额呢？两年以后，管理者将首次检查新业务的市场地位，看它的发展方向是否正确。如果正确，那就继续；如果不正确，那最好马上终止，因为初期的损失是最小的。四年后是另一个检查点，管理者要再次决定是继续还是放弃。这次是一个最艰难的决定，因为如果未能达成目标的话，累积的投资和支出往往是巨大的，甚至危及企业的生存。决策时当然要考虑财务因素，但决定性因素还是已经取得的市场地位。

在这样的情况下，情绪往往会催促管理者"继续前行""坚持下去""展现乐观"，但真正的专业人士知道，为了将来有机会东山再起，该放弃的时候必须放弃。

第三阶段

本书的第三和第四部分已经指出，市场份额是实现优势生产率的关键前提，尤其是沿着学习曲线来积累经验。在创新的情况下，这一点格外重要和紧迫。在第三阶段开始时，需要重视的关键领域是审计和财务、生产率的提高、安排的合理化、效果和效率的优化。然而更重要的是，要确保所采取的任何行动不会损害客户价值、发展和营销。

第四阶段

如果生产率问题能圆满解决，那通常就不必再担心利润。当然，企业可能会遭遇不利的经济形势，比如重要原材料的价格高涨、汇率问题或经济衰退。这样的风险永远存在，不管你们的战略是什么。但是，此处描述的战略将帮助你培养潜力，使得你在经济形势不利的情况下也能占优势。这意味着与其他相对软弱的企业相比，你不仅更有可能生存下去，而且更有可能取得成功。

创业管理中真正的专业素养

成功的创新是耐力赛而不是短跑。参加比赛是小菜一碟，能坚持到底，或者说有能力应对危机和挫折，这才是关键。

创新的风险巨大，成功的机会很小，我们经常挂在嘴上的勇气、开拓精神和成功欲望无法抵消风险本身。尽管爱冒险的人是媒体感兴趣的对象，吸引了很多的注意，但他们往往很快就会失败。毕竟，也有一种勇气是源于纯粹的幼稚和无知，会怂恿盲目的冒险。

因为所需的时间和财务资源几乎总会被低估，所以很多错误从一开始就注定了。结果，企业在战略上没有了选择的余地，最终只能采取紧急的应对之策。

因此，这里需要注意的细节不是这么多创新项目的失败，而是认为现有知识可以忽视的错误观念。

让初创业务的成功机会最大化

在对创新战略有了一个总体印象之后，让我们来看一些细节问题。对成功的初创业务而言，PIMS 研究已经确定了一系列高度相关的因素，它们能让成功的机会最大化。如果一个创业战略不包含下列要素，那它至少是不专业的，很可能是错误的。因此，如果连这个最低要求都不能满足，那你最好放弃，因为这样的战略必然会导致灾难。

与创新成功相关的因素有两组：一组涉及外界的一般条件，另一组则影响着战略本身。

孕育初创业务的正确环境

什么样的环境有利于创新？PIMS 给了我们答案：表 14-3 纵向列出了各个因素，表格中的参数则告诉我们哪些特性对战略的成功不利或有利。

表 14-3 创新环境的关键因素

一般条件	值	定位		
		不利	（PIMS 数据库的平均值）	有利
市场增长		慢		快
生命周期阶段		逐步退出		刚刚启动
市场进入的类型		迟来的接替者		创造者
竞争对手的数量		很多		很少
市场对主要竞争对手的重要性		很重要		不重要
三大竞争对手的市场份额		小		大
直接客户的数量		很多		很少

战略・STRATEGY

第一列给出了环境或者说一般条件，形象地说，它们构成了舞台设计。七个因素决定着成败，我将从中选出市场增长和客户结构这两个因素，来说明 PIMS 研究结果的本质。

强劲的增长让创新成功

成功的创新是耐力赛而不是短跑。参加比赛是小菜一碟，能坚持到底，或者说有能力应对危机和挫折，这才是关键。

在图 14-4 中，我们可以看出市场增长对创新成功的重大意义。一个关键的研究结果是，适用于创新的标准和适用于成熟业务的标准完全不同。例如，对既成业务而言，4%～5% 的增长率相当可观，但是对初创业务来说就太低了。要想让创新成功，我们需要大约 25% 或更高的增长率。变革时期也是增长时期，因为它们是替代时期。21 世纪巨变将带来千载难逢的机会，但是只有真正的主宰者才能抓住它们。

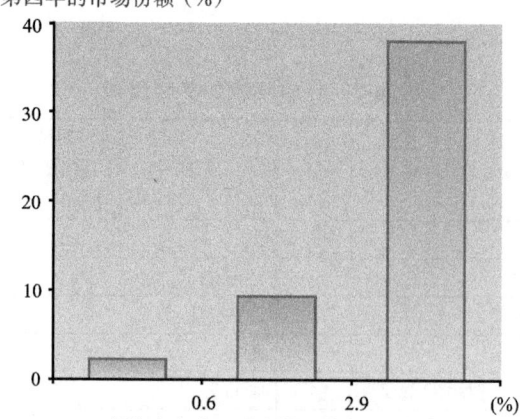

图 14-4 在快速增长的市场中最容易取得市场份额

在客户少的市场中创新更容易

图 14-5 说明了客户结构对创新成功的重要性。尽管大多数管理者相信客户多的市场对创新更有利,但研究结果却截然相反:与客户多的市场相比,高度集中的市场能让你取得几乎翻倍的市场份额。只有 PIMS 能告诉我们高度集中意味着什么:它意味着客户不足 100 人。如果你只有 20 个客户,那就更好。与不知道谁是谁的庞大客户群相比,可辨识的小客户群会让你更容易量身定制处理方法,满足他们的要求。

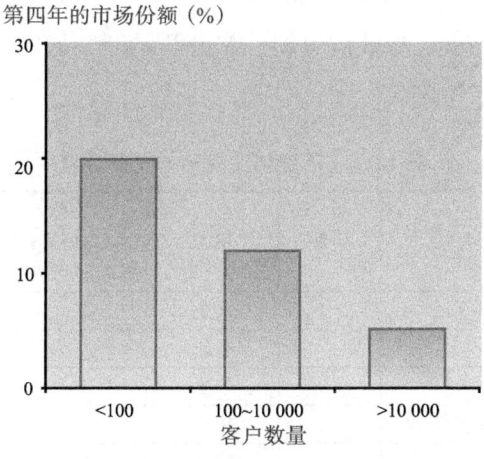

图 14-5 客户少的市场更有利于创新

在正确的环境中选择正确的战略:知晓而不是猜测

表 14-9 概括地描述了直接影响创业战略的因素。

根据我 30 多年来与中层和高层管理者合作的经验,其中只有少数人知道这些因素,这些人是非常成功的创新者。大多数人甚至不知道 PIMS 及其提供的那些信息的存在。

考虑到创新涉及的风险,对这些知识给予多高的重视和评价都不过分。因此,问题不是获得这些知识要付出多大代价,而是没有或不用这些知识要付出多大代价。

多亏 PIMS 研究,表 14-4 中列出的所有因素都已量化,因此人们可以依据 PIMS 的研究结果来评价自身状况。这将使得人们能够最精准地为业务确定正确的战略,而且因为有 PIMS 数据库的支持,人们能在非常短的时间内完成这个任务。这就实现正确、精准、完美、快速地实施。在这里,我将挑出三个我认为格外重要的例子来阐释。

表 14-4 正确创业战略的关键因素

一般条件	价值	不利	定位（来自 PIMS 数据库的平均值）	有利
一般管理经验		贫乏		丰富
研发经验		贫乏		丰富
相对客户数量		较少		较多
客户群的相对多样性		较小		较大
相对客户规模		较小		较大
产品创新的程度		较低		较高
产能		低		高

积极的营销是关键

创业成功需要营销。当然,高额营销成本会加重企业初期的亏损,但它们会带来一个更加重要的优势：快速夺取市场份额。事实证明,"高瞻远瞩"对成功的战略(包括军事战略在内)来说是一个有效的经验法则。如图14-6所示,结果的差异高达100%。纵轴是市场投放4年后所取得的市场份额,横轴则是以百分比计算的相对营销支出——请注意,是相对于整个市场,而不是相对于企业自身的销售额。这些成本数额巨大,但效果也非常显著。

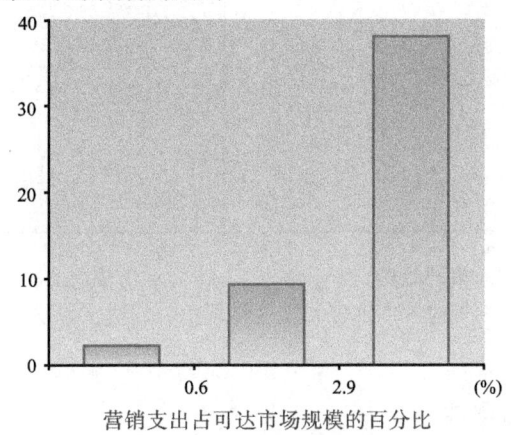

图14-6 积极的营销是快速夺取市场份额的关键

把客户价值最大化

图14-7把两个结果合在了一张图中,所以纵轴较短,需要注意比例。创新必须用更胜一筹的客户价值来说服目标客户,得到他们的认可。价格没那么重要,这一点在后面的章节会变得更加清晰。尤其在市场投放阶段,与其他解决方案的差异化至关重要。好的解决方案会被更好的取代,所以企业没有理由在质量和

效用上节省。在这里,一个特别重要的工具是包含关键购买因素的价值地图。质量也包括设计、感知和情感等"非理性"特征,比如取得了巨大成功的苹果产品就一直在传达这样的东西。对很多经济学家来说,这些东西难以理解,因为它们不符合他们的理性标准。

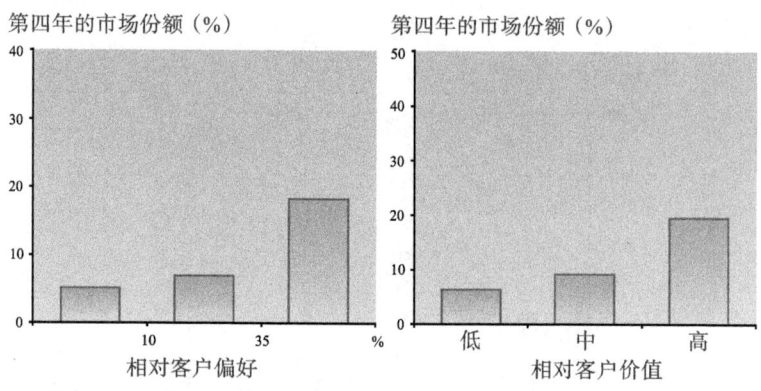

图14-7 相对客户偏好和相对客户价值促进市场份额的增长

定价没那么重要

价格的制定应该与竞争对手的产品保持在同一水平,低价格并不会给创新带来优势(见图14-8)。

为二次腾飞做好准备

在市场投放过后,绝对不能满足于既得的成绩而不思进取,相反,你们应该为第二波"攻势"做好准备。从图14-9可以看出,当第二波攻势产生的销售额占比达到20%~100%时,可以帮你夺取非常可观的市场份额。

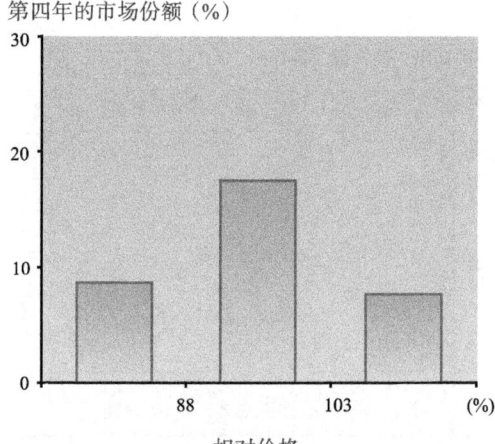

图 14-8 定价要与竞争对手相同，除非你们有显著且可持续的成本优势

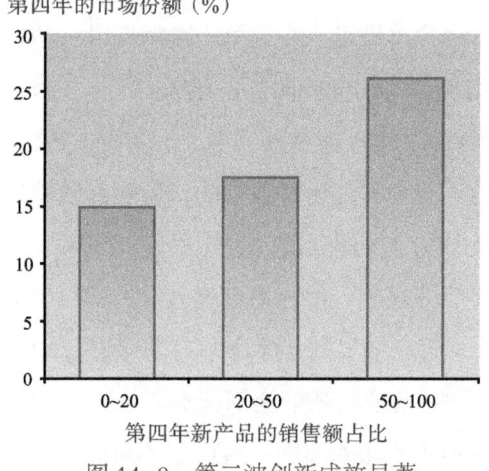

图 14-9 第二波创新成效显著

要做到这一点，初创业务需要持久的研发。如图 14-10 所示，与成熟业务相比，初创业务前四年的研发支出占销售额的比

例要高得多。

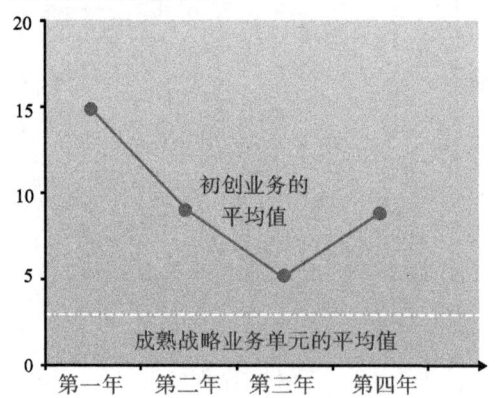

图 14-10 初创业务与成熟业务的研发支出对比

重要的是,这些结果的差别十分显著。这不是小数点的问题,而是相当大的数量级。在这里,数据资料的精确度通常并不那么重要,找出近似正确的值才是关键。

总共有大约 12 个因素决定着创业战略的成败。其中有些很容易解释清楚,有些则是违背直觉的,可能会激发突然醒悟的时刻,也可能会引发"信仰之争"。

这样的"信仰之争"很容易通过有效的引导来解决:一个忽视或背离 PIMS 研究结果的战略必须有非常充分的依据,因为它有悖于 PIMS 研究条理清晰的全部证据。当然,我不能绝对地断言,在多姿多彩的战略和商业领域中就不可能有颠覆 PIMS 研究结果的例外存在。但有一点是肯定的:你不能说什么"我们的情况完全不同",这句经常听到的争论杀手锏在这里不奏效。相反,它暗示着你需要更加深入地钻研战略知识。

CHAPTER 15

第 15 章

实施创业战略：
有效创新的基本原则

仅凭正确的创业战略不足以确保商业成功，新业务提出的特定挑战还要求有特殊的管理方式。

我的管理系统也适用于新业务的管理，这在"管理之轮"中有详细说明。这是我视管理为专业的理念的一个关键优势。

在管理之轮中，"正确和良好的管理"变得直观了，其在任务、工具、原则、沟通和责任等各个方面都仍然有效。对全新事物的管理并不是"另一种不同的管理"，它仍然是"正确和良好的管理"，尽管与熟悉的事物相比，把它应用于未知事物会更加困难和吃力。在管理之轮中，"已知"事物与"新"事物的管理区分，对高管在职业实践中的效力至关重要。这种区分针对的不是管理内容，而是应用管理的难度。在很多情况下，管理21世纪巨变将意味着改变一切。这就是所谓的牵一发而动全身，因为你对一个操纵杆做出的任何调整，通常都会导致你也必须对其他所有操纵杆做出相应调整；人们往往对此估计不足。

对最高管理层来说，下列基本原则是新形势下实施成功的关键。有的时候，即使战略本身很完美，实施中的很多错误也能让创新功败垂成；这些基本原则能让管理者避免这种不必要的错误。它们属于启发式的创新主控因素，更多细节参见我写的《公司策略与公司治理》一书。㊀

设定远大目标：市场领导地位和不同寻常的变革

任何计划实施产品－市场创新的企业都应该以市场领导地位为目标。对于所有其他类型的创新，比如技术、组织、流程、信息科学、行为等领域的创新，目标则必须是促成大家看得见的、真正不同寻常的变革。

这并非总能实现。即使你追求这样的目标，结果仍然有可能是二流或三流的，甚至是毫无价值的。但是，只有下定决心争取成功时，你们才能调动各种力量和资源，从而至少有了实现目标的机会。如果你没什么目标，或者满足于容易实现的小目标，那你自然也不会取得很大的成果。

体育运动如此，创新亦然。干一件事情，要想让自己以严肃认真的态度去对待，以恰当正确的方法去处理，唯一的办法就是设定远大的目标。

另一个需要考虑的方面是，就变革而言，小打小闹与大刀阔斧遭遇的阻力往往是相同的。在变革过程中，你必须准备面对那

㊀ See Vol. 2 of this book series. Malik, Fredmund: *Corporate Policy and Governance. How Organizations Self-Organize*, Frankfurt/New York, 2011.

些激烈地捍卫其一切既得权益的人,因此,不管你是小打小闹还是大刀阔斧,你都免不了这样的麻烦。既然如此,那就大刀阔斧好了,至少结果应该值得你付出努力和代价。在这里,协同整合的方法格外有效,因为它能以全新的方式释放社会活力和实施能力。

为新事物腾出空间

创新的起点必须是系统性地舍弃旧事物,否则新事物就没有立足之地,就会被人们先前固守的"废物"所埋葬。因此,系统性的"废物处理"就成了首要任务。管理之轮中有一个清理废物的专用工具,⊖它是重大变革成功的关键。要想实现创新和变革的成功,最快速、最彻底、相比之下也最简单的方法就是停止做错误的事。

新旧要分开

这条原则是第二条的补充。如果旧事物和以前有效的东西无法彻底清除,至少也要尽可能地把它们与新事物分开。

与旧事物相比,新事物拥有并且通常也要求不同的逻辑。如图12-2所示,这是两条S形曲线重叠的结果。新事物不同于旧事物,因此必须遵循不同的原则,应用不同的方式和方法,参照

⊖ Malik, Fredmund: *Managing, Performing, Living. Effective Management for a New Era*. Frankfurt/New York, 2006.

不同的标准，执行不同的战略。新事物的一切几乎都是不同的，因此必须用不同的方式来处理。只有严格地把新旧事物分开，我们才能坚决地以不同的方式处理新事物，或者至少会有非常大的帮助。在21世纪巨变当中，这个原则极为重要。需要特别强调以下几个方面。

1. 不同的标准

对成熟市场中的成熟产品而言，不到5%的增长率通常已经非常好了。如今，一项业务能有这样的增长率就很值得高兴了；在21世纪的通货紧缩时期，很多业务都将萎缩甚至彻底消失。然而，新业务将有机会实现两位数的增长率，而且正如PIMS的研究结果所显示的，新业务也将需要这样的增长率。这一点同样适用于生产率。对存在已久的运营而言，2%~3%的生产率增长就不错了。但是，如果新的流程和系统未能实现两位数的生产率增长，那么创新往往就会得不偿失。下一部分将要介绍的协同整合方法可以通过多种方式提供必要的效果强化，比如把甚至最复杂的决策提速100倍。

2. 不同的预算

管理创新需要两个预算：一个用于熟悉的当前业务，另一个用于新业务。用于已知业务的预算可以基于经验值，而用于新业务的则不可以。用于已知业务的预算可以编制得非常精确和详细，而新业务的预算只能不完整地大概描述，因此误差容忍度必须很高，时间、成本、人力资源等必须留出足够的余量。老预算基于经验，新预算则只能基于假定。

如果这些重要的差别混在一个预算或计划中，那些工具就会变得毫无意义，老业务和新业务都无法正确地被评估和管理。

3. 不同的时间表

对于熟悉和已知的活动，管理者必须要投入的时间往往可以相当准确地预测和估计。管理者还会知道，什么时候需要给这些事情留出一些时间。未知的新活动情况就不同了：唯一能确定的是，你必须在创新和变革的管理上投入多得多的时间，而且你永远也不知道究竟什么时候你会需要时间。创新管理者需要全天24小时待命。

4. 不同的报告方式

已知活动可以基于数字以及数字的变化来进行可靠的控制。当然，优秀的管理者从来不会只依赖数字，他们还希望知晓定性的方面以及情绪和意见等。尽管如此，对于熟悉的业务来说数字是有意义的，因为它们允许管理者与过去或与类似的运营比较。对重大变革时期的新事物来说，几乎没有任何经验值可以利用。

5. 亲自去观察

关于新活动的数字永远不可靠。因此，你最好亲自去活动的现场，以便对进展有一个最直接的印象。和负责人交谈，观察他们，让他们畅所欲言，鼓励他们说出各自的推测、希望和忧虑。他们往往会说"我们还不知道""现在还不好说""我们相信……""有可能……""我们认为……"这类话。

我们需要从这些"微弱的"信号中捕捉到一点儿有用的信息，也就是说，要听出言外之意。眼中只有"确凿的事实"，认为一切都应"非黑即白"，这样的管理者就不应该负责创新。

上述几点都证明，要实施创新就应该尽可能地做到新旧分开。

在问题中寻找机会

管理者的工作有很大一部分就是解决问题。但是，如果你只盯着问题，那就很可能会忽视机会。创新的潜力通常就埋藏在这些机会中。坦白地说，即使所有的问题都已解决，却仍然有可能一个机会都没抓住，这会让业务变得平庸，而不是优秀。要想成功，你们必须找出并利用机会。前面探讨业务使命时，我就强调过这个基本概念。

最优秀、最有效的管理者，其特别之处在于思维方式——他们总是问自己："这个问题中潜藏着哪些内在的机会？"即使处境令人绝望，他们也仍然寻找积极的方面，寻找可能存在的机会。正是这一点让他们成为潜在的创新者。

有的时候，他们的坚持已经到了偏执和幼稚的地步。但是，这些管理者绝不是盲目的乐观主义者。他们实事求是，绝不掩盖事实，他们会非常清醒而又现实地判断局势。然而，他们还知道，身为高管，他们最重要的职责不是解决问题，而是找出并利用机会。

让财务主管提供第二张"首页"

这条原则是第四条的补充，可以把前面泛泛而谈的思维方式转化为实际的管控方法。

一个好的财务主管是怎样做的？除了写报告和演示数字之外，好的财务主管还会在报告的首页用红字详尽地列出所有负面的偏离，以确保管理团队绝对不会忽视它们。

那么，一个杰出的财务主管又是怎样做的？杰出的财务主管还会在报告的第二张"首页"上用绿字列出所有正面的偏离，也是要确保引起管理团队的注意。

这绝不是什么噱头，那些需要管理者注意的信号，往往暗示着隐藏的机会。我们在哪些地方做得好于预期？我们在哪些方面的进展快于原定计划？正面的偏离也一定有其原因，就像负面的偏离一样。这些原因一定要明确地找出来，这样才能进一步利用。

这些原因通常暗含着特殊的优势或机会，尚未被察觉。在这些领域，稍稍付出额外的用心和努力，往往就能创造出相当可观的额外成果。因此，资源应该投向这些领域。

如果财务主管的报告中没有正面偏离的相关信息，管理团队必然会只关注问题或者说负面偏离。不管怎样他们都得考虑那些问题，但更重要的是，他们还得找出并利用机会——正因如此，与机会相关的信息也必须显眼地出现在报告中。

写下你的期望

书面形式是创新的一个关键原则。我所认识的一些创新管理者，都会非常详细地把与创新相关的一切都记录在案。

人类的记忆力不仅是零散的，而且最重要的是，它还非常"有弹性"。大脑的运转不同于计算机，它不是原样储存信息，而是不断地整合和重塑信息。

正因如此，优秀的创新管理者会写下他们对创新进程的期望。他们也无法制定出精确的预算，但是他们非常清楚自己希望事物怎样发展。他们会记下与员工的交谈以及自己的观察，他们不会让记忆捉弄自己，因为他们知道人类记忆的局限性。

确定止损点

对有效的创新管理者来说，格外重要的一点是知道何时停止。对于自己的创新努力，他们有着精确定义的临界条件，因为他们会回答这样一个问题："在哪些情况下我会承认自己从一开始就弄错了，还是有什么根本性的东西不对劲？"

他们会非常小心地写下这些条件，然后不断地据此来检查实际情况。他们的思路基本上就像这样："在这个项目上，如果我们在三个月内没有完成项目，那就肯定有问题了。"他们会预先设定这个止损点，以防把更多的资金浪费在注定没有希望的事情上。

在PIMS的创业战略中，已经针对市场地位明确地定义了两个最重要的"行得通还是行不通的"检查点。

确保你有最优秀的人才

这必须是一条基本原则：一定要尽可能地找到最优秀的人员来专门致力于创新项目。

你不仅需要最优秀的人员，还需要这些人值得信赖。什么东西让一个人值得信赖呢？不是等级也不是地位，不是职位也不是头衔。只有一个原因、一条途径能让人值得信赖，那就是看得见、拿得出、令人信服的成果。任何尚未创造出成果的人都不可信，这样的人可能被寄予了希望，但却无法赢得人们的信任。

这条原则意义重大，因为最常见的情况恰恰是那些最不合适的人选成为创新努力的领导者。这样的人包括：

- 年轻人，因为他们尚未创造出令人信服的成果。
- 职员，他们大多数已经取得了成果，然而却是别人看不见的。最糟糕的选择是两者的结合：年轻职员。如果安排的人选在职业早期就积累了运营经验，因此可以证明他们有能力胜任，那情况就完全不同了。
- 从事组织发展或人力资源开发的人员，原因同上。

进行测试

有效的创新管理者厌恶这样的创新：由于问题的性质，创新不得不在整个组织或整个市场中展开。在正常的商业进程中，这样的情况很少发生。然而在巨变期间，这种情况相当常见。

尽管如此，在把创新扩展到整个系统之前，你还是应该先在局部范围内试用。因此，你至少应该做两三次认真的试运行。所谓"认真"，就是你的测试要能让别人说："嗯，如果它在这些条件下行得通，那它就一定有可取之处……"

优秀的管理者用测试来查出并消除错误，而且更重要的是，这样做可以从一开始就封住后期潜在的借口。尽管测试需要时间，但只要创新的效果得到证实，实施的速度就会大大加快，从而省下几倍的时间。

精力一定要集中

因为每一个重大创新都要求集中全部的注意力和最优秀的人员，而且还有很大的风险，所以有经验的创新者会专注于极少数的创新项目。他们绝不会因为贪多而浪费精力。

这样一来，他们的努力或者取得突破性的成功，或者即使失败了，他们也可以非常令人信服地说："我们已经尽了最大的努力，我们没有犯错误，也没有妥协。尽管如此，我们还是失败了。这个事实意味着，对该项目我们的确力不从心，所以我们将昂着头放弃，避免更大的损失，并开始寻找一种完全不同的解决方案。"

这些基本原则在新世界中也仍然有效。结合下一部分将要介绍的革命性的新方法，这些原则甚至能得到更恰当、更有效的应用。

STRATEGY

第六部分

彻底改变管理方法：
不受时空限制的战略方法

> "……发现难以传达……你必须举目远眺，才能看见新的地平线。"
>
> ——斯坦福德·比尔，
> 管理控制论的创始人

第一部分阐释了"为什么"要驾驭复杂性和变革，第二至五部分阐释了"是什么"和"凭什么"。现在，这最后一部分将介绍"怎么做"：用什么方法实施正确的战略和战略管理，以驾驭 21 世纪巨变的挑战。

CHAPTER 16
第 16 章

直攀法：
直奔正确的战略

就行动战略而言，既然我们已经知道了需要知道的一切，接下来就可以从方法论的角度探索新的途径，然后使用传统方法时必须要有的很多步骤就会变得多余，从而就能让战略制定的时间成本最多节省 90%。

正是这样的基本思想从一开始就指导着我，让我创造出了本书第六部分将要展现的方法。如今，这些方法和工具已经非常成熟，并在无数次的实际应用中经受住了时间的考验。那么，现在是时候证明它们的效果了，看看它们能否确保企业的成功，甚至偶尔挽救企业免遭倒闭的厄运。

我把直奔正确的战略的方法称为"直攀法"。这个术语本身源自我的业余爱好——登山，原本是指通往山顶的"最直接的"攀登路线。在现代登山中，直线攀登是最直接的天然路径——与之相对的是"直线下降"，几何上从山顶到山脚最直接的路径。在 20 世纪五六十年代，直线攀登曾经非常流行，而要完成直线攀登离不开人造的辅助设备，最基本的就是螺栓。这在当时简直就是不要命的活动，只有百里挑一的好手才有能力完成。

然而，对越来越多的年轻登山者来说，这种方式有悖于"公平攀登手段"的道德准则。他们开始寻求纯天然的直线攀登，也就是不需要任何人造的辅助手段。

结果，登山运动的发展有了一个大多数人都想不到的新方向，彻底抛弃了人造的辅助设备和楔子，开创了一个新时代，并取得了巨大的进步和几乎无穷无尽的成就。我自己的登山技能相当有限，但是天然直线攀登的理念令我心驰神往，不管是在登山运动中，还是在我的职业专长企业战略中。

早在1977年，当我担任"圣加仑基金会管理中心"（Management Centre St. Gallen Foundation）的负责人时，我就与两个同事一起为最高管理团队开发了一套特殊的研讨班方法。在1978年春天，我们首次把这套方法应用于瑞士一家著名保险公司的一般管理（其管理团队有8人），以互动的方式帮助他们开发目标设定和绩效评价的流程。这套方法的效果超出了我们的预期：仅仅过了一天半，我们基本上已经得出了共同的结果。

1972～1976年，我的博士论文和教授资格论文为这套方法奠定了科学基础。在这些论文中，我以一个国家研究项目为背景，为塑造复杂社会技术系统开发了一个综合方法，简称为"系统方法"（system methodology）。⊖

在20世纪80年代早期，当我与一位成功的企业家在奥地

⊖ Gomez, Peter; Malik, Fredmund, and Oeller, Karl-Heinz: *Grundlagen einer Methodik zur Erforschung und Gestaltung komplexer soziotechnischer Systeme*, two volumes, Bern/ Stuttgart, 1974.

利维也纳一家餐馆共进晚餐时,我对这个后来定名为"战略直攀法"的方法进行了一次意义重大的试验。交谈过程中,我在菜单的背面草草写下了我的一个最佳战略,结果两年之后,这个战略就帮助他的一项业务取得了全球市场的领导地位。他当初之所以邀请我共进晚餐,只是为了想弄清楚究竟什么是公司战略。几个月前,他的一个高管从商学院毕业了,正力劝他为公司制定一个战略。这个高管认为,尽管公司已经实现了令人瞩目的财务业绩,但公司目前缺乏战略。

当我们离开时,那位企业家带走了那份菜单,上面有我草草勾画的盖维勒导航系统。我还在上面简单介绍了客户问题、几个可能的解决方案、业务使命,以及与市场份额、投资和投资回报率相关的一些问题。道别的时候他说,我给了他极大的帮助,因为我说的这些与他的高管从商学院学回来的完全不同。我们一直保持着联系,我们的"战略项目"也一步步地继续着我们共同的"直攀法"。

1984年,在一个大型战略项目遭受重创之后,我第一次对这个方法进行了系统性的试验。按照当时的惯例(其实如今也差不多),战略制定要从SWOT分析开始,以确定机会和威胁。这个项目总共涉及大约100名高管,分成了8~10个主题团队。

在项目实施过程中,对公司环境的细致分析被汇总成了大约6个文件夹的数据。整个过程持续了15个月,而不同团队的工作占用了前1/4的时间。考虑到该公司的规模和复杂性,这在当时已经算是相当快了,因为高管们必须一边处理日常事务一边制定战略。总的来说,项目进行得非常顺利,其结果也赢得了公司各部门的一致认可,这标志着一个非常成功的阶段开始了,尤其是就公司的全球化而言。

在反思整个过程时,我自然很想知道其中究竟有多少步骤是必不可少,能否找到更快速、更灵巧的方法来实现相同的结果。作为一个登山者,我想到了第一批攀登喜马拉雅山的探险队与后来的阿尔卑斯式登山者之间的巨大区别:前者常常牵涉数百人,所需物资的运输要持续几个星期;后者更加快速灵活,只需一条绳索。

我的另一个想法源于控制论:我认识到,不是感知控制行为,而是行为控制感知——有机体之所以有特定的行为,是为了在其神经元网上建立特定的感知。这种"行为控制感知"的概念是由威廉 T. 鲍尔斯(William T. Powers)提出的,其源头则是伟大的先驱和神经控制论专家罗斯 W. 阿什比的关键变量力量。⊖

根据这个理论,为了生存有机体需要控制一套所谓的关键变量,并且通过其控制系统来屏蔽任何外来的干扰,包括那些尚未发生的干扰。

这促使我决心要把这个理论应用于战略方法论,因为我意识到,要制定战略,我们实际上只需要不到 10% 的汇总数据。随便说一句,这也是人脑的典型工作方式:它只利用一小部分可用数据,并将其转化为最终与我们行为相关的信息。不幸的是,当时我们还无法预知这 10% 的数据到底是哪些数据,但是我下定决心迟早要解决这个问题。

⊖ Ashby, W. Ross: *An Introduction to Cybernetics*, London, 1956; and Powers, William T.: *Behavior. The Control of Perception*, Chicago 1973.

本书的第二部分介绍了中央绩效控制的概念，作为我的研究成果之一，这个概念把组织的关键变量总结为 6 个绩效控制变量。至少我认为，只要这些变量处于控制之下，企业就会成功。因此，我必须遵循前文提到的 MG 导航系统和战略地图的逻辑（我当时已经熟悉并且正在使用这种逻辑），找到会对这 6 个绩效控制变量产生直接影响的信息。我认为，这会极大地简化和加速前述的分析方法，因为一旦知道了制定战略所需的东西，你的搜索过程就会变得非常直接、高效。

这非常适合作为直攀法的关键要素，因为该方法就是基于由内到外再到内的逻辑。有机体必须保持对内部世界的控制，而中央绩效控制的 6 个关键变量则定义了有机体的内部世界，同时还定义了实现这种控制所需的信息。

在图 16-1 的左侧，中央绩效控制变量就像一栋房子的 6 扇窗户，让你可以从内部望向外部的四面八方，来找到控制这 6 个变量所需的信息。在图的右侧，中央绩效控制被嵌入一个环境模型当中。这时，中央绩效控制变量不仅定义了哪些是重要信息，还提供了"容器"来储存和组织那些信息，在《公司策略与公司治理》一书中，我把这些容器描述为"知识组织器"。

由于这一方法上的进展，同样的分析过去往往需要几个月，现在则几天就能完成，当然是在管理得当的研讨会中。不过，一个必要的前提是，企业中真正熟悉业务的关键人员必须参与分析。

组织这样的活动并不是非常困难，你只需要几个关键人员。这种方法还有一个更深层的优势：利用它，我们不仅能确定组织中有哪些可用的知识，而且作为一种副产品，我们还能以"无痛"、保全颜面的方式确定组织缺少哪些知识。参与者往往很快就会察觉到这一点，为了让讨论能迅速地进行下去，他们常常会主动发起必要的调查来获取缺少的知识。

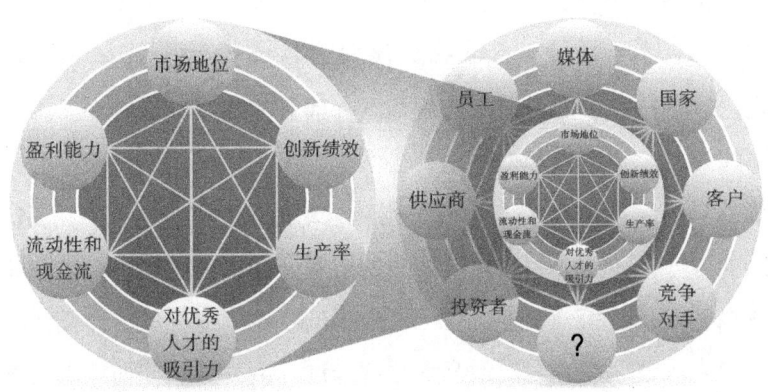

图 16-1　中央绩效控制定义重要的环境信息并将其投射回自身

直攀法的下一步显而易见，因为当负责的人员在场时，信息的状态往往允许我们即刻做出决策。

这样一来，探索—发现—决策等三个阶段就可以在一个循环进化的过程中交替进行，并且非常和谐地互补，就连那些习惯了传统方法、犹豫是否要参与战略制定的最高管理者，也会突然变成热衷者。

至于我自己，这个项目让我得以持续地检验我的中央绩效控制是否真的通用。这一点很快就得到了证实。这样的任务，以前用传统方法需要数月的艰苦工作才能完成，现在只需要组织三次研讨会，每次只花两天时间，而且往往是在周末。如此一来，因时间表难以协调造成的问题就一下子减少到了最低。三次这样的研讨会通常相隔 2 ～ 3 周，因此整个过程会持续 6 ～ 9 周。

理想情况下，这个团队将包含最高管理层以及一些关键专家。另外，这个团队还将需要公司的财务主管以及足够的助理人员来记录工作成果。

在这个方法中，参与者将时刻意识到中央绩效控制模型的存在。这样一来，你就可以优雅地撇开通常循序渐进的方法，不必再按照某个日程表逐项去做，当然也就不会再破坏系统内在的连贯性和相互依赖。由中央绩效控制驱动的讨论可以自由地跳跃，只要坚守某个中央绩效控制相关的主题。在这个过程中，中央绩效控制既是导航辅助，也是记录成果的容器。这样的操作模式非常令人满意，尤其是对最高管理者来说，因为这能让他们以自然而然的方式思考和讨论，而不是被严格的议事日程所约束。

首次开会之前要有一个紧凑的准备阶段。在这段时间里，我必须足够详尽地研究组织，充分收集其业务相关的知识，以便引导讨论，并在必要时积极地施加影响。因为在直攀法过程中，我不仅仅是一个中立的主持人，只能就过程本身进行指导，相反，我是一个积极的参与者，要与最高管理者互动，要把自己的知识和战略经验带到讨论中。有了 MG 导航系统和战略地图的支持，我总能安全地引领讨论，因为我知道要寻找什么。

至于讨论模式本身，我喜欢称为"友好的交叉盘问"。这样的安排使得讨论内容可以即刻相互参照，因为相关的人全都在场。

我需要一些助手提供支持——不是做会议记录（这有公司的人会做），而是随着讨论的进展，同步地开发出与特定议题相匹配的关键模型。这通常是一个敏感度模型，会非常自然地在讨论中浮现，比如综合管理系统（IMS）用于改善公司的管理流程以及过后落实讨论的结果，可生存系统模型（VSM）则用于业务的构建。

这些都是本章将要介绍的超级协同整合方法早期的源头。本书的第19章将概述敏感度模型和综合管理系统，可生存系统模型则将留到该系列丛书的第四部介绍。直攀法是我的实验场，让我首次检验了在持续的讨论中同时应用几个工具的想法。出色的结果证明，这个想法可行。

就我的经验而言，成功应用直攀法的最大团队人数是15人——如果你有经验，并且熟悉所讨论的组织，那么可控的团队人数差不多刚好是这个数字。对直攀法的讨论过程来说，理想的团队规模是7人（上下浮动2人）。如果团队少于5人，通常会缺乏某些所需的知识；如果团队多于9人，管理难度就会大大增加。

经验已经清楚地表明，一个精心挑选的7人团队通常就能正确地评价业务，当场做出很多必要的决策，或者至少做好决策的准备。

直攀法兼具两个关键优势：一方面，它结构紧凑，因为它从一开始就清楚，为了制定战略团队需要知道什么；另一方面，也正因如此，它又是非常灵活的，在很大程度上允许即兴发挥。换句话说，直攀法使得高管能以非常自然甚至飘忽不定的方式展开讨论，但又不会忽视重要的主题；与此同时，这个方法又是严格的、结构化的。

以这种方式制定的战略永远是高质量的，因为参与者通常会立即相互纠正。在这样的情况下，错误的战略根本没机会通过。

此外，因为有最高管理层亲自出席，所以讨论期间做出的决策几乎一定会得到执行。

对于人少的小团队来说，要想驾驭公司面临的复杂挑战，直攀法仍然是最快速、最有效的方法。不过，这的确需要大量的知识以及直接跟最高管理者打交道的经验。如果满足这些条件，那么从内容质量、完成时间以及决策执行力的角度来说，直攀法就是最佳方法。

在20世纪90年代早期，协同整合沟通流程的发明[1]标志着我们即将进入另一个发展阶段：那些已经证明非常有效的问题解决方法，现在可以应用于规模更大的群体中。该方法后来的完善及其与我们的管理系统和控制论工具的整合，彻底改变了战略制定以及驾驭重大变革的方法。就最高管理决策的做出及其执行而言，我们的效率和速度达到了前所未有的水平，所取得的效果在那之前是无法想象的。

我与斯坦福德·比尔有着长期的紧密合作。我们一起创立了克瓦热·伊萨夫学会（Cwarel Isaf Institute），以他在威尔士的居住地命名，目的是进一步发展前面提到的协同整合方法。[2]

---

[1] Beer, Stafford: *Beyond Dispute. The Invention of Team Syntegrity*, Chichester, 1994.

[2] 不断地把斯塔福德·比尔有远见的研究成果呈现给世界，这始终是我最为关心的一件大事。其中就包括进一步发展他所提出的概念，就像我们对前面提及的协同整合方法所做的那样。事实上，如今除了协同整合，我们还开发出了超级协同整合以及指数规模的超超级协同整合（详见后续章节）。

CHAPTER 17

第 17 章

利用协同整合方法实现彻底变革

当我放空自己的头脑，试着想象协同整合㊀方法适用的所有情境时，我发现很难想到有什么地方不能使用它。

除非我错得离谱，否则这将意味着协同整合方法可能会成为最伟大的社会技术创新，因为它可以彻底改变组织的运转方式。这种方法将成为舆论形成、决策、执行等社会技术中的一个里程碑。如今，已经有很多企业家和政治家在自己的组织中引入了协同整合方法，将其作为驾驭重大变革的一个标准工具。

新型领导的时代：组织运转的社会技术的飞跃

当我在本书中说我们需要一个新的经济奇迹时，我的另一层意思是这是有可能的。在当前和未来的条件下，要想找到新的解决方案，仅靠多花钱是不够的，至少在公共部门不行，即使政府真有那么多资金。组织能否正常运转不是资金的问题，而是头脑

㊀ 注册商标是 Malik SuperSyntegration®（MSS®）。

和创造力的问题。我们需要为大多数的社会组织找到新的运营方式，而这反过来需要对组织的基本结构进行大规模的重建。这很可能还会导致民主本身发生重大变革。新方法无疑让这一切成为可能，而一旦什么事情成为可能，它就往往会成为现实。

领先于变革，甚至自己积极地推动变革，即使可用资金减半也能把效率翻倍，这些就是能让新世界成为现实的复合革命的部分准则。这发生得越快，涉及范围越广，变革造成的痛苦就会越轻，越来越多的人就会更快地意识到新世界的好处。

变革和创新：立竿见影

21世纪巨变的挑战如此艰巨，以至于传统的方法和思维方式日渐失效，最终会变得毫无用处。而且，这与转变是轰然降临还是悄然而至无关——不管伴随而来的是巨大的危机，还是温和的变革，甚至是协同整合方法等创新工具所引发的重大创新期。

不管变革以何种方式发生，驾驭这种变革都需要新的解决方案和方法。在越来越多的情况下，我们不能再像传统变革管理那样，以循序渐进的方式从组织的微观层面去管理变革。在一次重大努力中同步革新整个组织，这样的新方法会有效得多。以前的要素会被去除或赋予新的功能，新的要素会被添加进去。最重要的是，很多员工有了新的任务。然而，你们还必须做好辞退或失去员工的准备。有 1/3 ~ 1/2 的员工可能无法应对变革，如果留下他们，他们会积极地阻碍变革。如果组织跟不上变革的脚步，那它就会成为失控的经典案例，就像控制论中描述的那样。

然而，利用协同整合方法，这样的变革过程就能迅速、可靠、风险可控地完成。㊀在很多情况下，这将在现有结构之外创造一个新开端，符合我前面提到的创新原则：新旧要分开。

什么是协同整合方法？它能做什么

"协同整合"是我给迄今为止最具创新性甚至革命性的战略和变革管理方法起的名字，该方法的得出是基于我在控制论管理领域中30多年的经验。它是一个极其快速解决问题的工具，能够给出突破性的结果，不论是在驾驭最艰巨、最复杂的挑战方面，还是在最高管理层做出关键决策方面。"协同整合"这个词本身就是"协同"与"整合"的结合体。

协同整合方法集成了三个系统要素：

- 一个富有创新性的控制论沟通流程，可以同时强化知识和智慧。
- 结合我们的整体化管理系统，可以确保组织的可靠运转。
- 一系列的控制论工具，可以同步应用以驾驭复杂性。

应用

协同整合流程适用于需要很多人一起来解决的复杂问题。因此，它是解决战略问题、让大规模的方向转变实现最大效果的理想工具。它的应用领域包括：

㊀ 协同整合方法的效果已经在大约600个应用案例中得到了证明。

- 制定公司政策和业务使命；
- 重新定位整个公司或其业务部门；
- 确保并购后的顺畅整合；
- 探索新市场；
- 实现复杂的投资；
- 设计增长战略和全球化战略；
- 从根本上组织重组；
- 调整研发战略；
- 营造紧迫感，引发快速的文化变革；
- 启动复杂的创新过程；
- 发起和开发新技术；
- 建立或重建复杂的销售队伍；
- 员工发展和培训。

协同整合还越来越多地应用于公共部门（比如城市发展），或者用来解决复杂的地区问题——在这些领域，通常的民主程序日益逼近自身的极限，无法应对当今的复杂性。

有了协同整合方法，我们就不再需要众多昂贵的专家意见和冗长的咨询项目。协同整合还可以取代内部变革流程，其中有些已经臃肿到了畸形的程度，而且往往会因内部的抵制而失败——当然，更常见的原因是它们过于迟缓，根本来不及应对如今的复杂性和动态。它们会被变革本身压垮。

针对协同整合方法的典型关键问题

一个持续三天半的协同整合过程总是会以一个关键问题开

始。在私人部门，关键问题的典型实例包括：

（1）考虑到经济的动荡，我们的亚洲战略应该做出怎样的调整？

（2）我们可以共同采取哪些措施来把交付时间缩短一半？

（3）考虑到美国食品药品监督管理局（FDA）最新的规定，我们在美国的处方药战略必须包括哪些内容？

（4）我们如何才能再节省至少5%的销售成本，同时巩固我们的竞争地位？

（5）我们如何才能利用现有的制造工厂确保我们的战略引发的供应承诺？

对于非政府组织和非营利组织，关键问题可能是：

（1）我们如何才能让我们的城市免遭迫在眉睫的破产？

（2）我们应该如何设计城市的信息技术格局，才能为我们的内部和外部客户创造最大的、可持续的潜在利益？

（3）我们如何才能积极地影响变革的发展？（这是一家全国性基督教协会提出的问题。）

（4）作为一个研究所，我们应该如何设计管理和组织结构，才能在复杂性和动态变化日益增大的环境中扩大我们的领先优势？（这些仅仅是众多潜在相关问题中的一小部分。）

用于解决复杂问题的同步高效能方法

对于那些涉及很多或所有组织单位且相互纠缠的挑战来说，协同整合是最有效、最快速的问题解决方法。在这类挑战中，高质量的决策将需要整个组织中很多关键人员的同步参与，因为有效的解决方案离不开他们集体掌握的知识；同时，这又需要小团队的效率，因为考虑到时间和成本，最快的速度也是成功的关键。

调动情绪，活跃组织文化

在仅仅三天半的协同整合进程中，参与者通常会感受到很多积极的情绪变化，比如社区意识、和睦与团结、执行决策的强烈欲望（往往被形容为"斗志"）等，因为这种方法带来的不是最小妥协，而是团队就解决方案和必要的行动达成最大共识。

正因如此，协同整合过程往往会在组织内引发情绪和态度的突然转变。而且，因为是参与者自己用全新的方法制订解决方案和措施，所以他们都会专注于共同的目标并展示出前所未有的执行冲动。因此很自然地，假如组织精通有效的变革管理，那么在协同整合过程中确定的所有必要行动，通常会有近70%在6～12个月得到执行。

协同整合带来高回报

考虑到日益严重的资金短缺，尤其是在公共部门，协同整合方法能够直接通过自己的成果来获取运行资金就变得越来越重要。另外，这个过程通常会创造两三位数的回报，这使得它成为组织最划算、最具可持续性的未来投资之一，尤其是在公共部门的组织中，那里最需要这样的改善。

之所以如此，一个原因在于：作为一种富于创新但仍然陌生的社会方法，协同整合过程通常被用在所有传统方法都已无能为力、所有传统的节约潜力都已枯竭的情况。当负责的管理者意识到所采取的节约措施仍然于事无补时，他们往往认为自己已经无计可施了。

因此，只有利用新的方法、新的组织运转方式，才能找到更深层的决定性的改善。这恰恰就是协同整合，能够几乎毫无例外地带来巨大且可持续的投资回报。⊖

填补小团队与大型会议之间的空白

协同整合方法恰好填补了高效的小团队与低效的大型管理会议之间的空白。只要成员不超过 10 个（最好不超过 7 个），那么小团队就可以非常高效。这几乎是人人都有的经验，我在主持直攀法时也经常听到有人提起。

相比之下，大型会议虽然与会者众多，但是通常无法应对非常复杂、充满变数的问题，往往会以完全无能为力而告终——这不是因为人们没有能力，而是因为他们只能求助于那些在这种情况下注定失败的方法（见图 17-1）。⊖

⊖ See the example of the German city of Fürth in: Mieg, Harald A. and Grafe, Fritz-Julius, "City development under the constraintsof complexity and urban development: a case study on the application of systems modeling and Syntegration to the city of Fürth", in *Journal of Uban Regeneration & Renewal 6 (1) 2012/13*; also Mieg, Harald A. and Töpfer, Klaus (eds.), *Institutional and Social Innovation for Sustainable Urban Development*, London 2013.

⊖ 这种方法的效率是小团队的 80 倍，其速度最高可以比传统的决策流程快 100 倍。换句话说，小团队的效率水平仅为协同整合的 2%，用协同整合的方法来解决问题通常可以节约 90% 左右的时间。

几个小团队　　　　　　　　大型会议

- 优点：富有成果、快速、高效
- 缺点：知识少、很快达到极限、难以协调

- 优点：有丰富的知识、经验、智慧和影响力
- 缺点：效率低下

图 17-1　小团队与大型会议

自我调节的控制论沟通流程

在新的控制论沟通流程发明之后，利用协同整合来取得这些成绩已经成为可能。在控制论沟通流程中，参与者以新的方式联系在一起，就像一个大脑的不同部分一样紧密协作。这是一种他们以前从未体验过的工作模式。

由于有了这种利于沟通的网络结构和完美同步的流程，所有可用信息都能以自我调节的方式从一个人流动到下一个，进而传播到整个系统（由组织中最关键的 40 个人组成）的整个时空。尽管这 40 个人有时可能有各不相同的兴趣点，但这种方法能让他们就像交响乐团一样准确、协调地配合。

不分层级的协作

要想让协同整合产生空前的效果，必须确保问题解决过程中不会存在任何形式的层级，每个人都有同等的参与机会。在政府机关这样的公共组织中，这种民主方法格外重要，它可以确保所有不同的利益群体都能充分地参与。不过在商业领域，真正的重点是不分层级的流程能设法利用更多的信息，营造一个更融洽的总体氛围。这也正是协同整合流程几乎总是赢得 90%～100% 满意率的原因之一。对后期快速、顺畅的执行来说，参与以及作为结果的高满意度是最重要的前提之一。

就像激光技术中的光束一样，协同整合流程几乎能把所有信息聚拢起来，集中投射到反映当前挑战的关键问题上。这一切的发生都离不开利于沟通的"辐射能"，即使是最牢固的思想地堡碰到它也会瓦解。有了协同整合方法，我们就不必再去炸开它们——在讨论过程中，它们会自动打开，就像被施了魔法一样。

没有任何特殊要求的普遍适用性

协同整合方法是普遍适用的，已经通过了所有文化、各种问题和各类组织（不论规模和工作领域）的检验，证明了自身的价值。协同整合方法尤其适用于高度复杂的问题。简单的问题用不上它，因为传统的团队方法就足以解决。除了描述关键问题、挑选和邀请参与者、提供本地的基础设施之外，协同整合不要求任何特殊的准备。

因此，协同整合方法远远优于其他方法。事实上，其他方法根本不能与它相比，就像几十年前的大型机不可与如今最先进的超级计算机相提并论。

整体与部分

把所有系统组件组装成协同整合方法,其结果就像把零件组装成汽车一样令人赞叹。就像每个真实的系统一样,原本单独的各个组件现在形成了新的功能潜力,或者说一个系统——作为一个整体,它有着与各个单独组件不同的特性。在生命科学中,这些特征被称为"涌现性"。

这是"整体大于且不同于各个部分之和"这句话更深层的含义。

想更多了解这些涌现系统的现象,请参阅我的《管理复杂系统的战略》(*Strategy for Managing Complex Systems*)以及这套丛书中的《公司策略与公司治理》。整个要点很容易用水作为例子来说明:上过化学课的人都知道,水是氢与氧的化合物。不过,我在这里想要强调的是,并非每个化学老师都会告诉学生,氢和氧这两种元素,哪一个都不具有水的性质——就像任何一个单独的汽车零件都不具有任何马力一样。

"神奇公式"

我有时会使用下面的"公式"来总结协同整合方法并帮助记忆:

$$1/40/12/3/40 > C, M, S, D = AP$$

尽可能简洁地解释一下:对于当前面临的 1 个最复杂的挑战,组织中大约有 40 个关键人员在 3 天内为 12 个最重要的子议题制订了解决方案。为此,他们确定了大约 40 项将要执行的关键措施。

这样，通过以自我组织的方式，利用所有的知识、智慧和创造力，释放巨大的活力，参与者就制订出了创造性的解决方案（C），达成了最大的共识（M），提振了变革的斗志（S），点燃了执行的欲望（D）。这反过来极大地增强了管理层的执行力（AP），使得组织能够完美地运转。

你可能会对这个"公式"本身一笑置之，但上述效果却是已证明的事实。有了协同整合方法，没完没了的会议、研讨会、约见、协调、出差以及事关业务的失职就会成为过去。一切都能在三天之内完成，而且对变革充满热情和活力的参与者，都渴望尽快实施他们共同确定的解决方案。

由于时间紧凑，协同整合还是快速审核战略和必要情况下改变战略进程的理想方法——受 21 世纪巨变的影响，在之后的几年里对战略进程做出调整将变得越来越必要。

如果你们不需要或不希望牵涉这么多人，那么除了 30~40 人参加、持续三天的超级系统整合之外，协同整合还有更快速的版本。在某种意义上，这些更快速、"更苗条"的版本就是协同整合家族中的高性能跑车。

公司的大脑：通过控制论互连来实现大脑一样的运转

利用协同整合，一家制药公司只花了三天半的时间，就决定把 20 亿欧元的研发资金转投到新的研发领域。以同样的速度，一家跨国高科技公司完成了收购整合，确定了新的战略，设计出了所需的组织架构，敲定了新的优先执行事项。利用协同整合流程,这两家公司都组建了新的团队,他们都摩拳擦掌渴望开创新局面。在瑞士的一座大城市,信息技术部门也利用协同整合方法实现了极为重大的改善,因此在随后的两年里先后获得了SAP创新奖和思科(CISCO)创新奖。这样的成功案例数不胜数。

最高管理层有时被比作"组织的大脑"。在这个比喻的意义上,高管团队中的个体成员固然很重要,但最重要的还是他们怎样合作,而这取决于他们在整个组织的时空中在信息上的互通互联。然而,使用当前的传统管理方法,众多参与者根本无法实现达成共识和做出决策所需的互联程度。恰恰是在这一点上,协同整合取得了重大的突破,能让组织中的某些职能真正像大脑一样紧密协作。

正因如此,想要精确地描述协同整合流程几乎是不可能的,就像你不可能用文字来描述莫扎特的交响曲一样。然而,这两者都非常容易去体验和感受。因此,我将只描述协同整合的一个操作原则:参与者和议题的互通互联,然后是协同整合的总体架构。

如前所述,协同整合流程的核心以及所谓的"引擎"是一个富于创新的沟通过程,其源头为大脑研究,可以完成最佳的控制论自我调节。如图17-2所示,这种巧妙的协同整合互联在数学上可以模拟为"二十面体",能让最多42个关键人员像交响乐团一样协调、精准地合作。因此,这些人的知识、智慧和创造力会以自我组织的方式汇集起来去解决12个子议题,他们的能力将浓缩成取得最大共识的解决方案。

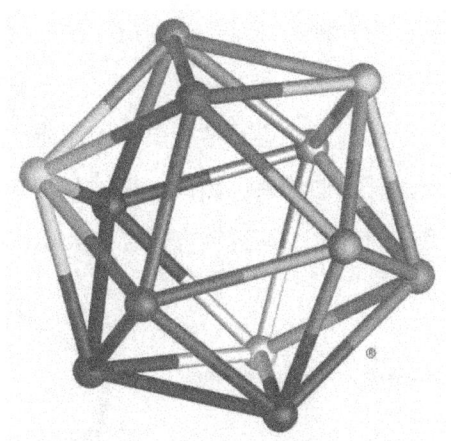

图 17-2　协同整合互联的二十面体

这种沟通结构是协同整合畅行无阻的原因之一。与传统方法正相反，协同整合的沟通非常高效，信息的交流不受任何限制，这使得每个参与者的知识都能实现最佳的互联。对这一主题最早的分析可以追溯到 20 世纪 40 年代，其中最重要的是亚历克斯·贝弗拉斯（Alex Bavelas）所完成的开创性的实验。[⊖]

如果我们把二十面体结构与相反的极端沟通形式（图 17-3 中的单链结构）做个比较，我们大多数人都会想到一个中国古老的儿童游戏"传话"。如果我们把一群人排成单链，然后让 A 把一条信息传达给 B，B 再把它传达给 C，以此类推地传下去，那么当这条信息传到单链的末尾时，它很可能已经彻底失真了。这个链条越长，这种情况发生的可能性就越大。

⊖ See Bavelas, Alex: "Communication Patterns in Problem-Solving Groups", in: Foerster, Heinz von et al. (Eds.): Cybernetics. *Circular causal and feedback mechanisms in biological and social systems.* Transactions of the 8th Conference, Josiah Macy Jr. Foundation, New York 1952.

如果说单链作为一种沟通结构会阻碍或扭曲沟通，在整个沟通过程中制造挫折感，那么相比之下，图 17-3 中的环状互联方式就好得多，它能让沟通变得非常有效，因而能营造出积极的氛围，达到非常令人满意的效果。因此，根据互联方式的不同，即使是同一群人组成的系统，其运转方式也会大不相同。

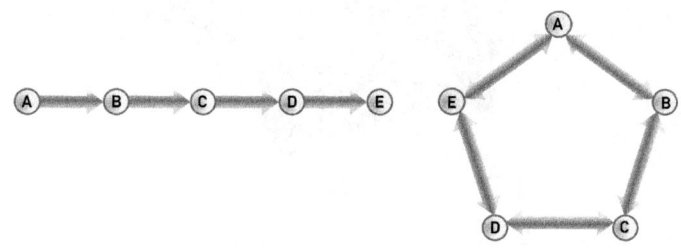

图 17-3　互联方式决定着系统的沟通效能

二十面体是有 12 个顶点的三维几何形状，代表着一种利于沟通的网络结构，能够实现 42 个参与者和 12 个子议题的最佳互联。另外，我们需要一个协议来约定各个步骤的准确顺序，以便控制整个自我调节的沟通过程。这样，如本章前面所述，我们就能取得那些嵌入整体管理系统的成果。相关的操作原则将是控制论的一般定律：自我组织、自我调节，以及知识、智慧和创造力的进化。

协同整合的一体化架构

但是这还没完。图 17-4 给出了协同整合的一体化架构及其包含的整套方法。在实际应用中，所有要素会同时发挥作用，就像交响乐团中的不同乐器会和谐地同时演奏一样。

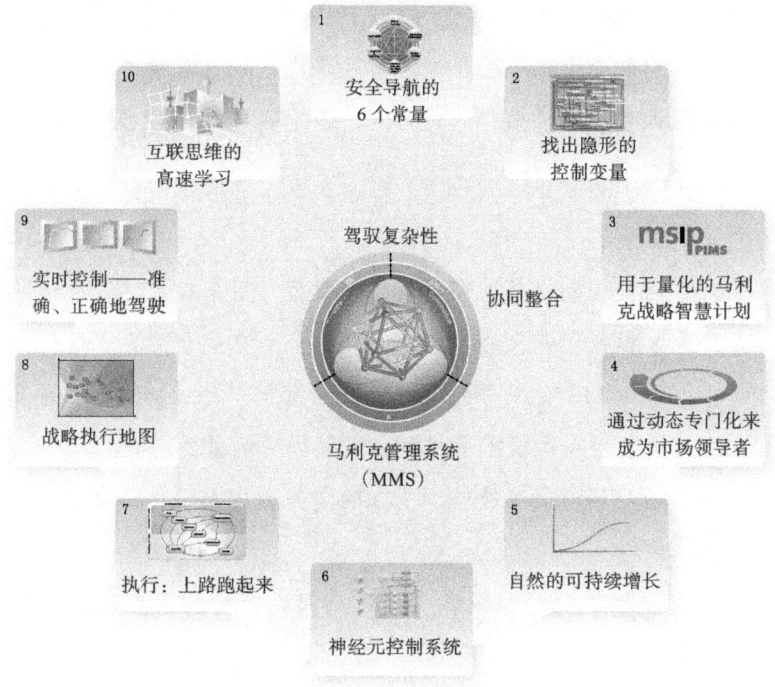

图 17-4　整套控制论工具

有趣但并不意外的是,超级协同整合与现代超级计算机在结构和功能上有很多显著的相似性。例如,协同整合方法的核心是沟通过程,其工作方式类似于计算机的中央处理器。

下一个是我的通用管理系统(GMS),在功能上相当于计算机的操作系统(如 Windows)。环绕在其四周的是方法上的控制论工具,在功能上相当于应用软件(如微软的 Office,包括 Word、Excel、PowerPoint 等)。在马利克超级协同整合(Malik SuperSyntegration,MSS)当中,我们有 10 个控制论工具,其中有些同时还用在核心沟通过程中。这在功能上也类似于计算机的软件:在 Windows 中,我们并非总是需要使用每一个应用软件,而往往会同时使用其中的几个,而且需要它们全都随时可用。

从最顶端开始,按顺时针方向,这 10 个控制论工具依次是:

(1)中央绩效控制(CPC)的复合体,用来控制组织生存能力的关键变量。

(2)面向控制循环互联的敏感度模型,用来确定系统中活跃的自我改善和自我毁灭的力量,以及适合于有效干预的变量。

(3)以 PIMS 为核心的马利克战略智慧计划(MSIP),用来量化中央绩效控制和敏感度模型,以获得可测量的参数。

(4)最小因素聚焦战略,用来确定完美的专门化,建立独特的市场地位。

(5)仿生学 S 形曲线工具,用来探索市场和业务的增长和替代动态。

(6)可生存系统模型(VSM®),用来塑造组织的"神经系统"。

(7)管理系统审计(MSA®),用来检查当前管理系统和流程的功能性。

(8)互联模型,用来确保迅速、连贯的执行。

(9)作战指挥室,用于实时的信息和控制。

(10)生态政策(ECOPOLICY)计划,用于学习互联思维。

这些控制论工具可以同时应用于协同整合过程。为了确保达到最佳效果,我们还开发了一种特殊的应用方法,名为"沉浸式探索"(Total Immersion Exploration®,TIEx)。这些工具共同为组织提供了必需的解决方案,使得组织能在复杂多变、动态互联的情况下完美地运转。

超级协同整合或许可以与智能手机相比：就像智能手机迅速引发了一场真正的技术革命和社会革命一样，协同整合正在引发管理方法的革命。

新式的智能手机变得越来越易于使用，功能也越来越多，比如上网、收发邮件、拍照、播放音频和视频等。回到几年前，这些功能的实现都需要额外的设备，你必须配备很多的线缆和插头、光盘和光盘盒、笔记本电脑等。听起来非常古老，然而与更早的模拟技术相比，这一切又显得相当先进。

这场管理系统和管理方法的革命才刚刚开始，它与智能手机引发的革命有着相似的广度和深度。

应运而生

考虑到21世纪巨变带来的挑战，作为我们最杰出的方法创新之一，协同整合方法来得正是时候。这不是巧合。在察觉并确定了这场即将到来的转变之后，我们开发并检验了协同整合方法。在我们的咨询实践中，我越来越强烈地意识到利用当时已有的方法来回答复杂的战略问题、执行做出的决策是多么困难（参见我在"直攀法"章节中的相应评论）。

有了协同整合这个高效能的控制论工具，即使面对21世纪巨变带来的最艰巨、最复杂的挑战，我们也可以有效地驾驭。之所以能有这种以前不可想象的效率和效果，一个原因在于协同整合包含了同步的问题解决技术：利用最多10个控制论工具，管理者可以同步解决12个子议题，同时还能保持组织现实的互联性,甚至能积极地利用这种互联来强化组织的智慧。

例如,利用它们内在的互联性,战略、结构和文化可以在一个协同整合过程中同步考虑。就主控决策的质量和效果而言,这可以为最高管理层提供巨大的优势。

换句话说,协同整合过程可以大大强化最高管理层的领导力。此外,这也会给组织注入同样巨大的活力和动力,从而开创一个新的时代——由于一时找不到更合适的词语,我暂且称为"新型领导力"的时代。对越来越多的企业家和首席执行官来说,马利克超级协同整合已经变成了一个强化创新欲望和领导活力的关键工具。

新的繁荣之路

前面提到,协同整合越来越频繁地应用于公共组织。在公共领域,协同整合甚至更加重要,因为公共组织本来就没什么钱,而一旦危机恶化,它们还要承受更大的负担。很多经验丰富的专家都担忧城市的衰退,尽管这种担忧是有理由的,但城市的衰退却并非不可避免。

有了协同整合方法,这样的衰退趋势就可以逆转,陷入困境的社区可以重回繁荣之路。然而,只有致力于城市发展的人们不再固守传统的方法,他们的努力才能成功。想解决城市和地区发展的问题,仅靠多花钱已经越来越行不通了,即使组织还有钱可花;相反,就像在商业领域一样,公共组织也必须在更高的运营水平上寻找有效的解决方案:事半功倍。

尤其是在资金紧张的情况下,我们不能把病人、老人和失业者弃之不顾。相反，越是在困难时期，我们越应该关照他们，这样社会才有人情味，才能防止极端行为的发生。对于组织而言，要想应对当今社会的复杂性，要想正常运转，正确的知识和方法远比财务手段更重要。在使用传统方法时，有些努力会显得毫无意义，而借助于协同整合，这些努力就会成为可能，因为协同整合用创造力、智慧、关键人员集体掌握的知识以及必需的执行活力取代了资金。

民主正逼近复杂性应对的极限

一个正常运转的政府是商业成功的基本前提。因此，企业非常关心公共机构的可靠运转。即使政府仍然有足够的资金，或者有办法借到足够多钱，问题仍然远远没有解决，因为传统民主治理的流程已经越来越无力应对当今社会的复杂性。尽管多年来民主一直是运转良好的典范，但在如今由高度复杂、相互联系的系统构成的世界中，民主越来越力不从心，即使是在城市和市政部门等规模较小的组织中，民主也正逼近自身能力的极限。

不停地相互阻碍的利益群体，碌碌无为的联盟，迟缓的协商和决策流程，脆弱、表面化的共识，往往效率低下的措施执行，这些都是民主流程普遍存在的缺陷，即使组织并未面临紧迫的财务压力。此外，民主流程越来越严重的瘫痪，很可能会致使更多的人寄希望于专制的方法。

CHAPTER 18
第 18 章
控制论工具

本章将介绍协同整合的第三个要素：控制论工具。让我们先来回忆一下协同整合架构的三个组成部分：

- 协同整合的核心沟通流程，相当于计算机的中央处理器。
- 通用管理模型，相当于计算机的操作系统。
- 控制论工具，相当于计算机中运行的应用程序。

我所说的"控制论工具"，是指协同整合过程中用来解决关键问题的那些工具。尽管这些工具都可以单独使用，但在协同整合的背景下，综合、同时运用这些工具能够最迅速地达到最佳效果，这将很快成为标准。三天的协同整合过程所能达成的结果，如果没有协同整合，那就需要几个月才能达成，因为你必须跟所有关键人员逐一面谈。因此，这种综合运用有着巨大的优势。

其中有些工具前几章就提到过，比如中央绩效控制（CPC）、PIMS 计划、利用 S 形逻辑曲线的仿生学系统分析等。其余的工具包括敏感度模型（SensiMod）、最小因素聚焦战略（英文缩写 MFFS，德文缩写 EKS）、管理系统审计（MSA），以及利用实时作战指挥室（real-time operations room，RTO）的执行工具，见图 18-1。

图 18-1　控制论工具

可生存系统模型（VSM）将是该系列丛书第四部的核心主题；第四部将主要探讨企业与通用管理模型一致的结构和流程。

所有这些工具都要充分地整合。例如，在使用敏感度模型时，我们常常会同时使用中央绩效控制和 PIMS 的变量。同样，这些工具也会用在综合管理系统的所有子系统中。把多维的高效能工具充分整合，我们就得到了一个浓缩的工具套件，它能让使用者在三天内就达成所有必要的结果。对于这个工具套件，我们尚未找到一个真正贴切、响亮的名字。

敏感度模型：组织的全球定位系统

对战略制定和战略控制而言，我们最有效的控制论工具之一是敏感度模型。㊀其开发者是弗雷德里克·韦斯特博士兼教授，我与他有过长期的合作，直到他离世。如今，他的长期团队成员加布里埃尔·哈勒（Gabriele Harrer）在马利克学会任职，负责"敏感度建模"（Sensitivity Modeling）能力中心。

敏感度模型是一个基于计算机的工具，可以把随机的现实片段记录和描述为互联的系统，同时体现它们内在的控制论调节机制。

在协同整合过程中，敏感度模型在两个完全不同的层面上起着两种关键作用。一方面，我们用它模拟事实层面上的业务系统——在这里，我们关心的是产品、客户、竞争对手、价格和技术。另一方面，我们用它把要执行的措施模拟成一致、互联的执行系统。在本章末尾，我将介绍作战指挥室，同时阐释敏感度模型的后一个作用。

把企业的业务模拟成控制论系统

要想制定出成功的战略，一个关键前提是实时控制的原则。你们必须时刻清楚自身的当前位置和目标位置，这样才能恰当地控制。这反过来要求你们对要控制的整个系统有全面的认识。能够随时知道你们在何处、要去何处以及将怎样到达那里，这是所有正确战略的基本前提之一。

㊀ Vester, Frederic: The Art of Interconnected Thinking. Ideas and Tools For Tackling Complexity, Stuttgart, 1999. 从书籍到电视节目再到巡回展"我们的世界——一个互联的系统"，弗雷德里克·韦斯特给我们留下了一笔巨大的出版物财富。在复杂系统和生物控制论领域，这是一个最佳的资料来源，深深吸引着年轻的以及年老的研究者。想更多地了解他的研究成果，请访问 www.malik-management.com。

前面已经提到,在飞行和航运领域,相关的控制和引导任务早已解决,如今更是可以利用基于卫星的高科技导航系统(如全球定位系统),完成得就像汽车交通一样自然。公司管理使用我们的敏感度模型,效果就像汽车使用全球定位系统。

我首先简要介绍一下敏感度模型本身及其在协同整合过程中的同步应用。⊖

发现系统隐形的控制论

就像我们看不见重力等自然力一样,我们也看不见控制电路这样的控制论力量。两种力量都只能从物体和变量的行为以及它们受到的影响来观察。

图18-2的左侧是一个系统的相关变量,右侧是这些变量的控制论互联,或者叫控制电路。我们在这里看到的是一家工业公司的模型,该公司在全球专营控制工程。公司的管理者立刻就被我们的方法吸引了,因为他们能看到,借助于特有的工具和思维方式,我们如何触及了其专门知识的核心。他们的管理层意识到,我们正在把他们现有的专门知识应用于公司自身及其运转,从而把他们的管理系统提升到了一个更高的运转水平上,就像他们为客户的机器、车辆和飞机提供控制系统时所做的一样。

把一组变量变成一个动态系统的,是这些变量之间的互联。而且,因为这些互联不仅仅是随机的互联,而是有调节能力和影

⊖ 作为一种媒体,本书难免有一些局限性,因为它只允许我们静态地解释那些系统。如果想了解动态变化,建议你访问我们的网站www.malik-management.com。

响力的互联，所以我们模拟了"系统的控制论"。就像你可以说"物体的物理学"或"建筑的静力学"一样，我们所说的"系统的控制论"是指系统自我调节的相互关系，它们决定着系统的运转状态。简而言之，我们的敏感度模型的一个作用就是让隐形的互联变得可见、可感知。

马利克敏感度模型：
系统的变量……

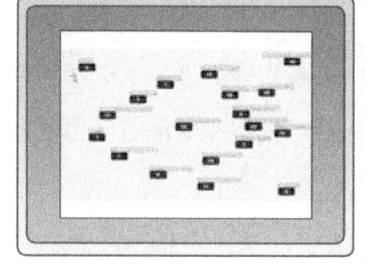

……什么控制着这个系统：
变量的互联

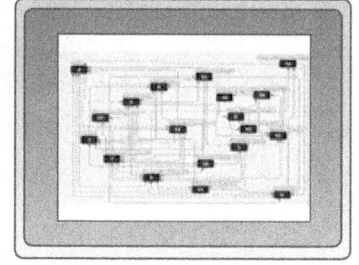

图18-2　从一组有影响的变量到一个系统

"面条模型"

但是，要实现这样的模型我们必须做什么呢？我们把所需的手动方法称为"面条模型"（spaghetti model），如图18-3所示。在协同整合的核心流程中，参与者会不自觉地提供与所讨论的主题相关的信息，我们记录并制图之后就得到了敏感度流程。和图18-2一样，仍然是变量在图的左侧（这一次是手动描绘），相互关系的网络在右侧。

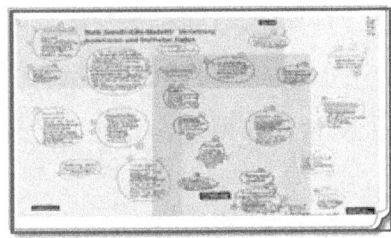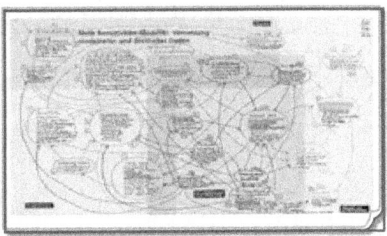

图 18-3　面条模型

利用非常直观的特殊软件,我们分析了驱动这个系统的控制电路,它们通常是全系统互联的,这差不多相当于神经系统。

通过这种系统控制论的分析,我们可以确定控制系统方向的主要操纵杆,也就是系统的主控。请注意,在控制措施实际执行之前,总是要先以模拟的方式检验干预的间接影响。图 18-4 是系统的截屏图,给出了针对控制动态和控制电路的第一次分析的结果。

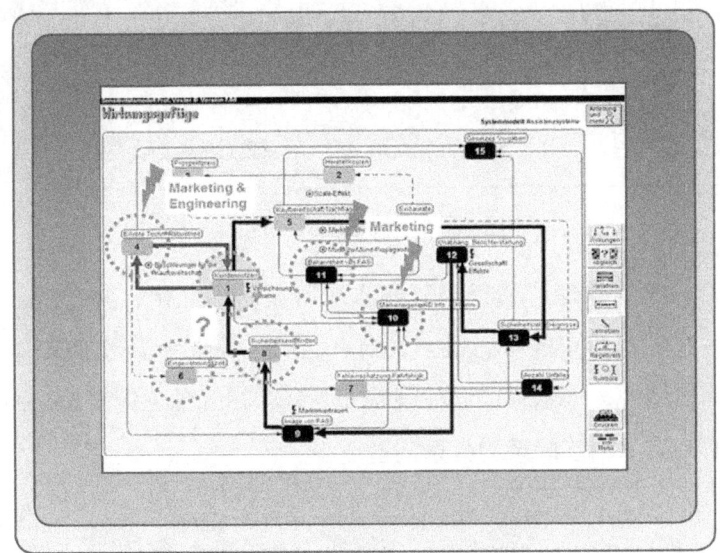

图 18-4　主控和控制电路

战略·STRATEGY

然后，我们描绘了系统的动态，如图18-4的敏感度风险地图所示。这可以帮助我们确定哪个变量有什么影响，也就是说，一个变量是积极的还是消极的，是起缓冲作用还是会造成严重冲击。

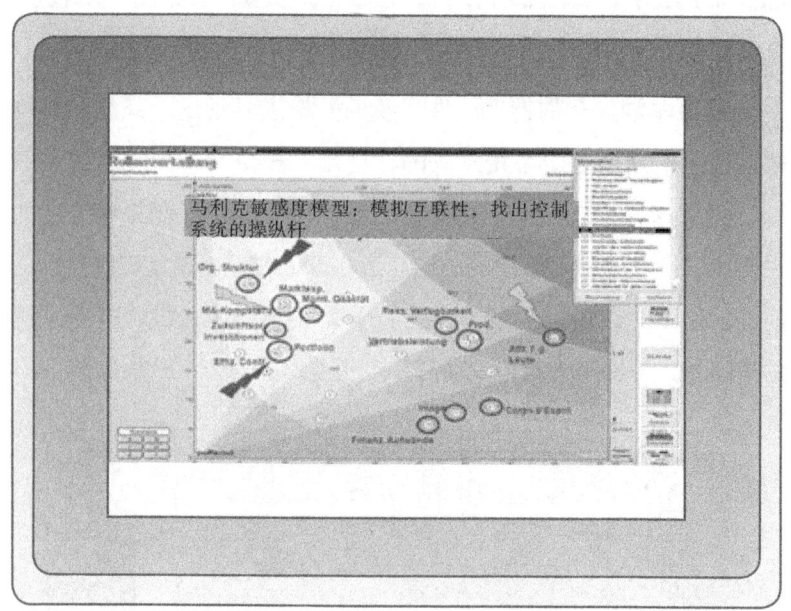

图18-5　敏感度风险地图

人类缺少理解和操控复杂系统所要求的几个自然前提。例如，在任意给定的时间里，人脑只能抓住少数变量来操控行动。更确切地说，人脑只能同时观察5～9个相互独立的变量，而能同时观察的相互联系的数量甚至更少。⊖

⊖ Miller, George A.: "The magical number seven, plus or minus two: Some limits on our capacity for processing information", *Psychological Review* 63 (2), 1956, pp. 81-97.

这种认识被用在很多地方，比如飞机驾驶舱的设计。利用拓展训练，专家或许可以把这个数字增加三五个，但也就这样了。这证明，到目前为止，基于生物系统的人类只能驾驭有限的复杂性，如果复杂性进一步增大，人类就必须以社会文化和社会技术的方式增强适应能力和智慧。

因此，如果我们需要观察多得多的变量及其相互联系才能真正地理解和操控系统，那我们就需要特殊的工具，比如我们的敏感度模型。不管是对整个组织，还是对各个运营单位来说，有了这些基于计算机的工具，最高管理者就能获得所需的信息，从而能够真正地理解系统及其内在的运转法则。有了面向组织各个层面的敏感度模型，控制智慧就可以植入各个业务单元的核心，进而在整个系统内自我强化，其效果在没有控制论的情况下绝无可能。

CPC 的应用，利用 PIMS 和 S 形曲线实现的量化

接下来的两个步骤显而易见：把中央绩效控制整合到敏感度模型中；利用来自 PIMS 的知识（如第四部分所述）量化敏感度模型的变量。PIMS 的数据库、研究结果以及各种模型可以把敏感度模型变成一个极为强大的工具。此外，21 世纪巨变的趋势还要求我们把 S 形曲线诊断整合到敏感度模型中。

外部世界的内部模型

接着，我们要完成组织的控制逻辑上至关重要的一步：利用敏感度模型来实现"外部世界的内部模型"这个控制论概念。这

与另一个控制论的控制法则是一致的——根据那个法则,系统的控制不可能比系统自身的模型更好。因此,控制质量和模型质量直接相关。由科南特(Conant)和阿什比(Ashby)提出的对应定理是:每个好的控制器都必须是系统的一个模型。图18-6说明了这一基本原则及其借助敏感度模型的实际应用。

我们面对着一个现实(见图18-6a),一个必须加以管理的现实(见图18-6b)。然而,如果这个待管理的现实没有一个模型,那么管理就不可能实现。通常在缺乏现代导航工具的情况下,这个"内部模型"会局限于首席执行官和最高管理团队的经验和想象力。

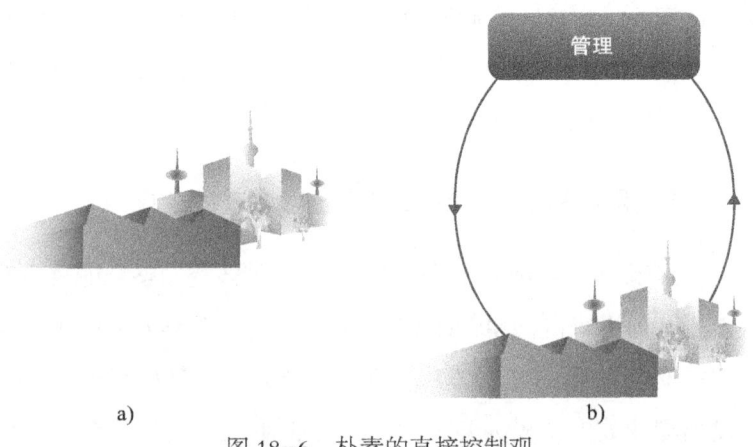

图18-6 朴素的直接控制观

尽管对高管来说这些能力仍然很重要,但如今已有专为系统控制开发的敏感度模型作为补充和支持,如图18-7所示。这就是我们的系统和工具提供的帮助:它们能让高管最有效地利用自己的能力。

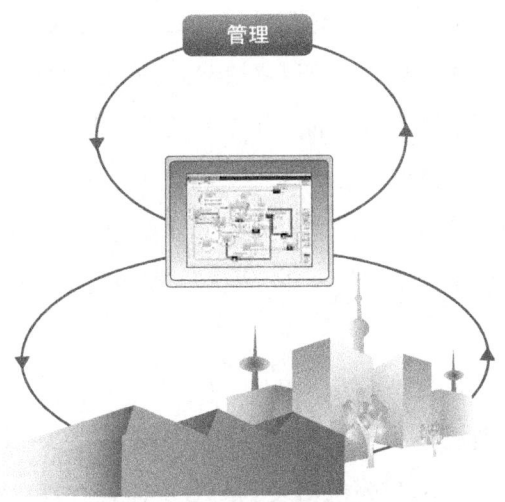

图 18-7　敏感度模型与外部世界的内部模型

这个外部世界的内部模型不是静态的,而是动态的,也就是说,外部世界的持续变化会反馈到模型中,它能随时反映我们在哪里以及我们有哪些选择,就像汽车上的 GPS 一样。这与敏感度模型在组织中的应用完全相同。

最小因素聚焦战略:动态专业化

另一个用于战略设计的控制论工具是最小因素聚焦战略(Minimum Factor-Focused Strategy 德文简写是 EKS ⊖),它也可以与协同整合方法同步使用。这个工具单独使用就能产生显著的效果,现在和协同整合一起使用,其效果更是极大地增强,而且最多可以节省 90% 的时间。

⊖　相关说明参见本书前面列出的注册商标和受版权保护的名称。

最小因素聚焦战略是通用的探索法（heuristic），有了它的帮助，专业化的进化战略就可以移植到公司战略领域。成千上万的实例已经证明，这个方法的严格应用能帮助业务占领市场，帮助企业家实现创业梦想，帮助企业建立和稳固利润来源。因此，最小因素聚焦战略是应对巨变的关键，因为从旧世界到新世界的转变不可能仅仅是大公司的责任；相反，我们很可能会经历一次草根革命。

那么，什么是探索法？

它是一种搜索原则，或者更确切地说，是一种发现原则。在我的《公司策略与公司治理》一书中，有一章专门探讨了这个主题。

作为一个程序，算法（algorithm）可以帮助我们明确地找到事先已知的目标，而探索法则能帮助我们以较高的概率找到未知的目标，尤其是活动的目标，这是重大变革时期的典型特征。

就最小因素聚焦战略而言，未知目标是一项业务最理想的专业化，能让业务取得难以撼动、独一无二的市场地位。然而，因为市场始终在改变，所以与自然的进化原则一致，最小因素聚焦战略的目标也是动态的专业化[一]，也就是说，这种专业化会不断地挑战自身，自动适应不断变化的环境。

早在1970年我就已经意识到，控制论的、自我调节的自然进化过程对于企业的控制和管理有着极为重要的意义，尽管当时

[一] Malik, Fredmund; Friedrich, Kerstin, and Seiwert, Lothar: Das große 1 x 1 der Erfolgsstrategie. EKS®—Erfolg durch Spezialisierung. 13th edition, complete revised and amended, Offenbach, 2009.

很少有人持同样的观点。之后没过多久，我得知了沃尔夫冈·梅维斯（Wolfgang Mewes）及其 EKS 概念，而由于上述原因，我对这个概念非常感兴趣。然而，一直过了 40 年，我和梅维斯才首次见面。

由于把 EKS 整合到了我们的控制论管理系统中，再结合其他的控制论工具，它现在就能抓住 21 世纪巨变的时机，充分发挥其驾驭复杂性的强大能力。

沃尔夫冈·梅维斯曾数次改变这个概念的名称，目的是更清楚地表明他的创新能做什么，以便人们能更好地理解他这个先驱者以及该领域的新思维。最早他把这个概念称为"进化依从战略"，然后改为"控制论战略"，最终确定为"最小因素聚焦战略"。最后这个定名意味着，把力量集中在最小因素（也就是不可或缺的关键优势）上总能取得最佳效果。

适用于每一家企业的进化专业化

我先简单解释一下我早期关注 EKS 的科学背景。专业化的现象是进化和行为研究中最令人兴奋的主题之一。作为行为研究的伟大先驱和诺贝尔奖得主，康拉德·劳伦兹（Konrad Lorenz）令人印象深刻地描述了进化专业化的原则及其表现形式多样的非凡成果。

所有生命形式都高度专业化，原因在于它们驾驭复杂性和提高能量效率的战略。唯一的例外似乎是人类——人类是多面手。但是康拉德·劳伦兹认为，人类也是专家——非专业化的专家，更高层次上的专家。正因如此，作为一个物种，人类能够适应几乎任何生活环境。反过来，这也是最有效的驾驭复杂性的自然解决方案，因为它把两种重叠的应对复杂性的方式结合了起来。

因此，通过不适应来把适应能力最大化，这是进化控制论的原则。梅维斯发现，这个原则也适用于公司战略，而通过确定一系列简单的步骤，他使得这个原则可以应用于所有企业，甚至是规模最小的企业。

后来，作为康拉德·劳伦兹的弟子兼同事，鲁伯特·里德尔（Rupert Riedl）整理出版了最全面的进化论文献作品集，其中包括他的《生命体中的秩序》（Order in Living Organisms）和更通俗的《进化战略》（The Strategy of Evolution）。在我开始攻读博士学位时，劳伦兹和里德尔的工作就已经影响了我。后来，他们以及其他进化论研究大师的成果还出现在了我的教授资格论文《复杂系统的管理战略》当中。同样，仿生学专家也开始对这个主题产生了兴趣。作为德国仿生学的先驱之一，因戈·雷兴伯格（Ingo Re-chenberg）博士兼教授可以证明，不仅进化的结果是最优化的，自然界用来实现这些结果的方法也是最优化的[⊖]，这一点我的教授资格论文也曾提及。

从单细胞生物到全球社会结构，对各种形式的进化来说，适应和专业化都是两个基本原则。更进一步来说，这些进化形式还包括了宇宙结构、社会系统、信息和沟通的结构和系统。商业和整个社会中的专业化具有如下特征：

⊖ Malik, Fredmund: *Bionics. Fascination of Nature*, Deutsche Bundesstiftung Umwelt, 2007: Malik, Fredmund (Ed.): *1., 2. und 3. Internationaler Bionik-Kongress* ["*1st, 2nd, and 3rd International Bionics Congress*"], Malik Management Zentrum St. Gallen, 2008, 2007, and 2006.

- 服从进化法则；
- 减轻竞争压力；
- 帮助实现巅峰绩效；
- 带来更好的问题解决方案；
- 更容易沟通和传播；
- 提高对能力的期望；
- 扩大选择余地。

那些认为专业化也有劣势的反对意见，主要是针对过度专业化削弱了适应能力的情况。正因如此，EKS的关键是动态专业化。就恰当的专业化而言，其优势远远大于劣势。

成功案例

应用了EKS的企业包括很多著名的市场领导者，比如伍尔特（Würth）、凯驰（Karcher）、罗技（Logitech）和基泽健身（Kieser Training），它们的创业成功有很大一部分要归功于EKS概念的严格应用。

在《隐形冠军》（*Hidden Champions*）一书中，赫尔曼·西蒙（Hermann Simon）写道，尽管通往创业成功的道路很多而且大不相同，但有一个战略却是成功的企业最常使用的，它就是EKS。㊀除了上述的著名企业之外，还有很多中小企业也依靠出众且极富创造性的专业化取得了市场领导地位。

㊀ "在专业化和专注的背景下，我们会发现EKS方法的使用频率令人吃惊。这是我们揭示出来的有关'隐形冠军'的少数秘密之一。" Hermann Simon: *Hidden Champions. Lessons from 500 of the World's Best Unknown Companies*. New York, 1996.

例如，在德国有数千家从事室内装修的小公司，而巴登-符腾堡州的一家公司专门给体育场馆提供地面标志喷涂服务，因此在这个领域中成了全球市场领导者；在巴伐利亚森林，一家普通的民宿旅馆专为残障人士提供服务，结果经营得非常成功，天天客满；在黑森州，一家眼镜店因为专营运动护目镜而取得了成功；在慕尼黑地区，另一个成功的 EKS 实践者专门教运动员冲刺技术，与很多类似的公司不同，它们给运动员提供的不是简单的"训练"，而是专门的"冲刺训练"。

如今恰逢 21 世纪巨变以及新旧世界的交替，EKS 的重要性怎么强调都不过分，因为它是再次创造经济奇迹的最快方法之一。这样的经济奇迹，首先必须要基于经济系统的支柱也就是中小企业的重大进步。甚至可能更重要的是，EKS 还能帮助个人实现成功的专业化，从而大幅提升他们的生活技能。这将是自我管理的一种最高形式。想深入了解这个主题，请参阅该丛书的第一部《管理：技艺之精髓》。

基于 EKS 的专业化：一条自然法则、四项基本原则、七个简单步骤

以生物学和进化论的基本概念（尤其是最有效的力量运用的自然法则）为基础，沃尔夫冈·梅维斯开发出了基于四项基本原则和七个简单步骤的 EKS 方法。

这个巧妙而又简单的方法可以带来最显著、最成功的专业化，往往表现为小众市场——规模可能很小，但也正因如此，往往利润非常高。这些企业只需当心不要头脑发热，为了增长而

增长。

但是，EKS 也适用于规模巨大的市场，比如前面提到的伍尔特和凯驰。关键不在于规模大小，而在于它是不是一个可防守的专业化。一个专业化越"有针对性"，也就是越集中，EKS 就越有可能帮助企业取得市场领导地位，最终占据独一无二的市场地位，也就是事实上的垄断——靠的不是政府保护，而是自身的卓越绩效。

EKS 的目标是成为某个目标群体的最佳问题解决者或保持这一身份。

EKS 的四项基本原则是：

- 集中资源，强化优势；
- 解决瓶颈问题；
- 交付价值而不是收割利润；
- 非物质价值高于物质价值。

EKS 方法的七个步骤是：

- 分析现状和具体优势；
- 找出一个最有前途的专长；
- 确定一个最有希望的目标群体；
- 完成瓶颈问题分析；
- 制定一个专业化创新战略；
- 制定一个专业化协作战略；
- 确定不变的基本需要以确保长期成功。

EKS 与战略地图和 PIMS 原则有着明显的相似性，这使它可以完美地融入我们的工具箱。

图 18-8 展示了 EKS 方法的原则和步骤。想了解该方法的更多细节，尤其是关键的检查清单和问题以及众多应用案例，请参阅前面提到的弗里德里希、马利克以及塞维特的著作。

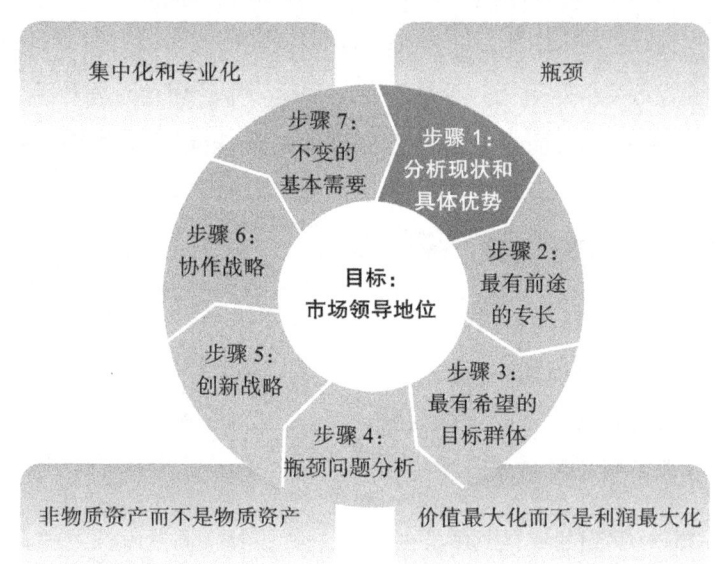

图 18-8　EKS 的原则和步骤

EKS 成功螺旋：市场领导地位和独一无二的市场地位

严格地重复应用 EKS 方法，会创造一个进化的成功螺旋，如图 18-9 所示。

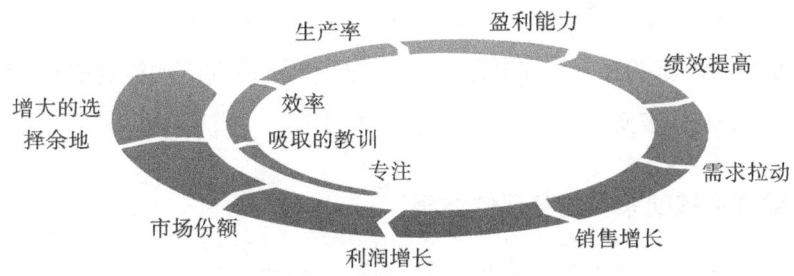

图 18-9　EKS 成功螺旋：市场领导地位和独一无二的市场地位

这个成功螺旋的起点是集中资源致力于面向特定目标群体和细分市场的动态专业化，其逻辑既简单又令人信服：即使是聚焦过程最初的几个步骤，也能让企业吸取经验和教训，进而提高效率和生产率；紧接着，这会改善财务业绩，使得企业能够进一步增强其市场绩效，进而激发更大的需求，带来销售额和利润的增长。与此同时，不断增加的市场份额会扩大企业的选择余地，减轻企业的经济和财务依赖。

EKS 逻辑的这些结果并不新鲜，然而很多人都不知道这个逻辑及其原则和步骤，更不用说足够严格地执行了。这符合大多数企业家和高管可能都有的一个愿望：要是有人能给他们一个神奇的成功方案那该多好。

EKS 成功螺旋还包含很多其他的战略要素，我在探讨导航系统、战略地图和 PIMS 的章节已经论及。

管理系统审计：运转和执行的新方法

下一个具有"延时"效果的协同整合应用是我们的管理系统

审计（MSA）。很多年前我们开发了这个控制论工具，帮助一家企业诊断其管理系统的现状，所参照的标准由我们的综合管理系统（IMS）定义。

用牵引辅助来促成正确的结果

请回想一下本书的第 1 章：综合管理系统怎样源于通用"管理模型与管理之轮"的结合，为什么它有助于实现正确和良好的管理，为什么它是整个组织和个别业务单元的标准管理系统。

管理系统就是这样一起运转来有效地把宗旨、使命和战略转化为成果。在某种意义上，IMS 相当于汽车的牵引系统，把马力变成性能。就构造方式而言，IMS 相当于一辆高性能的运动型多功能汽车，配备了所有可选部件，比如四轮驱动、可切换减速传动装置、下坡控制、智能牵引等。正因如此，IMS 适用于任何类型的组织。为了帮助你回忆，图 18-10 给出了 IMS 的概观。

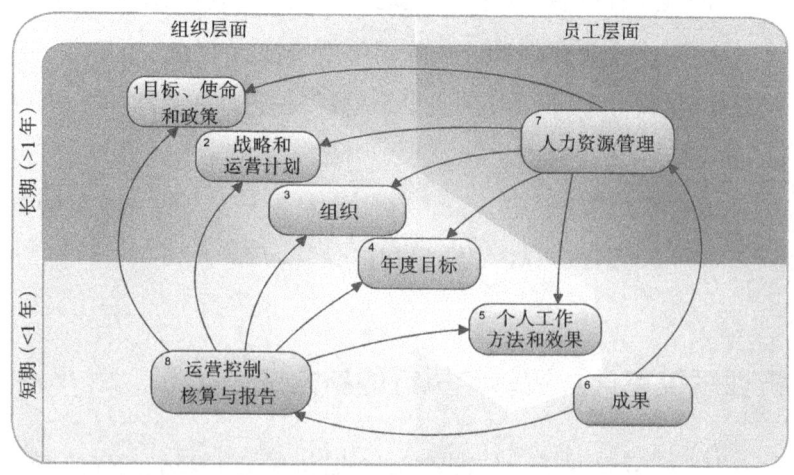

图 18-10　综合管理系统（IMS）概观

在2008年，综合管理系统成为德国技术监督协会（TÜV）[一]承认的标准，如今已是该协会对商业组织的管理系统进行质量和可靠性认证的基础。

管理系统审计能做什么

管理系统审计是为落实综合管理系统而开发的。早在1981年，我就开发并公布了综合管理系统[二]，如今它已成为我们管理培训的标准课题。自那以后，我们一直在改进和加快综合管理系统在客户组织中的落实。[三]

管理系统审计的作用是系统地诊断组织管理系统的现状，以确定综合管理系统进一步发展和改进所需的措施，然后执行一个计划来落实它。对我们来说重要的是，所有改进都必须基于组织的当前状态。从零开始的情况极少出现，因为组织总是已经有了一些系统，否则组织就不可能存在。

诊断结果什么样

图18-11给出了协同整合完成后MSA诊断的典型结果。我

[一] 德国技术监督协会（Technischer Überwachungs-Verein，TÜV）是全球最大的技术服务组织之一，可以定义和监督安全标准，执行检查，发放认证证书。

[二] Malik, Fredmund: Malik, Fredmund, Management-Systeme, in the series "Die Orientierung", Nr. 78, ed. Schweiz. Volksbank, Berne, 1981.

[三] Klauser, Marius: Lenke, was dein Unternehmen lenkt: Management-Prozess-Architek- tur (MPA) als Quantensprung in der Unternehmens- und Mitarbeiterführung, Frankfurt/New York 2010. Stöger, Roman: Prozessmanagement. Qualität, Produktivität, Konkurrenzfähigkeit, Stuttgart 2009.

战略 • STRATEGY

们所看到的是一家德国银行的管理系统的发展阶段：出于服从监管的考虑，它们彻底地检查和修改了公司政策和公司治理（白色格子），正因如此，它们在这方面已经达到了相当先进的阶段。相比之下，图中浅色的系统组件最多也就是发展一般，而所有深色的领域显然发展不足。因为"照常营业"，所以综合管理系统的浅色子系统都还说得过去，都产生了令人满意的结果，但它们远不足以应对2008年和2009年的动荡，将给公司未来的管理带来重大风险。

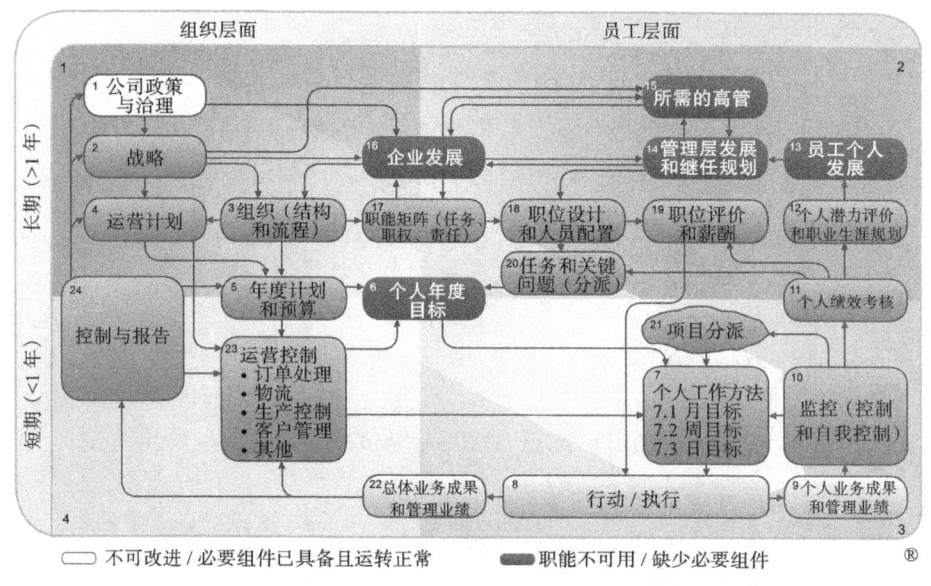

图 18-11　MSA 诊断的典型结果

非常不幸的是，这家公司在员工发展方面做得不够，目标管理流程的效果也不够好，因此无法迅速应对严重的金融危机造成的困境。通过系统组件 6、7、10、11、20 和 21 实施的紧急措施不够充分，造成了时间和资金的浪费，其影响在危机期间格外具有灾难性。可以说，他们缺少的是"四轮驱动"，需要切换到四驱模式来增加额外的动力。

目前这些短板并没有真的给公司造成威胁，但他们因此无法抓住很多难得的机会，其中包括一次潜在的收购，因为他们速度不够快且缺乏人员储备。在针对管理系统的这些痛点实施了一个改善计划之后，几个领域的职能改善就启动了：立即引入了必要的工具和方法，结合专门的培训措施，带来了立竿见影的改善效果。

最重要的是，针对新工具的使用进行的快速员工培训最终扭转了局势，同时对整个的员工和高管培养产生了巨大的推动作用。

就这些人员和组织发展的措施而言，执行力大多要归功于不久前完成的协同整合过程，因为公司的 40 位最高管理者就是在这个过程中达成了深刻的共识，一致认为综合管理系统的上述领域必须做出某些改变。因此，不可或缺的变革意愿已经形成，这就不再是一个"是否要变革"的问题，而是一个"怎样去变革"的问题。协同整合过程之后没几天，稍加修正的 MSA 诊断结果就提交给了董事会，证实了之前高管就管理系统的糟糕状况达成的共识，因此所建议的措施很容易就得到了批准。

考虑到这家银行的规模，如果采用传统的员工和高管培训方法，整个过程将需要几个月时间，而现在因为有了协同整合以及其他新的方法和工具，这一切在几天之内就能完成并立刻执行。

无论从资金的角度,还是考虑到公司文化和员工激励,快速省时对这家银行来说都极为重要,尤其是在危机时期。

管理系统与工具的充分整合

或许读者的思路已经提前几步到了这里,因为在我的管理思想的逻辑中,下一步自然是把其他的控制论工具及其结果整合到综合管理系统的相关要素中。

例如,模拟业务系统的敏感度模型将归入公司政策和公司战略。你可能还记得,作为先行的整合步骤,敏感度模型还包括 PIMS 及 CPC 的量化。

此外,为运营计划和运营控制开发一个特殊的敏感度模型,模拟年度计划,这将很有帮助。同样,对运营控制和多个层面上的财务控制而言,敏感度模型也是理想工具。所有这些模型也都将包括中央绩效控制。

敏感度模型对组织和管理团队的发展也同样重要。到最后,每个高管都可以建立自己的敏感度模型,从而可以模拟和控制自己的职责领域,最终成功地塑造自己的事业和人生。

作战指挥室:实时控制的执行

创造最有利的执行条件

协同整合有很多积极效果,下面这些对执行来说格外重要:

- 参与者能够确定真正最为艰巨的挑战以及他们认为至关重要的 12 个子议题。
- 通过平等协作，参与者可以充分地达成最大共识，而不是勉强接受的让步——后者是传统方法常见的结果。
- 所有参与者都能不受限制地贡献自己的全部知识。
- 参与者会给每个子议题制定一份明确的措施清单，而不是模糊的意图声明。
- 明显的情绪变化体现了信任和满意。
- 另外，几乎每个人都产生了正能量和行动意愿。

尽管有了这些卓越的条件，在协同整合过程之后的几天或几周里，一部分"马力"可能还是会丢失，因为只有少数公司具备执行管理，可以确保协同整合的所有潜在成果都真正实现。如今大多数公司都相当精通一般的项目管理，但在这里那是远远不够的。正因如此，我们要选择新的执行方法，以确保从旧世界到新世界的革命能顺利进行并取得成功。要想理解作战指挥室及其特殊功能，读者必须先熟悉协同整合措施为此专门做了哪些准备。

执行的新方法：措施的系统互联

对传统的项目管理来说，最大的挑战源于协同整合措施的三个特性，它们是协同整合的最大优势，但是如果硬给它们套上传统项目管理的紧身衣，优势就很容易变成劣势。

- 在协同整合过程中确定的 40 ～ 60 项措施，大多数都没有组织上的"娘家"——它们是跨职能的措施。它们不适应通常的组织结构框架，而适合超越职责和能力分派的组织氛围。正因如此，如果由组织的最高管理层负起首要责任，这些措施的执行往往会特别成功——考虑到这个艰巨任务的重大意义，这是唯一合理的安排。

- 这些措施本身会构成一个系统，因为它们几乎总是紧密互联，它们的执行总是互为条件。因此，必须从一开始就做好准备，一旦在某个点上启动了重大变革，那就要同时在几个点上做出改变。

- 很有可能，整个组织会对某些措施做出极端的反应。因此，如果措施按照顺序孤立地执行，如果所采取的行动没有考虑现有的依赖关系，那么情况可能就会暂时失衡，甚至变得很不利。这就相当于普通人的饮食或运动员的训练计划不均衡。

用敏感度模型来创造系统平衡

这就是敏感度模型的第二个用武之地，也正因如此，我们不仅用敏感度模型来模拟业务的实际水平，还用它模拟待执行的措施及其相互依赖。在个别子项目中制订的组合行动计划，要依据其效果和控制的相关性来进行评价。因此，启动的不是单个的措施，而是所有措施最有效的组合，并且在执行过程中要加以控制，保持它们的动态平衡。

图18-12是一张截屏图，来自我们为一家跨国集团做的一个项目。协同整合的最终结果是，利润达到了本就很大胆的原定

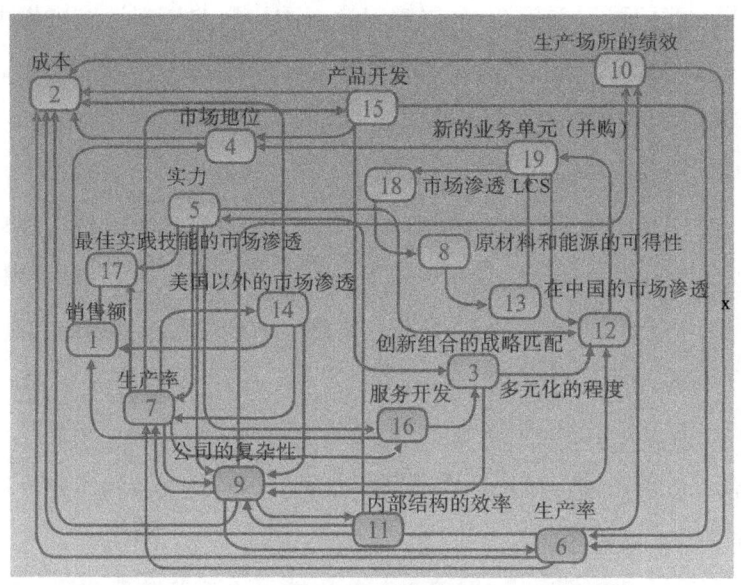

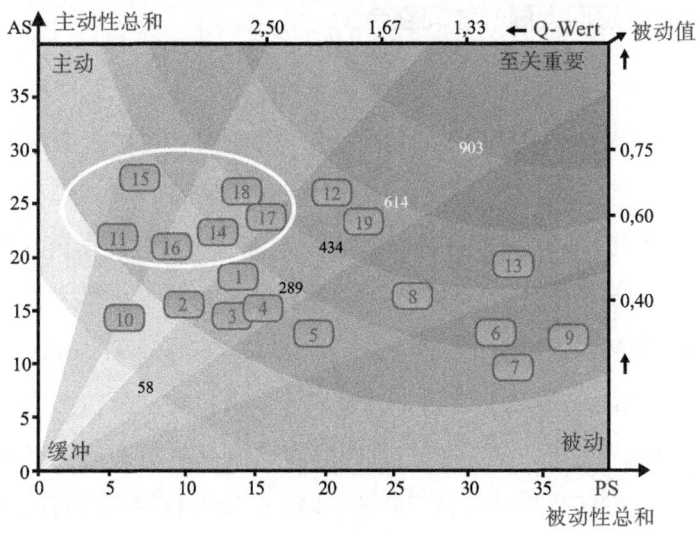

图 18-12 措施最优执行的敏感度模型和风险地图

改善目标的三倍，项目的投资回报率达到了四位数。在图的左侧，我们可以看到20个关键组合行动计划的控制论交联模型。在图的右侧，我们可以看到这些组合措施的风险地图，它可以立刻表明哪些措施至关重要，哪些特别有主动性，哪些起缓冲作用，哪些具有潜在的被动性。

这里的措施包括国际采购的调整、产品线策略、价格战略、处理复杂性，以及为消除瓶颈而针对特定关键人员设计的特殊培训。对于后者，由于同步应用了EKS，我们已经找到了令人满意的解决方案。

图18-12中的实例很好地证明了不同工具协同使用的效果。在系统的主动区域内，用椭圆圈起来的那些行动步骤紧密互联，因此是执行的重点。

在国家层面上展开协同整合

有些措施适合在国家层面上针对个人或组织同时展开多重的协同整合。图18-13给出的执行路线图利用了六个深层的超级协同整合过程，其中一个是简化版，即所谓的"八面体协同整合"（octahedron syntegration），在最高管理指导委员会的层面上完成。另外五个是完整版，在国家层面上完成，连接着一个实时控制和沟通系统（real-time control and communication system，RTCCS）——我们为后者开发了作战指挥室的解决方案，下一节会简要介绍。就本章的意图而言，执行路线图的细节并不重要。它们将是该丛书第四部的主题，也就是探讨公司管理的结构和流程问题。

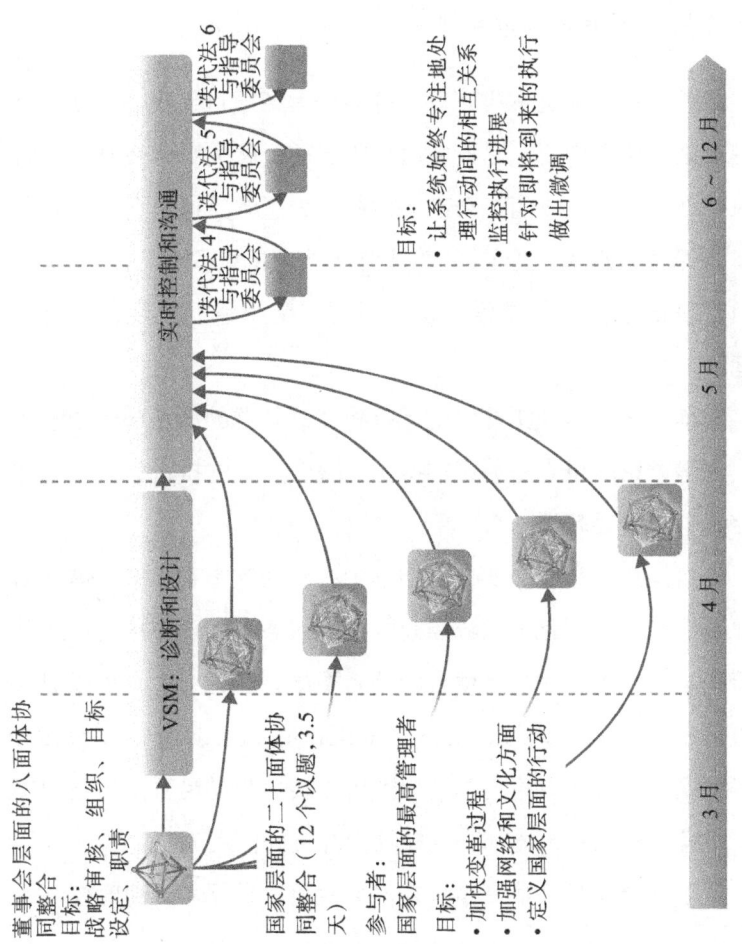

图 18-13 执行路线图

战略 • STRATEGY

在第 19 章里，我将阐释怎样利用协同整合的增殖式展开来增强执行力。

来自作战指挥室的实时控制

要想有效掌控通常相互联系的多个大型项目，我们还缺一个关键要素：控制中心。它能实时接收当前最新的财务数据，同时对执行施加综合、平衡、动态的控制。为了满足这个要求，我们开发了作战指挥室。它面向遵循自然法则的公司管理，吸收了实时控制的原则。如果没有这个原则，组织将无法生存或可靠地运转。⊖

如前所述，作战指挥室的运行将在该丛书的第四部中详细介绍，这里讨论的重点是为了支持协同整合成果的执行，一个这样的控制中心需要起到什么作用。

作战指挥室是一个实体的控制中心，在这个中心里，借助于特殊的信息技术，整个系统当前的执行状态会以可视化的形式呈现给高层管理者，尤其是项目的控制委员会。这个中心可以提供完美的决策支持环境（decision supporting environment，DSE），使得假设性思考和讨论的互动模拟可以转化为满足系统需要的决策。所有高管辅助系统都整合在其中并发挥作用。

有了这个工具，最高指导委员会就可以根据需要随时控制各

⊖ 在为马利克学会工作期间，塞巴斯蒂安·赫茨勒（Sebastian Hetzler）开发了作战指挥室。后来，他用这个主题完成了他在圣加仑大学的博士论文，并在修订后出版成书：Hetzler, Sebastian: *Real-Time-Control für das Meistern von Komplexität. Managing Change durch kontinuierlich richtiges Entscheiden*, Frankfurt/New York, 2010.

个层面上的所有执行团队，相关信息就可以直接输入互联模型，从而为接下来的决策做好准备。系统状态始终是当前的。通过公司的沟通系统，高效控制所需的"系统状态"信息会从这里传送出去，以合适的保密等级分发给所有相关的接收者，从董事会到执行负责人。

图 18-14　作战指挥室的一个版本

这里也是所谓的系统闭合（closure）实现的地方。闭合是有效沟通的必要条件，靠"确认消息"（confirmation messages）来完成。这是高效能运转不可或缺的一个控制论原则。

在珍珠港事件中，日军飞机几乎瞬间就彻底摧毁了美军的太平洋舰队。这场灾难之所以能够发生，一个原因就是珍珠港司令部没有遵守系统闭合的这些沟通原则，而旧金山的作战指挥中心也没有控制这些原则。最终摧毁美军太平洋舰队的不是日军战机，而是美军自己的系统中存在的反馈漏洞，因为日军的袭击本应在开阔水域就被美军的航空母舰所拦截。

美军完全知道日军的偷袭计划，因为就在不久前，借助于控制论信息理论的成功应用，美军已经破解了日军的无线电密码。那时，控制论先驱们取得所有重大成就几乎都得长期保密，因为相应的研究几乎全由美国军方主导，这一个当然也不例外。一直到20世纪40年代后期，这些突破性的成果才逐渐被公开，得以进入民用领域。

受珍珠港灾难的刺激，时任总参谋长的乔治·马歇尔将军迅速下令按照控制论的原则彻底重组美军的指挥和沟通系统，这也是后来美军在第二次世界大战中能够极其精准地调遣部队的一个主要原因。归根到底，美国的胜利不应归功于火力、人力和物资上的优势，而应归功于他们控制论的高精度控制智慧。如今，美国已不再下功夫控制其目前仍然占优的军事机器，其技术优势仍然存在，但其控制论的控制智慧已陷入混乱。

如图18-14所示，纸质文件在作战指挥室中既没必要也不受欢迎。这个环境意在促进思考和决策，而不是让人们去翻阅文件和笔记。不管怎样，所有信息都可以直接在高管的笔记本电脑中获取。

就掌控动态互联的复杂系统而言，这是一个新维度，是首席执行官和最高管理团队面临的最大挑战之一。这个挑战正变得越来越重要，而当动荡袭来时，它将是企业存亡的关键。

如今，几乎任何一个人都能基于自己的经验描绘实时控制，尽管通常是用在其他地方。全球定位系统已经装进了智能手机中，而且正变得越来越小、越来越快、越来越可靠，几乎在世界上的任何地方都能使用。它在一定程度上改变了我们的生活方式,也彻底改变了我们解决问题的方法。以前的应用已经证明,这还会把管理带到一个更高的新维度上,至于其对社会的运转方式以及人们的生活会有怎样的影响,尚未可知。

CHAPTER 19

第 19 章

巨人如何学跳舞：
超高级协同整合

本章将阐释协同整合的革命性变革潜力。有了这些解决方案，组织的规模有史以来第一次不再是障碍，即使是大象般庞大笨拙的组织，如今也能步履轻盈，因为它们非常清楚，这种轻盈意味着专注和力量。这既适用于商业组织，也适用于公共机构。

读过本章之后，读者将会理解为什么我要谈论新世界，为什么我深信利用这些全新的方法，就能驾驭迫在眉睫的经济和社会灾难，甚至能把它们变成积极的发展趋势。

先来玩儿个心理游戏：如果你能对 40 个人实施协同整合，为复杂的挑战找到聪明的解决方案，同时调动他们的社会活力，那能不能用于更多的人？为什么不能是 80 人或 100 人？为什么不能用它来释放 400 甚至 4000 人的智慧和活力呢？

协同整合已经有了数百次的成功应用，这个概念已经流行开来并考验着我们的创造力。实际上，我们已经提出了解决方案，因此才有了能让管理和变革的力量成指数倍增的多重超级协同整合（Multiple SuperSyntegration），我们称为"超高级协同整合"

（HyperSyntegration）。

除非已经有过亲身体验，否则就连单一的协同整合也会超出大多数人的想象。因此，当协同整合在真正的大型组织中全面展开，充分释放巨大的潜力时，其效果和影响就更加难以想象。

超级协同整合：第一代变革

图 19-1 给出了单一协同整合过程的绩效参数以及 20 面体符号。请回想前面提到的"神奇的超级协同整合公式"：1 个关键问题、12 个子议题、40 位高层管理者、60 项即将执行的措施、3 天。此外，还要加上完整的敏感度模型、最小因素聚焦战略、可生存系统模型和综合管理系统。在图 19-1 的下半部分，我们可以看到超级协同整合及其控制论工具的集成图标。

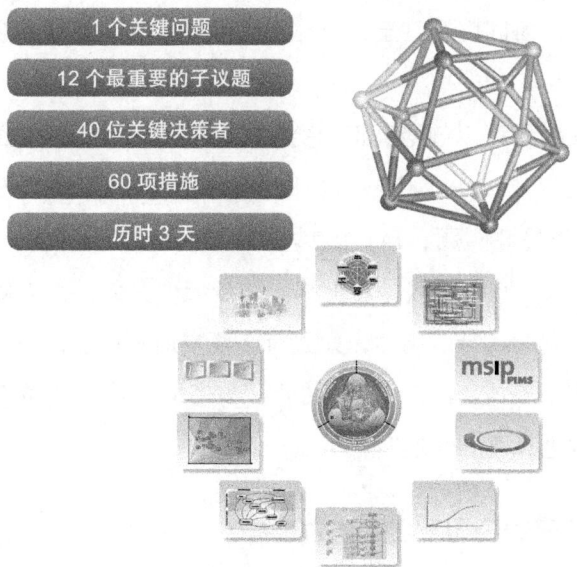

图 19-1　马利克超级协同整合（MSS）

面向大量参与者的并行应用

协同整合概念第一个最明显的扩充,是两个或多个协同整合在同一组织层面上同步并行,最好是在同一场所进行。根据各个协同整合团队要应对的挑战,这可以是针对同一关键问题,也可以是针对不同的关键问题。

这非常有效,可以产生巨大的整合效应。例如,在并购整合或重大重组期间,很多人员要面对新任务、新同事、新下属,一些新来的高管也需要熟悉公司及彼此。在众多实例中,有一家大型的全球物流公司就曾利用协同整合来为巨变做准备。

从超级协同整合到超高级协同整合:第二代变革

就像有母公司与子公司一样,我们也可以说母协同整合与子协同整合。协同整合甚至还有更加强大的应用,也就是它们的增殖式展开。

这些增殖可以创造真正的变革发动机。完成一次增殖后,绩效参数就变成了:12个核心协同整合流程,从母协同整合继承来的12个关键问题,144个参与者,总共涉及480人,确定了720项措施。所有这些基本上都能在3天内完成,因为协同整合过程可以同时执行。当然,如果有必要或迫不得已,整个过程可以延长到7天或14天。即便如此,与任何传统的变革管理方法相比,这也算是"光速"。

一体化战略的公司发展的动力过程

超级协同整合过程的展开,也可以按照组织单位而不是主题来扩展，这甚至是更常见的情况。有了这个版本，我们基本上可以在几天之内协同整合任何数量的组织单位，比如业务部门或全国组织。因此，控制论工具的组织发展动力再一次提升到了更高的维度。

例如，假设有 12 个公司部门，那就意味着这些控制论工具要应用 12 遍，因此每个部门都将有自己的应用过程和成果。

图 19-2　马利克超级协同整合横纵向同时应用

这为综合性公司发展提供了前所未有的机会，因为现在公司的所有部门都能执行各自完全兼容的综合管理系统，而且是以协调的方式执行，可以确保团队的凝聚和融洽。它们还可以执行各自协调的战略概念、马利克-盖维勒导航系统和战略地图，引入各自与可生存系统模型一致的"神经系统"，借助针对特定市场和技术的 S 形曲线来进行各自的仿生学系统诊断。此外，它们还可以进行各自的 PIMS 应用和基准评价，制定并执行各自的创业战略，同时与整个公司的总体战略和方法保持一致。它们还可以设立各自的实时作战指挥室，与整个公司以及所有其他部门的控制中心沟通，最终创建它们自己的管理教育和发展计划，同时与所有其他部门保持协调一致。

最终的结果不亚于一个全公司范围的体系，有共享的语言和知识，还有协调一致的控制和调节系统。一个信息共享和协调行动的新现实形成了，就像一个有机体，甚至是一个完整的复合社会有机体系。

以"光速"完成大规模移动

请允许我继续放任自己的幻想。利用这种变革方法，可以协调移动的"大规模"能有多大？如果我们假设移动一个组织需要的最小高管数量约为员工总数的1%，然后进一步假设我们在处理30个部门，那么就有1200人可以同步协同整合，而这意味着一家有12万人的公司可以进入协调一致的变革流。

结果将是整个团队面临30个关键议题，可以分解为360个子议题，如果每个子议题的措施数量限定为20项，那就会有7200项措施组合。另外，1200名高管的社会能量场将以共识的模式激活。如果需要，这一切都可以在一周内完成。不过，假定整个持续时间为3~6周会更现实——即便如此，与使用传统方法相比，这也肯定是接近光速了。

因此，正如我一开始所说，即使是世界上最大的组织，最终也有办法把规模与可控性结合起来，基本上没有极限。"不受时空限制的战略方法"，这正是本书第六部分的副标题。

这种社会技术的可能性会给关键议题和全局战略带来全新的定义。像全球市场领导地位或全球技术领导地位这样的关键议题，将会获得新的重要性维度，因为跨国集团现在可以把规模变成优势了。在摆脱了当今组织和传统管理系统的迟缓之后,它们就可以用前所未有的速度行动,重新定义全球市场的竞争逻辑。很显然,这还意味着行动最快的企业将有空前的机会和最大的概率,同时在全球多个市场上取得独特的地位。

同样很显然的是,这种方法论的革命对公共组织来说也有巨大的意义,因为公共组织往往要比最大的企业还大得多。例如,德国的两大教会是德国的最大雇主,总共雇用了130万人,同时还有几十万名志愿者。这两个教会以及大多数其他公共组织都亟须改革,而要想以所需的速度和广度完成改革,利用新方法是它们唯一的选择。

见识了超高级协同整合的强大之后,我们还可以期待不官僚的行政管理机构、不同政府部门之间的融洽协作,以及顺畅运转的联合政府。

想的再远一点,我们还可以想到欧盟(EU)及其27个成员国,还有它们纵向和横向交叉连接的子系统的子系统的子系统……

面向全球巨变的指数级超高级协同整合的系统

但是,这个方法还有更大的潜力,如图19-3所示。原理很清楚,其他的都是数学和想象力。根据同样的强化原理,我们现在很容易想出办法落实迫切需要的全球治理组织,以便在不损害主权的前提下有效地协调各国政府,进而有效地管控全球金融系统,改革联合国(UN)及其众多的下属组织,建立新组织来确保融洽、和平、切实可行的人类发展,诸如此类。组织的诞生已经超过一个半世纪了，当时算得上是最重大的社会创新，如今我们不得不重新考虑，它们是否会成为人类继续进步的最大障碍。

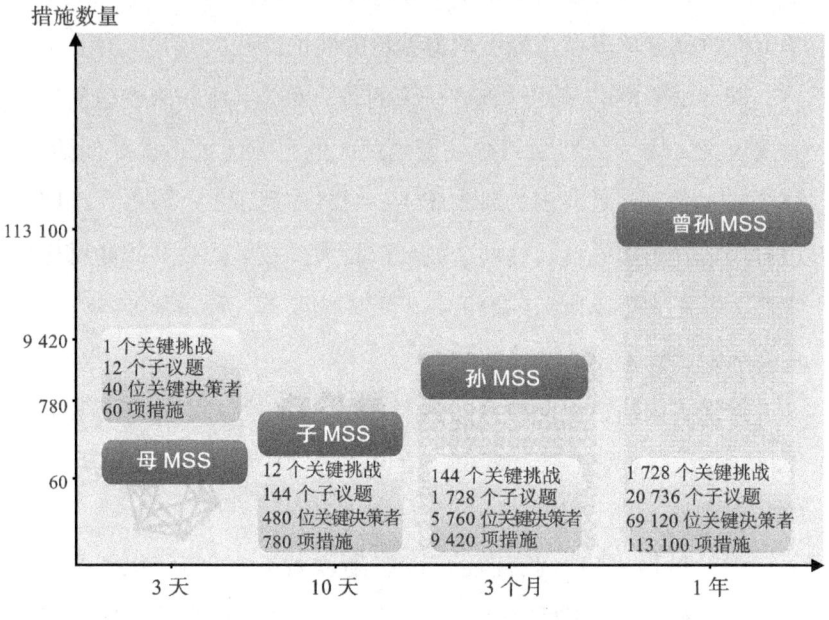

图 19-3　管理影响力的指数级增长

感谢你们允许我天马行空地想象。不过，我还要补充一点，那些知道这类解决方案的人还会立刻看出迅速终结危机的新方法，甚至把危机变成向新世界挺进的动力。我在本书的序言中曾经说过，对我而言，由此产生的道德使命就是，我要尽力把这些高效、创新的解决方案及其相关的消息传遍全球。毕竟，这些解决方案有助于确保进化能迅速、和平地发生，让我们能抓紧时间抛弃 20 世纪的思维方式、陈旧的管理概念、早已过时的组织形式以及迟缓的社会问题解决流程。

APPENDIX A
附录 A
马利克管理系统及其使用者

所用术语和特征

对我的总体系统而言,"马利克管理系统"就是正式名称,或许也是最易于理解的名称。它与我在1984年创立的马利克学会一致;作为圣加仑大学的附属机构,马利克学会的创立就是为了开发、传播和应用这些管理系统。

在研究和描述复杂系统时,起初你根本不知道结果会是什么。通常它们会带着暂定名称出现,而且往往要过一段时间之后才能确定最终的名称或商标。

这也同样适用于我的总体系统及其子系统的名称。它们有很多名称,其中大多数是临时起的,来源于开发的不同阶段或不同的项目、出版物、培训讨论和计划。这样的例子包括综合管理系统、正确和良好的管理、管理有效性、有效管理、通用管理模型、标准模型、管理之轮、马利克模型、马利克论管理等。

有经验的使用者会意识到，系统的真实特征从来就不取决于它们的名称，而是取决于系统本身，取决于它们的内容和变量。出于细致和可信度的原因，我从一开始就努力让这些内容和变量在我的出版物中保持透明，尽可能地给读者提供清晰、易于梳理的描述。

根源

与我的管理系统有关的开发努力，最早可以追溯到20世纪70年代初期。当时，我与圣加仑大学的汉斯·乌尔里克教授紧密合作，参与了两项重大的瑞士国家研究计划。乌尔里克是系统导向的管理理论（system-oriented management theory）的先驱，也是我的导师和研究项目负责人。凭着远见卓识，他在圣加仑大学创建了系统导向的管理理论：这是德语系大学首次开设基于科学的通用管理研究课程。

为了实际应用他的管理理论，乌尔里克还开发了第一代圣加仑管理模型（St. Gallen management model）。当时乌尔里克是圣加仑大学企业经济学研究所（Institute of Business Economics）的所长，所以该所的企业经济学研究促进学会（Society for the Promotion of Business-Economics Research）对这个项目给予了精神上和资金上的支持。"圣加仑管理模型"这个项目的负责人是我的同事兼好友沃尔特·克雷格教授。因此，前述两个研究项目紧密相关，并且致力于相同的实践方法应用。

甚至在那之前，我就已经熟悉了一般控制论及相关领域，我的学位论文的题目就是"控制论概念和管理模型"（Cybernetic Concepts and Management Models）。后来，我对基础哲学原理进行了研究，并接触到了复杂系统控制论领域的伟大思想家，他们对我产生了强烈的影响。这些思想家包括：控制论专家海因茨·冯·福斯特（Heinz von Foerster）、戈登·帕斯克（Gordon Pask）、斯坦福德·比尔和弗雷德里克·韦斯特；逻辑学家和数学家弗朗西斯科·瓦雷拉（Francesco Varela）；物理学家及协同学和激光技术的发明者赫尔曼·哈肯（Hermann Haken）；哲学家戈特哈特·根特（Gotthardt Günther）和通信科学家保罗·瓦兹拉威克（Paul Watzlawick）；进化理论家鲁珀特·里德尔（Rupert Riedl）；曾与我紧密合作的战略先驱阿洛伊斯·盖维勒。

我能有今天的影响力，一个因素是我早年研读了很多杰出科学家的著作，他们包括知识学家兼科学哲学家卡尔·波普尔（Karl Popper）和汉斯·阿尔伯特（Hans Albert）、经济学家兼社会思想家弗里德里希·冯·哈耶克（Friedrich von Hayek）、艺术史学家恩斯特·贡布里希（Ernst Gombrich）、物理学家切萨雷·马尔凯蒂（Cesare Marchetti）。另外，20世纪60～80年代，我几乎一直参加"阿尔卑巴赫国际学院周"（Alpbach International College Weeks），我与上述以及其他一些科学家在该活动上的私人接触也令我受益匪浅。

在20世纪80年代，我与彼得·德鲁克共同参与了一个项目，其内容是"奥地利国有化工业部门的转机"。从那时起，我们之间的专业友谊从未中断，直到他2005年离世。这段长期的友谊对我来说格外重要。

开发历史

如上所述,与我的管理系统相关的开发努力可以追溯到40多年前。当时,基于控制论和系统论的知识,从工业时代到复杂性时代的大转变已经清晰可见。但同样很明显的是,由于社会和市场中的复杂性,人们还远远没有察觉到复杂性带来的问题和机会。因此,坚持在我的组织中独立进行这项耗资不菲的研究和开发,这在当时需要很大的毅力和艰难的平衡。

我们从一开始就必须两者兼顾:既要竭尽所能地服务于我们的客户,又要开发一个真正不受时间、文化、行业和职能领域影响的通用管理系统。一方面,这要求我们解决公众已经意识到的所有任务、问题和议题;另一方面,我们还必须尽可能提早、尽可能广泛地思考和研究。我们还必须满足另一个关键要求,那就是不断地切换几个不同的语言层面,比如客户的语言、复杂性科学的术语等。

整个开发从一开始就有着复杂的控制论基础,为我的管理系统的运行提供了关键条件。现在,传播这个基础的时机也已经成熟。

由于有了高性能的计算机技术,我们已经具备了实际应用这个系统的技术前提。另外,如今很多实践者都对复杂性有了足够的经验,因此对系统控制论的解决方案很感兴趣。再者,在即将进入最高管理团队的群体当中,具有自然科学、信息科学和技术领域的大学学位的人越来越多。因此,管理人员直接使用复杂性科学的术语,不必再通过日常语言来绕弯子,这种情况会越来越常见。

就这样，几十年后我终于得到了认可：当年决心致力于解决复杂性时代的管理挑战，这个大胆的战略决定真的非常重要。

应用和效果

马利克管理系统的设计目标是，改善复杂性时代人类在混合系统世界中的生活环境。

这些用于管理和自我管理的系统必须是新的文明和文化技术。在这个仍然年轻的世界中，这些技术变得格外重要，如果没有它们，我们就无法识别现有和潜在的资源，更不用说把资源转化为成果。因此，我们需要新的信息和知识，也就是我提出的导航系统、模型、基本原则和原理以及工具。

我们的世界是复杂的，我们正面临很多高度复杂的挑战，但这并不意味着解决方案也必须是复杂的。相反，它们可以相当简单，只要它们具有产生所需复杂性的潜力。由于我们多年来持续不断的努力，马利克管理系统可以满足这些要求。任何人都会明白，有些简洁、清晰的信息恰恰可以在系统中触发当时需要的行动。一个这样的例子是火灾警报：它可以触发确保安全所需的所有行动，因为每个人都能听到，每个人都知道那声音意味着什么以及该怎样行动。

因为我的管理系统具有模块化结构，信号效应可以维持并在需要时配置、启动和激活系统，所以信息相对简单却非常高效这个要求可以满足。

马利克管理系统的模块设计基于信息驱动的内在联系的力量，追求最高的效果、效率和生存能力。因此，这些模块有无限种可能的组合、配置和应用。根据配置和组合的不同，马利克管理系统可以用于整个组织及其子系统，也可以嵌入个人的环境中用于自我管理。

因此，马利克管理系统提供了一个系统逻辑的基础，它适用于任何可以想到的目的、任何工作领域和任何数量级，适用于任何规模和任何类型的组织以及组织发展的任何阶段。具备进化能力，与自然法则和人脑的运转方式兼容，这可以确保组织的努力集中到真正重要的事情上。因此，对于复杂的机构来说，我的管理系统就像计算机的操作系统。更准确地说，它们代表着能够不断进化的操作系统。

马利克管理系统会跟着组织或个人一起成长，并与之互动。双方在一个进化过程中共同发展，大脑是他们之间的接口。

管理层和管理者的自主权

在遵守某些规则的前提下，任何个人或组织都可以基于马利克管理系统来配置"自己的管理系统"，就像你可以根据自己的需求配置自己电脑的硬件和软件一样。这一点很关键，因为在复杂性时代，管理者需要具备特定的自主权，或者说独立决断能力。要取得并保持这样的自主权，管理者必须利用渗透到组织各个角落的通用管理系统。这些系统必须在整个组织的各处都有效，同时还能根据个别需求做出调整。

因此，对于我的管理系统来说，一个关键要求就是为管理打下基础——这个基础不服从于特定的时期、地区或潮流，只满足那些普遍有效且持久的原则。就像工程师建立的系统遵循自然的物理规律一样，我建立的这套系统遵循信息、沟通、系统和复杂性的自然规律。它们的关键基础是控制论的科学，是对复杂系统的性质起支配作用的规律。

因此，马利克管理系统的系统结构是基于应用控制论，而且这个系统本身就是应用控制论。这些系统遵循这样的控制论原则：设计一个系统，确保你能利用最少的模块实现最多的应用。这个原则可以保证使用者的自主权。使用者能在多大程度上把握这个系统，这取决于使用者自己，不管系统的开发者是谁。

模块化和接口

马利克管理系统具有模块化结构。各个模块彼此兼容，并与使用者的世界兼容，因此可以自由组合。它们的用户接口或者说用户模板：

- 都是控制论的管理模型，可以针对关键的活跃要素和联系提供必要的概况；
- 都是工具，可以产生和运用所需的信息；
- 都是方法，用来解决问题和完成任务；
- 都是概念，有助于使用者认真思考；
- 都是应用规则，能让任何系统达到最高绩效。

马利克管理系统可以有很多不同的使用方式：合在一起使用；作为单独的模块使用；根据个别需求做出调整；在多种语言中使用。这些模块的获取渠道也多种多样，可以是书籍、文章、DVD、CD 和 MP3，也可以是论坛、培训计划和电子学习课程，还可以是数字工具和软件——只要合理且经过了系统性的验证。

然而最重要的是，马利克管理系统必须是一个面向人脑的计划：电脑可以分析当前的数据并给出解决方案，优秀的管理者必须能够比电脑更快地认识到当前的事件并做出反应。得益于可进化的设计，这些模块还可以用于信息技术组件的任何组合或配置，只要合理、有效就没问题。至于怎样实现知识、信息以及复杂问题的解决方案在人脑间的转移，我的组织中有我亲自培训出来的专家可以提供帮助。

面向独立思考者的管理系统

任何帮助组织寻找最优解决方案以实现最佳效果和最大效率的外来者，最终都应该让自己变得可有可无。因此，我的管理系统就是要让管理者最终能够独立，不再依赖于管理顾问。在 20 世纪，管理顾问无疑扮演了重要的角色，尤其是在管理学科刚刚形成之时。

但是进入 21 世纪之后，新世界需要的管理者必须清楚地意识到，管理领域没有四海通用的解决方案，任何人都不能代替他们形成自己的观察、自己的独立思考。他们必须从一开始就能足够熟练地驾驭自己的职业，知道在复杂情况下提出正确的问题至少和找到答案一样重要。

原因就在于，在复杂情况下，我们有很多时候无法确定我们的答案是否真的正确。马利克管理系统正是为此而设计的：要从一开始就防止控制错误和不利的发展趋势。

成功的可能性随深入程度而增长

在我的管理系统的开发过程中，一个典型现象是，在很长一段时间里，只有那些最简单、看似最合理的模块容易被人接受甚至成为标准，而那些与功能相关的深层控制论原则，尽管早就存在，但是因为过于复杂，所以至今仍然少有人知。

然而，要想充分利用我的管理系统，你必须知道这样一点：使用者不仅要学会表面上的简单模块，还要掌握其背后的深层原则，这样自主权才能同等程度地扩大。为此所需的一切都已具备——我们的管理系统、控制论模型以及控制论本身。尤其是控制论本身，它有助于解决个人管理或目标相关的问题，无需任何多余的变通。

不过，使用者还应该知道，即使只应用整个管理系统中的一条原则，也会产生巨大的系统性影响。当然，如果管理者能迅速、正确地把系统的所有相关内容结合使用，那么他们自身的效力就会倍增；如果别人还能在这个基础上与他们沟通和协作的话，效果就会更加显著。

面向独立开发者的自我激励

使用马利克管理系统的管理者,尤其是那些以此为基础开发自有解决方案的管理者需要知道,在当今时代,与你实际做出的成绩相比,你在别人看来做出的成绩更能为你赢得认可。

换句话说,能促使你以顺应系统本质的方式去控制和对待系统,这样的激励不会来自外界,你需要在自己的内心寻找。同样,使用者和相关人员会根据他们实际从中得到了什么来评价一个系统的绩效,而不是根据系统实际能做什么。相比之下,开发者最关心的是系统背后的理论基础,是真正吃力的部分,因为他知道从根本上来说这才是最重要的。因此,对优秀的开发者来说,更多的认可来自于他们自己并不非常看重的成绩,而那些他们引以为傲的成绩往往被别人忽视,更不用说得到认可了。但是,开发者不应该因此感到受伤或沮丧。认可会来自于系统本身,因为只有当使用者遵循系统的"需要",也就是系统的内在规律时,系统才会奏效。

职责与认可

在复杂性时代,很多认真负责的管理者和专家需要做出一个艰难的选择:是做正确和有益的事,还是做大众非常需要和欢迎的事?这两者越来越不相容。在社会的知识和思维方式足够适应复杂性时代的要求之前,这种情况不会改变。

真正的专业人士和先驱将面临比以往更多的问题。这些问题的制造者是自封的或媒体认定的大师,还有半吊子和爱炫耀的人,他们追逐快速但短暂的成功,因此成为人们关注的焦点,同时给组织和社会留下了难以纠正的消极后果。在复杂性时代,这种浅薄正变得危险之极。正因如此,我们的管理需要一个扎实的专业基础,作为快速鉴别专业人士的试金石。正是为了这个目的,我才主张建立正确和良好的管理,并下功夫开发出了我的管理系统。

因此,我想给读者中的独立思考者和独立开发者最后一个建议:尽管"说起来容易做起来难"这句老话往往是正确的,但它并不适用于复杂系统和控制论。如前所述,对复杂系统和控制论而言,这句话应该倒过来说:做起来容易说起来难!也就是说,在处理复杂系统和控制论时,演示和证明它们要比描述它们容易得多,而且快得多。

用过了马利克管理系统之后你就会意识到,它们能帮助你迅速地解决掉很多重要的任务。但是,要想准确、全面地向别人描述你开发出来的东西,并且让他们听懂,这需要付出很大的努力。在传统管理实践中,这其实不成问题。但是,一旦你利用我的系统来开发自己的管理系统,并且希望用它们来为别人提供有益、可靠的帮助,那么描述就会成为一个问题。

在复杂性时代,管理者和专家将最为深切地感到,他们真正伟大的成绩少有人理解,有时完全得不到认可。与此同时,反倒会有很多人因为平凡的琐事而赞赏他们。他们成功的脑力劳动和系统开发更应该得到认可,这种认可将来自于系统本身。因为这些系统有坚实的基础,所以使用者可以用非常专业的方式塑造、操控和调整它们。

向这些人致谢

据我所知,马利克管理系统目前是全球唯一的综合性、整体化和综合的通用管理系统,基于控制论及其调控原则,以处理复杂性为目标,专为复杂系统的管理而设计。这些系统最终能够成为现实,首先应该归功于管理科学、控制论、管理控制论和系统科学等领域最杰出的一些人才长期以来给予的支持与合作。

在我的出版物中,我当然会提到很多管理理论的创造者和思想领袖,尤其是彼得·德鲁克、汉斯·乌尔里克、沃尔特·克里格、斯坦福德·比尔以及其他领域的很多学者。感谢所有做出贡献的作者、客户、讨论伙伴、朋友和员工,感谢你们的建议、启发、指点和帮助。

APPENDIX B
附录 B
想读懂这套丛书，读者需要知道些什么

我想以这套丛书为载体，宣传和推广我的面向复杂性时代的管理理论和管理系统。追溯起来，历史学者或许会把复杂性时代的开端以及新社会的出现定在 21 世纪初，因为划时代的转变很难确定到具体日期。

然而事实上，早在 20 世纪 40 年代末，在著名的乔赛亚梅西大会（Josiah Macy Conference）上，应对复杂性问题的新科学（控制科学）就已经出现了。相关研究的焦点是复杂性。在 1959 年，英国高管斯坦福德·比尔出版了《控制论与管理》（*Cybernetics and Management*）一书，为管理控制论奠定了基础，因为管理的核心问题就是复杂性。后来，我和斯坦福德·比尔成了亲密的合作伙伴。在 1968 年，我在圣加仑大学的导师汉斯·乌尔里克教授迈出了决定性的一步，发表了《系统导向的管理理论》（*System-Oriented Management Theory*）。1972 年，他又和我的同事兼好友沃尔特·克里格一起提出了圣加仑管理模型。因此，从学生时代开设，我的思想就受到了那些领先于时代的思想领袖的冲击和影响。我有幸能与他们合作,一起研究和开发,一起实验和讨论。我的博士论文研究的就是复杂系统的研究和设计方法,而在1978年,我发表的教授资格论文题目是"复杂系统的管理战略"。

在这样的历史和科学背景下,"管理:驾驭复杂性"丛书的宗旨就是要宣传这一过去60年来默默无闻但成效显著的开发努力,从而让新社会的人们能够审视和利用它的成果。该丛书用清晰易懂的语言介绍了复杂性、管理和控制论最本质的内容,意在为新社会的生存能力、组织机构的运转以及人们在复杂世界中的安全定向做出贡献。

21世纪带来的变革将超出大多数人的想象。发生根本性重组过程的关键条件已在逐渐形成。看似矛盾的是,变革的主要原因居然是西方管理实践在世界范围内取得的巨大成功。这种传统的管理实践如此成功,以至于再也无法理解和控制它自己产生的系统,因为这些系统已经变得太复杂了。21世纪的复杂系统不能用20世纪的思维来管理,这恰恰是因为前者是由后者产生的。

预设自身失败的成功

从来没有永恒的成功。每个成功都必然会被自身所颠覆,因为它会为自己的失败创造条件。这是复杂系统的很多悖论之一。

只有少数人能够认识到,以往的成就是当前问题的起因;也只有少数人能够理解,之所以需要新的解决方案,是因为以前的方法过于成功,因此倾向于失去作用甚至适得其反,进一步增大了解决问题的难度。

每当在成功时期遇到困难，大多数人都试图沿用之前有效的方法来解决。在复杂情况下，这种众所周知且被广为研究的人类行为很有代表性，但它是错误的。

当思维没能与实践一起成长

历史告诉我们，那样的成功时期始终需要新的思维方式、新的方法和系统。想保持原来的轨道几乎是不可能的；在大多数情况下，全新的概念会应运而生。

如今，我们正面对着全球范围内发生彻底变革所需的条件。因此，建立一个性质无法预知的新秩序，这一挑战正降临全球。

西方的两大成功法宝是市场和管理。到目前为止，每次动用这两个法宝，自由市场都会释放力量，各种资源的利用效率也会提高。

通过消除界限和国家管制，自由市场的影响会继续最大化；借助于计算机和 MBA 课程，管理的影响也会继续最大化。除非发生根本性的改变，否则这两个成功法宝将很难在它们自己创造的条件下幸存。尽管这两大法宝的结合能够带来势不可挡的成功，但也正是这种成功会为自身——或者更确切地说，为其管理——划下清晰的界限。因为伴随市场与管理的结合，一个庞大的复杂化过程就开始了，其特征就是越来越多的系统逐渐纠缠在一起。这种副作用会让社会及其组织的功能性达到极限。它们会变得效率低下，进而有可能造成整个社会过度紧张。

当整个系统的效率变得越来越低时，会出现如下明确的信号：

- 产出越来越少，要求的投入却越来越多；
- 以前的自由在导致过剩；
- 以前减少的管制强势反弹，官僚作风愈演愈烈。

换句话说，系统承受着自己强加的高压。过去的成功会变成失败和累赘。社会的整体系统正变得越来越不稳定，因为强调市场和管理的成功方法在制造系统性的风险和潜在的崩溃。过去的健康增长正在变成恶性肿瘤。

成功相关的问题与系统规律

对于成功导致的问题，它们的本质决定了它们不能用之前带来成功的那些方法解决。同样，对于任何一个给定时刻正在使用的成功方法，它们的本质也决定了它们终究会变成问题，并且会逐渐变成关键问题。之所以如此，一个主要原因在于传统的成功方法是基于20世纪甚至19世纪的知识。在这些知识适合的世界里，要解决的关键问题是物和力，或者换句话说，是物质和能量，那是一个由简单系统构成的世界。那些简单系统也可以是庞杂的，但不是特别复杂——这话看似矛盾，其实不然。

看名字就知道，复杂性时代的主题是前所未有的复杂程度，这是当今社会及其组织的共性。

企业、医院、大学和行政机构可能大不相同，但它们都有一个共同点：它们都是复杂、动态、非线性、概率性、网络化的系统。它们各自的环境，也就是它们所在的复杂系统，构成了一个互相连接、互相交织、动态、非线性的系统生态。医疗保健、教育和社会系统，公用事业、能源、交通运输和物流系统，媒体和信息领域，信息和通信系统，全球金融系统，法律和税收系统，还有各种其他系统，共同构成了一个复杂系统的网络。这些复杂系统在本质上是不透明的，而且绝对是传统思维难以理解的。

复杂系统有自己的规律、特性和行为模式，这些在根本上不同于简单系统。因此，与简单系统相比，复杂系统的管理必须有一个完全不同的焦点，那就是各个复杂系统内在的自然规律。只有这些规律能让我们准确地预测一个系统的模式和行为，至少是在其基本方向上做出预测，并相应地对其施加影响。

对大多数组织来说，在复杂性时代，高度复杂的系统生态的运转，要求彻底地重新设计它们的管理方式、战略、流程和结构。然而，社会及其组织目前还没有能力理解快速增长的复杂性创造的自然条件。

知识和见解的新旧来源

很多管理者本能地觉得他们需要新的方式和方法，但很少有人能解释这是为什么。他们对恰当解决方案的追寻等同于枯燥乏味的试验和摸索，因为他们仍然缺乏应对当前这种多维复杂性所必需的理论、模型和概念。

要想成功地驾驭如此巨大的复杂性，这需要从基础管理模型开始的根本性的重定向。这种根本性的方向改变类似于从地心说到日心说的转变。一方面，它要求全新的管理概念；另一方面，它要求管理者必须重视信息、系统及其复杂性及其相关的全新见解。

重定向所需的知识不可能在旧有的来源中找到。它们不会来自经济学，也不会来自传统的自然科学。那里是旧有解决方案的源头，如今已经过时了。从今以后，关于复杂系统的深刻见解将是不可或缺的，它们来自于系统论、生命科学、神经科学以及进化论。在设计人为的组织和复杂系统时，我们需要拿生物系统做参考，因为它们有着惊人的生存能力和适应能力。我们可以并且也必须向它们学习。

用控制论来理解新的解决方案

然而，简单地把组织比作有机体是不够的：有机体是组织，但组织不是有机体。因此，来自生命科学和神经科学的见解不能（或者说极少能）直接应用于社会组织。

只有在生物系统和人为系统明显存在共同规律性的领域，我们才能找到可靠的帮助。控制论已经研究并揭示了这些领域。

我们所熟知的很多伟大发明，比如计算机和现代医疗技术、汽车和飞机上的调控系统、现代安全系统、卫星导航等，都是这样产生的。就像其他学科一样，整个技术领域早就在利用控制论及其研究成果。哪个领域用了控制论，哪个领域就会取得突破性的成就。

控制论是借助于信息和沟通来构建、控制和调整复杂系统的科学，其关键见解包括自我调整、自我组织和自我发展（或者说进化）的规律。在当今的复杂世界中，控制论所提供的知识对社会的运转和完善的管理来说至关重要。

生活在复杂性时代的我们，知识、无知以及行动和决策的环境都不同于前人。对我们来说，比控制论提供的知识还重要的东西不多。正因如此，和控制论的自然规律有关的深刻认识极为有用。

两个进化飞跃

毫无疑问，控制论在技术领域成效显著。然而，对复杂组织的管理绝不仅仅是技术应用。要想利用对控制论的深刻认识在管理领域取得同样的突破，必须同时完成两个进化飞跃：

- 第一个进化飞跃是把控制论应用于远比技术领域更加复杂的系统——生命系统和社会系统，相比之下，这些系统可以称为超复杂系统。
- 第二个进化飞跃是把控制论应用于第一步取得的成果，换句话说，应用于系统控制论本身。

复杂系统通常是难以理解和不可计算的。由于它们的复杂性，在传统科学的意义上它们是无法分析和理解的，因此也无法在细节上组织或控制。对于超复杂的系统来说就更是如此，就像在一个组织化的社会中一样。

控制论可以教会我们怎样成功地处理这样的系统，怎样驾驭它们的复杂性甚至利用它们。只要你还以为人（尤其是管理者）可以完全掌控系统的运转，那这对你来说就难以想象。只有当你应用控制论的一个最基本的认识时，这听起来才会有道理。这个基本认识就是，复杂系统是自我组织的，它们的自我组织与控制论的自然规律或法则保持一致。人要么顺应它们，要么被它们所支配，就像被任何其他自然力支配一样。

因此，第二个进化飞跃在逻辑上是跟着第一个的：既然我们基本上无法获得足够的知识来操控、调节、组织和发展一个系统，那我们就需要确保它会自己完成这一切，而且能像自然界那样聪明地完成。

因此，控制论的管理就是把控制论应用于管理，是朝着系统性地应用自然提供的所有"自我概念"和"自我技能"迈出了决定性的一步。这是从调节到自我调节、从组织到自我组织、从构建到自我构建、从协调到自我协调、从发展到自我发展或者说进化的一步。在这个语境下，尤其是在公司政策的语境下，我还使用了"主控"这个术语。

新的成功操纵杆：利用复杂性

如今的社会及其组织是一类特殊的系统，在以无法预测的方式不断地自我重组。它们有一个典型的事实特征：它们是人类行为的结果，但它们绝不仅仅是或者说完全不同于人类意图和意志的结果，因为这些系统的复杂程度已经超出了人类的谋划和设计能力。

它们会自我创造，这也是人靠传统方法不可能得偿所愿的主要原因之一。但是，如果以这种新的认识为基础，人就能够极大地增强自己的能力和智慧，进而达成更伟大的目标。在谈到这种情况时，海因茨·冯·福斯特用了"简单机器"和"非简单机器"的比喻，甚至给出了数学计算，如今这段往事已成传奇。

对应于自生系统的复杂性及系统的自我能力，上述的两次进化飞跃在规模和重要性上堪比历史上从地平学说到地圆学说的转变，其实际影响巨大。

控制论管理不仅可以消除人们对复杂性的恐惧，还可以消除因为恐惧而想要降低复杂性的需求。通过把控制论应用于管理，我们就有可能利用复杂性的特征及其不断自生且往往非常简单的解决方案，确保组织及整个社会能更顺畅、更自主地运转。

所有重大的成就和进步都源于我们对复杂性更多、更好地利用，而不是像通常所认为的那样源于复杂性的降低。例如，更加复杂的交通路线以及编组复杂军队的专长帮助古罗马取得了优势，而哥特式建筑的建造者比古罗马建筑的建造者更了解怎样应对复杂性。全球商业的一个推动因素是现代通信技术的复杂性，目前的复杂程度已经远远高于20世纪。

把控制论应用于管理，并有计划地利用复杂性，这还有助于解决传统管理思维中存在的矛盾。利用这种思维方式，我们可以轻松地调和很多看似不相容的立场。按照控制论原则来管理和调节的系统，可以克服简单性与复杂性、群体与个性、自由经济与过剩控制、理智与直觉等的矛盾。非此即彼的简单化思维会被全面兼顾的系统化思维所取代或补充。

正确的管理是控制论的管理

　　复杂性和控制论现象 60 多年的研究工作并不那么容易总结，而当你想要令人信服地把它们展现给大规模的受众时，这就更加困难了。几乎可以说，只有那些经历和体验过的人才会相信。我做了 40 年的研究，当了 30 年的企业负责人，还当了 20 多年的创业者，回首自己过去的经历，我可以非常肯定地说：在复杂条件下，控制论（也只有控制论）可以告诉我们什么是正确和错误的管理。它可以告诉我们，在复杂环境中，复杂的组织要想正常运转需要怎样的整体管理系统以及哪些子系统。它可以告诉我们，一个这样的管理系统应该有哪些要素（如公司政策、战略、组织和文化），这些要素应该怎样设计才能帮助组织有效地应对复杂性。控制论管理还会告诉我们，在复杂性时代，我们需要怎样用信息和知识来取代权力和金钱。

　　理解复杂系统的规律性，这是复杂性时代的关键知识，而关键技能则是实际应用这些来自控制论的深刻认识。这两者合在一起，就构成了以系统兼容的方式管理和驾驭复杂性的基本前提，其本质就是社会组织的运转能力和个人的生存能力。

　　驾驭和利用复杂性是我的管理系统的宗旨。只有基于这个宗旨，我的管理模型才能被正确地研究、评价和应用。至于它们究竟有哪些地方不同于 20 世纪的管理理论，请参阅该丛书的其他各部。21 世纪的管理者不需要任何其他的新素质，他们需要不同的技能、不同的世界观和不同的认识，还有以这些为基础的另一种行动方式。

术 语 表

与成熟的科学及相关职业不同，管理没有统一或公认的用语，反倒会因为随意的决策、矛盾和潮流而变化。即使是"战略"或"组织"这样的个别词语，在整个社会的各种管理实体中也缺乏清晰性和明确性，这对管理的进步和学习而言是个严重的障碍，因为它造成了几乎无法解决的术语混乱。因此，我决定在这套丛书中采用一种不同的方法。

为了确保一定的连续性，我在这套丛书中坚持使用了第一代圣加仑管理模型的术语。这是世界上第一个系统导向的通用管理模型，其创造者是汉斯·乌尔里克和沃尔特·克里格两位教授。[一]不过，这些年来我已经大大地扩充了原有的术语。

另外，我还恰当地使用了20世纪管理理论的元老彼得·德鲁克创造的一些术语，仍然是为了保持连续性。至于控制论和系统科学的术语，我参考了管理控制论的创始人斯坦福德·比尔使用的术语。在《复杂系统的管理战略》一书中，我进一步完善了

[一] 我所说的"圣加仑管理模型"仅指乌尔里克和克里格的第一代模型。该模型后来的发展与原始模型已经没多少共同之处了，尽管它们用一样的名字来暗示与第一代模型的连续性。正因如此，我决定独辟蹊径来进一步开发这个模型。

这些系统论和控制论的术语。

bionics　仿生学　一个把"生物学"（biology）与"工艺学"（technics）结合得到的新词，指的是研究自然界的进化解决方案并应用其原理造福人类的跨学科研究领域。到目前为止，仿生学的研究成果主要用于技术领域。然而，自然界的解决方案也可以应用于管理，比如用来改善组织的运转。

complexification　复杂化　复杂性增大的过程，是系统的自然行为及系统互动的结果。

complexity　复杂性　或许是现实最基本的特征，也称为"多样性"（diversity）。多样性源于可能的差异和区别。对证实复杂性本身而言，这些差异的来源和起因并不那么重要，但是在处理或者说管理复杂性时，来源和起因就变得非常重要。

复杂性导致的结果包括难以理解性、不可计算性、不可分析性、不可预测性、永恒变化性和历史依赖性，当然还包括生物和社会系统中存在的所有优良品质，比如适应性、学习能力、灵活性、响应性、进化能力、创造力和同一性。复杂性的这些结果使管理变得困难；与此同时，如果处理得当，它们也会让管理成功。复杂性的衡量标尺是多样性，也就是一个系统可能具有的或基于其配置可能形成的可区分状态的数量。

control　控制　本书中的"控制"是指一个系统中的（自我）操控和（自我）调节，目的是让系统获得恰当的技能，实现可取的行为。因此，"控制"是指存在或创造出来的条件，使得复杂性的驾驭和利用、系统的运转以及强大的错误抵抗力

• 术　语　表

成为可能。这意味着"控制"不仅仅是让系统"处于控制之下"：这样的控制和调节能让系统达到预定目标，消除或抵消可能的干扰，并且进一步进化。

control and orientation variables　控制变量与定向变量　这是马利克－盖维勒导航系统中使用的术语。控制变量是组织保持受控需要的参数；定向变量是反映组织是否受控的指标信息。

controlling、regulating、steering　控制、调节、操纵　都是利用能让复杂系统运转的信息来改变复杂系统，只不过形式不同。

corporation、company、organization、institution　公司、企业、组织、机构　我通常把这些术语视为同义词。涉及一般性，或者局限于某个社会领域，它们的含义会有某些差异。其中最一般的用语是"机构"和"组织"，指社会中存在的所有组织，不管是什么类型或法定形式；"企业"和"公司"基本上属于商业领域。在使用这些术语时，只要没有特别暗示，那就意味着根据上下文可以清楚地知道我指的是什么。

本书中最常用的是"组织"以及与公司背景相关的一些术语，比如"公司政策"。所给出的解释通常适用于各种机构。根据所用领域的不同，这些术语可能需要一些适应性的改变，比如"教育政策"或"卫生政策"。

除了上面解释的含义，在"机构是一种组织"的意义上，"组织"这个术语也可以用来表示"机构的组织结构"。至于它到底表达的是哪种含义，在特定的上下文中应该很清楚。

creative destruction 创造性破坏 这是奥地利经济学家约瑟夫·熊彼特创造的术语，是指企业家的创新性以及由此导致新事物取代旧事物的大规模替代过程。

cyber tools 控制论工具 用来诊断和塑造组织的控制论运转状态的方法。

cybernetic management 控制论管理或**管理控制论**（management cybernetics） 控制论在复杂社会系统上的应用，即应用控制论来管理任何类型的组织。管理控制论就是驾驭复杂性。

cybernetics 控制论 复杂动态系统自我调节、自我控制和自我组织的科学。控制论的一个关键术语是上述自我技能造成的"系统性控制"。在1948年，数学家诺伯特·维纳出版了现代控制论的奠基之作《控制论》（*Cybernetics*），用的副标题是"动物和机器中的控制与通信"，暗示同样的自然法则同时适用于生物界和非生物界。因此，他建立的控制论是跨学科的科学。作为管理控制论的创始人，斯坦福德·比尔将自己的工作总结为"组织的管理控制论"（managerial cybernetics of organization）。

direttissima 直攀法 代指有条不紊地制定正确战略的最快方法。

functioning 运转 这是我能找到的用来描述组织为实现基本目标而可靠和优化运行的最具一般性的词语。

general management 通用管理 这个一般性术语描述的是那些塑造、操控和发展组织的职能。这些职能可以一般化，因为它们不受组织的类型、规模、行业和法定形式的影响。通用管理是组织正常运转需要的所有职能的总和。与通用管理相对的是专门管理（special management），我偶尔会用这个术语，尽管它很不常用。专门管理可以指传统企业的典型职能领域，比如生产、营销、财务、人力资源等。然而，这无法一般化，因为不同类型的组织要完成不同的任务，而且在很多情况下企业共有的职能领域可能不适合。

另外，通用管理并不等同于最高管理。最高管理仅指组织最高层面的通用管理，而且它还要求专门管理任务得以完成。相比之下，复杂组织的各个层面都需要通用管理，只要有同样（可通用化）的任务和职能需要完成。

great transformation21　21世纪巨变　21世纪的复杂性导致商业界和整个社会发生深远的转变。我在1990年出版的《全球经济危机的风险》（*Risks of Crises in the Global Economy*）中描述了这一转变的实质，其后在我的每月管理函件中也经常提及。我第一次使用这个术语是在1997年出版的《正确的公司治理》中，在这本书里，我专门用一章来讨论当时已经依稀可辨的商业和社会的持续蜕变及其维度，并据此为正确和良好的治理提出了我的建议。

在1944年，奥地利经济社会学家卡尔·波兰尼（Karl Polanyi）首次使用了"great transformation"（大转型）这一术语，其含义与现在类似，只不过针对一个完全不同的时代，指向众多不同的表现，尤其是市场经济和民族国家的扩张。另外，在1993年出版的《后资本主义社会》（*Post*

Capitalist Society）一书中，彼得·德鲁克在引言的标题中也使用了"转变"（transformation）一词，并概述了从资本主义到知识社会、从民族国家到跨国超大政府的发展方向。

我之所以选择这个术语，是为了综合其以前的某些含义来描述 21 世纪这次根本性转变的普遍概念和特征，比如迅速增长的复杂性、全球互联系统的涌现、自我加速的变革动态。因此，我们正面临着前所未有的新挑战，应对这些挑战将需要彻底创新的仿生学组织形式、控制论的管理系统、治理系统和领导系统，以及至少具备创新性和有效性的社会技术。

having or being a system　拥有还是成为一个系统　经常有高管表现出对"系统"这个术语的反感。有些人把它和僵化、刻板以及官僚作风联系在一起。当我们把"拥有系统"与"成为一个系统"区分开来时，这个问题自然就解决了。任何有经验的管理者都会欣然承认企业需要系统运转，但在另一方面，他要确保这些系统不会变得过于官僚。越来越多的管理者还会明白，组织包含很多子系统，它们相互作用并因此构成了一个系统，它们还与环境及环境的子系统一起构成更高层级的系统。

HyperSyntegration　超高级协同整合　超级协同整合方法的多重递归应用。

information　信息　信息在这里不是指它的日常含义，而是指信号、数据和消息，它们暗示着差异，而这些差异可以引发进一步的差异或改变。最重要的是，信息包括决策、区别和新的认识。

信息是除物质和能量之外自然的第三个基本要素。要想理解系统中的状态和事件，尤其是系统的运转方式，那就必须把信息考虑在内。在这个意义上，信息是控制论中最重要的早期发现之一。

innovation　创新　新事物投放市场后开始在社会中产生预期效果的阶段。

institution　机构　一个最普遍的术语，用来描述私营部门和公共部门的各种社会组织，以及指导社会行为的系统和规则。在这个意义上，企业既是机构也是组织。

Integrated Management System（IMS）　综合管理系统　我的管理系统中的三个基本模型之一，另外两个是通用管理模型（General Management Model，GMM）和管理有效性模型（Managerial Effectiveness Model，MEM）。

invention　发明　是整个创新开发过程中从开始到市场投放的阶段。

Malik Gälweiler Navigation System / MG Navigator　马利克－盖维勒导航系统　一个完整且普遍适用的系统，能帮助我们制定有效的战略，可靠地驾驭组织。

Malik ManagementSystem　马利克管理系统　是我开发的控制论整体化管理系统的名称（通常用复数形式），包括所有的子系统和管理模型，以及它们的逻辑、图示和内容，还有它们的应用所需的流程、方法和工具。

management　管理、管理层、管理者　参见该丛书每一部前面的序言。本书中用到的 management 有三种含义：第一是"管理"，是任何类型的组织都必须要有的职能，以确保组织能够正常运转。这就是所谓的管理的职能维度，它与具体人员或组织要素都无关。这种职能不会立即被人们察觉到，它包含在由人完成的某些行动中，从而发挥其作用。

第二是"管理层"，可以理解为机构的法律或组织实体，例如包括私营企业的执行董事会、上市公司的执行委员会、国家的政府或大学的理事会。这是管理的机构维度。它还包括扩大的管理者委员会、管理者群体、管理者圈子或合作伙伴会议。在谈到强制性的或更高层级的实体时，它们的职责、权利、义务和责任由法律、章程或条例规定。至于其他的组织实体，它们的责权由风俗习惯决定。

第三是"管理者"，也就是上述管理实体的成员。这是管理的个人维度。尤其是"最高管理层"和"最高管理者"等用语，往往带有这样的含义。

在讲德语时，我会交替使用"führung"和"management"，因为两者意思一样。在我的所有出版物中，我都把这两个词语当作同义词使用。相比之下，"管理"和"领导"就不是同义词了。

management system audit（MSA） 管理系统审计 对组织中的综合管理系统进行可靠分析的方法。

minimum-factor focused strategy（德文缩写 EKS） 最小因素聚焦战略 在市场中建立不可撼动的独特地位的最可靠的方法。该战略可以带来高水平且具有适应能力的动态专门化。

old world and new world　旧世界与新世界　这对术语与我所说的"21世纪巨变"有关——在这场根本性的深远变革中，现有秩序被新秩序所取代。

operational and strategic　运营与战略　这两个术语用来描述企业或组织可靠导航的层次。

operations room　作战指挥室　在其中做出和执行实时决策的信息感知环境。

organization　组织　参见"机构"。

PIMS Look-Alike　PIMS 相似者　在 PIMS 研究中用来描述业务相似性的术语。

PIMS Par　PIMS 标准　PIMS 研究中与实际绩效相对的潜在绩效的标准指标。

Profit Impact of Market Strategy（PIMS）　市场战略对利润的影响　目前为止世界范围内实施过的规模最大的实验性量化战略研究计划，从中发现了同时适用于现有业务和新业务（或者叫"初创业务"）的"市场规律"（参见丛书第三部的第四和五部分）。

(R)evolution　革命进化　把"革命"（revolution）与"进化"（evolution）合起来新造的一个词语，用来描述：①21世纪巨变过程中发生的持续、深远的变革；②为了应对这些变革，管理、领导、治理及其规则、系统和工具需要的创新。

right and good management　正确和良好的管理　开发、设计和应用我的管理系统的目标。这个术语指组织的运转、管理信念以及管理者履职的专业程度。因此，相同的标准也可以定义管理者的职责和伦理。用"正确"和"良好"作为标准，我的管理系统选定了子系统和要素，以及工具、方法和模型。与之相对的术语是"错误"和"不当"。正确和良好的管理与文化无关。

S-curves　S 形曲线　描述健康增长典型的 S 形进程。

self-organization　自我组织　在控制论的意义上以及作为一个管理概念，自我组织是复杂系统不需要任何外部干预就能运转并达成目标的能力。每个系统的目标都可以是系统内的或系统外的。自我组织依赖于系统的结构以及系统中起作用的信息。

　　需要注意的是，个人工作方法上的自我组织与整个复杂系统的自我组织不是一回事。

Sensitivitätsmodell,（SensiMod）敏感度模型　系统控制论程序，用来模拟复杂系统及其因果关系中的控制论调节循环。该模型的早期开发由弗雷德里克·韦斯特完成。

society of organizations、organized society　组织社会、组织化的社会　在这样的社会中，几乎一切事情都是人们在组织中或通过组织完成的。这是当代社会最值得注意但往往被人们忽视的特征之一，对社会怎样构建和运转有着最具决定性的影响。

solution-invariant customer problem　不随解决方案改变的客户问题　这是一个关键术语，也是公司战略的"阿基米德支点"。它指的是购买动机，不管现有的解决方案是什么。例如，"显示时间"是个不随解决方案改变的问题，而"手表"

是其可行的几个解决方案之一。

start-up business 初创业务 战略的一个阶段，起点是新产品完成了发明和开发之后，即将投放市场之时。初创阶段标志着实际创新的开始，而实际创新永远都要基于市场成功来界定，并且需要一个非常明确的战略。

strategy 战略 包括做正确的事以及遵循必要的规则，即使我们不知道未来会发生什么，战略决定着组织的发展道路。正确的战略会明确原则和指导方针，而这些原则和指导方针将长期引导组织的活动，并将根据新出现的情况做出必需的改变。

substitution 替代 现有的事物被新事物代替（参见"创造性破坏"）。这样的例子包括数字成像代替模拟摄影、手机代替固定电话或机器代替人工。

sustainability 可持续性 一个为思想、决策和行动确定时间期限的概念。

syntegration 协同整合 一种高绩效社会方法，可以帮助我们同时利用众多人员的知识，从而驾驭复杂的挑战和问题。这种方法包含一个自我协调的控制论沟通过程和控制论工具的同步应用，注册商标是 Malik SuperSyntegration® （马利克超级协同整合）。

system 系统 不同部分通过机械、能量或信息的联系合在一起构成的连贯实体，具有与各个部分不同的特征和功能。系统从来不是孤立的物体、组织或有机体，它们永远与相关的环境联系在一起。

system、model、concept **系统、模型、概念** 系统是世界的一部分，我们为了达到某种目的或实现相关的功能而对这个部分感兴趣；模型是我们对系统配置的已知认识的描述或图像，其中包括我们不知道的空白点——"地图上的空白区域"；概念是我们基于系统模型想要观察和操作的对象。

systemics、content、form **系统性、内容、形式** 这是我的管理理论的三个重要的维度。前面两个是基本的组成要素，第三个可以多种多样。

系统性是指管理系统或管理模型的逻辑结构或架构。它们的系统性必须是一个运转系统的结构逻辑，进而也必须是一个控制论系统的结构逻辑，因为系统的控制论定义系统的功能，反之亦然。

当系统性正确时，管理是否正确就取决于内容。术语并不等同于它们的内容，仅仅术语的一致并不意味着内容也完全相同。

在图表描述的意义上，形式可以多种多样，只要这不会改变系统性或逻辑。

system methodology **系统方法** 对复杂的社会技术系统和生产性系统进行研究、设计、操控和开发的一整套方法和技术。在一个由瑞士国家科学基金会资助的国家级研究项目中，我与彼得·戈麦斯和卡尔-海因茨·奥艾勒最先开发出了系统方法。参见：*Systemmethodik. Grundlagen einer Methodik zur Erforschung und Gestaltung komplexer soziotechnischer Systeme*. Berne: Paul Haupt, 1975。

terms 期限 通常所说的短期、中期和长期。然而，以这种方式定义管理维度是误导，因此也是非常危险的。正确的做法是用"运营的"与"战略的"来区分：要想恰当掌控时机，这是唯一正确的方法。毕竟，有些长期决策主要影响运营，而有些短期决策却会产生巨大的战略影响。

time constants and dead time 时间常数与系统锁定时间 马利克-盖维勒导航系统中的两个关键术语，指的是从行动需求首次确认到战略措施开始奏效（具体来说就是产生新的利润潜力）经过的时间。

top management 最高管理层、最高管理者、最高管理 在本书中有三种含义：企业最高层级的管理机构、管理者和管理职能。它们的定义存在细节上的差异，具体要看相关的法律制度以及企业内部的规章制度。如前所述，最高管理并不等同于一般管理。理论上来说，与之相对的术语应该是"底层管理"（bottom management），或许还可以是"层次管理"（layer management），如果指的是最高层与最底层之间的不同层次的话——不管怎样，这两个术语都不常用。

其他术语的含义根据上下文应该很容易判断，在此不作解释。

universally valid 普遍有效 正确和良好的管理普遍适用、保持不变且不受文化影响。

商标和版权保护

本书及其各个部分还有提及的模块、表达式、模型和图解等均受版权保护。如果事先没有取得出版商和作者的书面许可,任何人都不得对上述内容做任何违反版权法的开发、使用或应用等。这尤其适用于任何的复制、传播、再版、翻译、缩微拍摄、在电子系统中的存储和处理,以及任何形式的商业流通。马利克拥有的注册商标包括:

Ecopolocy®

Engpasskonzentrierte Strategie® (EKS®)

Ganzheitliche Managementsysteme®

Integriertes Managementsystem® (IMS)

Malik Führungsrad®

Malik Gälweiler Navigationssystem® (MG Navigator®)

Malik General Management Modell® (GMM)

Malik HyperSyntegration®

Malik Management®

Malik ManagementSystem®

- 商标和版权保护

Malik Sensitivitätsmodell®

Malik StrategyMap®

Malik SuperSyntegration® (MSS®)

Malik Syntegration®

Malik Viable System Model® (VSM®)

Management System Audit® (MSA®)

Managerial Effectiveness Modell® (MEM®)

MSIP—Malik Strategy Intelligence Programs®

PIMS® Profit Impact of Market Strategies

Real Time Operations Room® (RTO®)

Total Immersion Exploration® (TIEx®)

参 考 文 献

Ashby, W. Ross: *An Introduction to Cybernetics*, London, 1956.
Bavelas, Alex: *Communication Patterns in Problem Solving Groups*, 1952.
Beer, Stafford: *Beyond Dispute. The Invention of Team Syntegrity*, Chichester, 1994.
  Beer, Stafford: Brain of the Firm. *The Managerial Cybernetics of Organization*, Chichester 1994, first published in 1972.
- *Platform for Change*, London 1975.
- *The Heart of Enterprise*, London, 1979, first published in 1979.
Bresch, Carsten: *Zwischenstufe Leben—Evolution ohne Ziel?*, Munich, 1977.
Buzzell, Robert D./Gale, Bradley T.: The PIMS Principles. Linking Strategy to Performance, London 1987.
Casti, John L.: *Mood Matters. From Rising Skirt Lengths to the Collapse of World Powers*, New York, 2010.
Ceccarelli, Piercarlo/Ferri, Andrea/Martelli, Carlo: *La crescita sostenibile nei mer cati maturi* [*'Sustainable Growth in Mature Markets'*], Milan, 2008.
Ceccarelli, Piercarlo/Roberts, Keith: *I Nuovi Principi PIMS*, Milan, 2002.
Chussil, Mark/Roberts, Keith: "The meaning and value of customer value" in: *Malik Online Blatt*, 2008.
Dörner, Dietrich: *The Logic of Failure. Recognizing and Avoiding Error in Complex Situations*. New York, 1989, 1997.
Drucker, Peter: *Managing for Results*, Oxford 1999.
Drucker, Peter F.: *Post-capitalist society*, New York 1993.
Farschtschian, Pedram: *Private Equity für die Herausforderungen der neuen Zeit. Strategische Innovation für das Funktionieren von Private Equity im 21. Jahrhundert,* Frankfurt/New York. 2010.
Frankl, Viktor: *Man's Search for Meaning*, Washington, 1984.
Gale, Bradley T.: *Managing Customer Value*, London, 1994.
Gälweiler, Aloys: *Strategische Unternehmensführung*. Edited by Markus Schwaniger, 3rd edition, Frankfurt, 2005, first published in 1987.
Hetzler, Sebastian: *Real-Time-Control für das Meistern von Komplexität. Managing Change durch kontinuierlich richtiges Entscheiden*, Frankfurt/New York, 2010.

Klauser, Marius: *Lenke, was dein Unternehmen lenkt. Management-Prozess-Architektur (MPA) als Quantensprung in der Unternehmens- und Mitarbeiterführung*, Frankfurt/New York, 2010.

Klingaman, William: *Der Crash. Chronik und Psychogramm einer Epoche, die im Börsenkrach von 1929 zusammenbrach*, Bern 1990.

Krieg, Walter/Galler, Klaus/Stadelmann, Peter (eds.): *Right and good management. vom System zur Praxis*, Bern/Stuttgart/Vienna, 2005.

Malik, Constantin: *Ahead of Change. How Crowd Psychology and Cybernetics Transform the Way We Govern*, Frankfurt/New York, 2010.

Malik, Fredmund (Ed.): *Bionik im Management*, 3tf International Bionics Congress, DVD, Malik Management Centre St. Gallen, 2008.

– *Der Quantensprung im Top-Management*, 1. Internationaler Bionik Kongress, DVD, Malik Management Zentrum St. Gallen 2006.

– *Die neue Corporate Governance* DVD; Malik Management Centre St. Gallen, 2002.

– *Die richtige Corporate Governance*. Mit wirksamer Unternehmensaufsicht Komplexität meistern, revised and amended new new edition of Die Neue Corporate Governance, Frankfurt/New York 2008.

– *Faszination Bionik:* Die Intelligenz der Schöpfung, Malik Management Centre St. Gallen, 2006.

– »Konservatismus und effektives Management. Wege aus der Orientierungskrise«, in: Peter F. Drucker, Peter Paschek (eds.): *Kardinaltugenden effektiver Führung*, Frankfurt am Main 2004.

– *Managing, Performing, Living.* Effective Management for a New Era, Frankfurt/New York, 2006.

– *Management. The Essence of the Craft.* (Volume 1 of the series "Management: Mastering Complexity", revised and amended new edition, Frankfurt, 2005.

– *Management-Systeme*, in the series "Die Orientierung", Nr. 78, Schweiz. Volksbank, Bern (ed.), 1981.

– *Strategie der Evolution*, 2nd International Bionics Congress, DVD, Malik Management Centra St. Gallen, 2007.

– *Strategy for Managing Complex Systems*, revised and considerably amended habilitation treatise, published in the series "Unternehmung und Unternehmensführung" of the Institute of Business Administration at the University of St. Gallen, Frankfurt/New York 2016, published in 1984.

Malik, Fredmund; Friedrich, Kerstin, and Seiwert, Lothar: *Das große 1×1 der Erfolgsstrategie; EKS®—Erfolg durch Spezialisierung*, 13th completely revised and amended new edition, Offenbach, 2009.

Malik, Fredmund/Gomez, Peter/Oeller, Karl-Heinz: *Systemmethodik—Grundlagen einer Methodik zur Erforschung und Gestaltung komplexer, soziotechnischer Systeme*, 2 volumes, Bern/Stuttgart, 1974.

Marchetti, Cesare: *Pervasive long waves: is human society cyc lotymic?* Prepared for the Conference "Offensiv zu Arbeitsplätzen", Cologne: Weltmärkte 2010, September 14–15, 1996.

Mensch, Gerhard: *Das technologische Patt*, Frankfurt, 1977. "Society as a Learning System—Discovery, Invention and Innovation Cycles Revisited", in: *Technological Forecasting and Social Change*, Vol. 18, 1980.

Mieg, Harald A./Töpfer, Klaus (eds.), *Institutional and social Innovation for sustainable urban Development*, London 2013.

Miller, George A.: "The magical number seven, plus or minus two: Some limits on our capacity for processing information", in: *Psychological Review* 63 (2): 81—97, 1956.

Nakicenovic, Nebojsa: *Transportation and Energy Systems in the United States*, Laxenburg (Austria), 1986.

Pelzmann, Linda: "Collective Panic", Malik Letter (02/03).

– "The Triumph of Mass Manufactured Will—Circumstances and Rules", *M.o.M*, *Malik Management®* 11/2002.

Polanyi, Karl, The Great Transformation, New York 1944.

Powers, William T.: *Behavior. The Control of Perception*, Chicago 1973.

Prechter, Robert R. Jr.: *Socionomics. The Science of History and Social Prediction*, Gainesville, 2003.

– *The Wave Principle of Human Social Behaviour and the New Science of Socionomics*, Gainesville, 1999.

Roberts, Keith: "Evidence on start up businesses: take off requires full throttle", in: *Malik Online Blatt*, 2007.

– "Getting the right business metrics", in: *Malik Online Blatt*, 2008. "Good benchmarking versus bad benchmarking", in: *Malik Online Blatt*, 2010.

– "Hard working capital?" In: *Malik Online Blatt*, 2008.

– "Nine basic findings on business strategy" in: *Malik Online Blatt*, 2009.

Roberts, Keith/Ceccarelli, Piercarlo: *I Nuovi Principi PIMS*, Mailand, 2002.

Roberts, Keith/Chussil, Mark: *The meaning and value of customer value*, Malik Online Blatt 2008.

Simon, Hermann: *Hidden Champions. Lessons from 500 of the World's Best Unknown Companies*. New York, 1996.

Stöger, Roman: *Prozessmanagement: Qualität, Produktivität, Konkurrenzfähigkeit*, Stuttgart, 2009.

Vester, Frederic: *The Art of Interconnected Thinking. Tools and Concepts for a New Approach to Tackling Complexity*, Munich, 2007.

von Hayek, Friedrich: "Degrees of Explanation", in: *Studies in Philosophy, Politics and Economics*, Chicago 1967.

作者简介

弗雷德蒙德·马利克（Fredmund Malik）

欧洲的管理泰斗之一，欧洲著名的复杂性管理先锋人物和管理教育家。

弗雷德蒙德·马利克教授1944年出生于奥地利，自1968年起就读于奥地利因斯布鲁克大学（Innsbruck University）和瑞士圣加仑大学（St.Gallen University），在经济学、社会学、系统论、控制论、信息论以及逻辑学、哲学等领域进行了深入的研究，获商业管理学博士学位，此后荣获终身教授资格。他是欧洲著名顶尖商学院圣加仑大学的教授和维也纳经济大学的客座教授。

1984年，马利克教授创立了著名的瑞士圣加仑马利克管理中心，并担任总裁。他是欧洲多家大型公司董事会、监事会成员，许多知名公司的战略和管理顾问，培训过数千名管理人员。他的管理思想影响着欧洲诸多的管理精英及其管理实践。

弗雷德蒙德·马利克教授的管理著作极为丰硕，其中《管理成就生活》一书自2000年首次出版以来，一直位列畅销书榜，被评为欧洲十大畅销管理书籍,至今已再版 3 次重印 30 多次,并被翻译成 14 种语言。2016 年,马利克教授在李克强总理同外国专家举行的新春座谈会上,向总理赠送了他的著作《战略:应对复杂新世界的导航仪》。1993 年,弗雷德蒙德·马利克教授开始出版《马利克论管理——每月通信集》,在德语国家,它很快成为经济、政治和社会各界阅读最广泛的出版物之一。

马利克的管理思想
正在以下组织中得到运用

戴姆勒-克莱斯勒　宝马集团　德国莱茵集团
索尼　德国铁路集团　西门子
德国大众　德意志银行　保时捷
贝塔斯曼
…………